인문학이 인권에 답하다

인문학이 인권에 답하다

제1판 제1쇄 발행일 2015년 8월 15일
제1판 제3쇄 발행일 2017년 5월 9일

글 _ 박경서, 김창남, 오인영, 조효제, 안수찬, 이상재, 김희수, 이찬수, 오창익
기획 _ 인권연대, 책도둑(박정훈, 박정식, 김민호)
디자인 _ 토가 김선태
펴낸이 _ 김은지
펴낸곳 _ 철수와영희
등록번호 _ 제319-2005-42호
주소 _ 서울시 마포구 월드컵로 65, 302호(망원동, 양경회관)
전화 _ (02)332-0815
팩스 _ (02)6091-0815
전자우편 _ chulsu815@hanmail.net

ISBN 978-89-93463-81-1 03300

철수와영희 출판사는 '어린이' 철수와 영희, '어른' 철수와 영희에게
도움 되는 책을 펴내기 위해 노력하고 있습니다.

인문학이 인권에 답하다

박경서
김창남
오인영
조효제
안수찬
이상재
김희수
이찬수
오창익

철수와영희

인권은 결국
사람에 대한 이야기입니다

처음 시작은 인권연대가 진행한 강좌였습니다. 2014년 2월 17일부터 4월 8일까지 8주 동안 모두 16번의 강의를 묶어 〈인권강사 양성과정〉을 진행했습니다. 강좌는 주로 인문학적 접근을 통한 인권의 이해에 맞춰 진행되었습니다. 강좌에 참여한 강사들은 열심이었고, 수강하시는 분들의 반응은 뜨거웠습니다.

　다들 우리끼리만 강의를 듣기가 너무 아깝다고들 했습니다. 그래서 용기를 얻었습니다. 그리고 이렇게 조심스럽게 한 권의 책을 내놓게 되었습니다. 강좌를 엮은 것이긴 하지만, 강사로, 또 필자로 참여한 선생님들께서 원고를 새롭게 집필하고, 원고를 꼼꼼하게 손봐주시는 수고를 마다하지 않으셨기에, 완성도가 높은 책이 되었습니다.

　김창남, 김희수, 박경서, 안수찬, 오인영, 이상재, 이찬수, 조효제 선생님께 감사드립니다. 모두들 한국 사회의 인간화를 위해 노력하는 지성인들이십니다. 이분들은 다양한 분야를 다루시지만, 결국 인권의 문제, 그리고 사람의 문제에 대한 답을 함께 찾아주고 계십니다. 상당한 연구 성과를 바탕으로 했지만, 쉽고도 간결하게 인권의 의미, 나아가 사람이 산다는 것의 의미를 일깨워주고 계십니다.

인권은 결국 사람에 대한 이야기입니다. 따라서 사람에 대한 탐구, 곧 인문학적 작업과 밀접한 관계를 맺고 있습니다. 여태껏 인권에 대한 오해가 적지 않아, 인권을 고작해야 법률의 한 분야로만 이해하는 경향이 있었습니다. 그렇지만 인권이야말로, 인간에 대한 믿음, 사랑, 그리고 희망이 바탕이 되어야만 제대로 된 의미를 가질 수 있습니다. 이것이 우리의 강좌를 책으로까지 엮은 까닭입니다.

이 책은 인권은 물론, 때론 문화나 법률을 매개로, 언론이나 역사, 종교 공부를 통해서, 유엔이나 지역이란 프리즘으로 인간에 대한 이해를 시도하고, 이를 통해 인권에 대한 이해를 깊게 하는 작업을 시도하고 있습니다. 청년이나 청소년이 읽어도 부담 없도록 쉬운 구어체 문장으로 되어 있기에 인권을 종합적으로 이해하는 데 좋은 길잡이가 될 것입니다.

여러 필자가 함께 참여했음에도, 마치 한 사람의 책을 보는 것처럼, 잘 읽힐 겁니다. 필자 선생님들의 내공 덕분입니다. 다시 한 번 이 책에 필자로 참여해주신 김창남, 김희수, 박경서, 안수찬, 오인영, 이상재, 이찬수, 조효제 선생님께 진심으로 감사드립니다. 어려운 과정을 거쳐 좋은 책을 만들어주신 '철수와영희' 관계자 여러분께도 감사드립니다. 이 책이 만들어지는 과정에 함께해주신 출판 노동자들께도 감사드립니다. 늘 한결같은 성원을 보내주시는 인권연대 회원들께도 감사드립니다.

무엇보다 출판이 사양 산업이 된 슬픈 현실 속에서도 이 책을 인문학과 인권 공부의 동반자로 선택해주신 독자들께 감사드립니다.

인권연대 오창익 드림

차례

1강

인권 실천 앞에 보수,
진보 따로 없다

박경서

박
경
서

서울대학교 교수, 대화문화아카데미(전 크리스챤아카데미) 부원
장, 스위스 제네바 소재 세계교회협의회(WCC) 아시아 국장과
아시아 정책위 의장을 역임하였다. 우리나라 황조근정훈장을
비롯하여 네팔, 인도, 파키스탄, 방글라데시, 스리랑카에서 인
권상 및 공로패 등을 받았다. 국가인권위원회 상임위원, 경찰
청 인권위원회 위원장, 대한민국 초대 인권대사를 지냈으며 현
재 유엔(UN)의 세계인권도시 추진위 위원장, HBM 경영 연구
소 이사장으로 활동하고 있다.

안녕하세요, 박경서입니다.

흔히들 한국 사회가 다이내믹하다고 합니다. 그만큼 부침도 많고 변화도 크다는 얘기겠지요. 조금 외람된 이야기지만, 그런 속에서는 사람이 곱게 늙기가 어렵습니다. 많이 흔들리게 되어 있어요. 김수환 추기경이나 법정 스님처럼 존경받는 사회 원로로 생을 마치기가 어렵다는 거지요. 그런 의미에서 저의 마음을 다스릴 수 있도록, 이런 좋은 자리를 마련해주신 분들께 감사의 말씀을 드립니다.

저는 오랫동안 유엔과 함께 일해왔습니다. 그래서 오늘 인권과 관련해서, 이론과 함께 제가 경험한 일들을 말씀드리게 될 것 같습니다.

인권의 가치와 유엔의 설립

1945년에 설립된 유엔은 현재 193개국이 회원입니다. 그리고 바티칸시국과 팔레스타인, 이렇게 두 나라는 참관국(observer status)이고요. 유엔에서 인권에 관심을 가지게 된 이유는 두 차례에 걸친 세계대전 때문입니다.

1914년 오스트리아-헝가리 제국이 세르비아를 침공하면서 1차대전이 발발했어요. 1918년까지 지속된 전쟁으로 500만 명 이상이 희생된 것으로 추정됩니다. 2차대전은 규모가 훨씬 크죠. 1939년 히틀러의 폴란드 침공으로 시작된 이 전쟁으로 1945년 종전될 때까지 1차대전의 10배에 달하는 5500만 명가량이 희생당합니다. 그중 소련인들이 가장 많이 죽었어요. 2000만 명 정도예요. 그다음 독일 800만, 폴란드 600만,

이런 식으로 수많은 사람이 죽었습니다. 그러다 보니 전쟁에서 이겼다는 게 의미가 없었어요. 유럽은 물론 아시아, 아프리카 등 전 세계가 전쟁으로 황폐해졌습니다. 사정이 이렇게 되자, 1945년 6월 15일 51개의 나라가 평화/안전, 개발, 인권의 3가지 임무를 천명하며 전쟁이 없는 세상을 만들자고 뜻을 모으면서 유엔이 미국의 샌프란시스코에서 창설되었습니다. 그로부터 3년이 흐른 1948년 12월 10일 파리에서 개최된 제2차 유엔총회에서 그 유명한 세계인권선언이 만장일치로 채택되어 오늘에 이르게 되었습니다. 유엔은 전쟁이 빚은 참상을 기억하고 이로부터 인간의 존엄성을 지키는 일이야말로 전후 제1과제라고 생각했습니다. 세계인권선언은 이런 깨달음에서 이루어지게 되었지요. 이렇게 시작한 유엔이 지금은 193개의 나라가 참여하는 대표적인 국제기구가 되었습니다.

유엔은 금년으로 창설 70년째를 맞고 있습니다. 그리고 4만 5000명의 일꾼을 거느린 유엔의 수장이 한국의 반기문 사무총장입니다. 식민지와 전쟁을 극복한 우리나라는 유례없는 경제성장과 민주화를 통해 세계가 우러러보는 경제 대국이 되었고, 2013년 1월부터 2년간 안전보장이사회의 이사국 15개국 중의 하나가 되었습니다. 2006년 유엔 인권이사국이 되어 2015년까지 세 번째 임기를 마칠 예정입니다. 한 번 더 선정되면 2019년까지 계속해서 인권 지도국으로서 모범을 보여야 되지요. 인권 선진국으로서 한국이 가지는 다양한 프로그램과 계획을 전 세계에 선보이는 것은 참으로 뿌듯한 일이자 한편으로 부담스러운 일이기도 합니다.

우리가 이룬 '한강의 기적'은 서구의 발전 모델에 비교하면 아주 짧은 시간 내에 만들어낸 한국형 압축성장입니다. 많은 나라가 부러워하고 있지만, 그 과정에서 심각한 후유증이 생긴 것도 사실이에요. OECD 34개국 중 출산율은 최하위이고 자살률은 최상위입니다. 나라는 부강해졌지만 국민들은 살기가 힘들어졌습니다.

빚에 쪼들린 40대가 아파트 지하 주차장에 불을 질러 무려 29대의 자동차가 불탄 사건, 아파트 진입도로로 수용되는 토지 보상액에 불만을 품은 60대가 국보 1호인 남대문에 불을 지른 사건, 이런 어처구니없는 사회 병리적 사건들이 언론에 등장합니다. 특별한 대상도 없이 세상 모두를 적대시하는 이러한 새로운 현상들은 우리 사회의 어두운 면을 보여줍니다. 우선 성공하고 보자는 1등 지상주의, 돈이면 다 된다는 금전만능주의가 저질러놓은 결과입니다. 그 과정에서 소외된 이웃들, 경쟁에서 낙오한 사람들이 생긴 겁니다. 우리 사회는 이런 분들을 끌어안지 못하고 오히려 희생을 당연시하는 냉혹한 사회로 변하고 있어요. 이대로 가다간 사회 전체가 병들 수 있습니다. 더 늦기 전에 대책을 세워야 해요. 인권도 바로 이러한 노력의 하나입니다. 인간은 누구나 행복할 권리가 있다는 전제에서 출발하기 때문이에요.

"인권 없이 발전을 누릴 수 없다"

유엔은 인간의 행복과 평화의 출발을 '인간 안보'라는 용어로 설명하고 있습니다. 이는 배고프지 않고 건강하며 교육을 받을 권리, 이들 세 가지로 이루어진다고 보고 있습니다. 이를 통해 개인의 '인간 안보'는 가정과 사회, 국가, 전 세계로 확장됩니다.

오늘날 유엔은 인권을 자유권, 사회권, 평화권, 발전권, 환경권, 이렇게 다섯 가지 영역으로 나누어 제시하고 있습니다. 이들이 상호 연계하면서 발전되어야 한다고 말하고 있어요. 구체적으로 살펴보겠습니다.

우선 인권의 기본이랄 수 있는 '자유권'은 신체의 자유나 표현의 자유가 해당합니다. 두 번째 '사회권'은 교육받을 권리, 일할 권리, 아프면 병원에 갈 권리, 여가 선용의 권리 등이 포함됩니다. 이 두 가지가 1948년 세계인권선언에서 공포된 것이에요.

21세기에 이르러 세 가지 인권이 더 추가됩니다. 그중 하나가 '평화권'이에요. 1984년 11월 14일 유엔 40주년 기념식 때 선포되었습니다. 당시는 냉전이 한창이던 시절이었습니다. 소련과 미국으로 나뉜 두 진영 간의 반목이 극심했지요. 그러자 인도를 중심으로 한 비조약(Non-Alliance) 국가들이 평화권을 주장했습니다. 하지만 현실적으로 힘을 발휘하지는 못했어요. 아예 무시하기도 했죠. 국제사회에는 여전히 힘의 논리가 관철되고 있었기 때문입니다.

2003년 조지 부시와 토니 블레어는 유엔의 결의안도 없이 이라크를 침공했습니다. 대량살상무기를 핑계로 사담 후세인의 독재를 꺾고 진정한 민주주의를 지키기 위해서 전쟁을 해야 한다고 선언했습니다. 유엔의 인권선언이 무색해지는 순간이었습니다. 게다가 나중에는 전쟁을 개시하면서 주장했던 명분들이 모두 거짓으로 드러났지요. 대량살상무기가 없었다고 공식적으로 확인되었습니다. 그리고 지금 이라크에 민주주의가 정착되었나요? 오히려 지금까지 혼란이 계속되고 있지요. 시아파와 수니파 간 분쟁으로 수많은 희생자가 나오고 있습니다.

이라크에 공습이 시작된 지 3일째 되는 날 아침 7시에 제가 국가인권위원회에서 인권위원 열 분을 모시고 회의를 했습니다. 그리고는 이라크 전쟁반대 평화성명을 냈지요. 그 일로 국회에 불려 가서 혼이 나기도 했지만, 많은 분들이 "국가인권위원회의 평화선언은 참 잘하셨습니다." 하고 지지를 해주셨어요. 당시엔 국민여론도 전쟁에 회의적이었습니다. 전쟁이 나자 한국의 신문들이 여론조사 결과를 발표했는데 70퍼센트가 넘는 분들이 전쟁에 반대한다고 답했어요. 그 여론의 힘을 바탕으로 국가인권위원회에서 평화선언을 한 겁니다. 전쟁이 끝나고 나서 미국인들도 실수를 자인했습니다. 이런 분위기 속에서 평화권이 다시 한번 강조됩니다.

그다음에 '발전권'(rights of development)이라는 게 있습니다. 정보통신이 발달하면서 '세계화'라는 말이 유행했지요. 지구 반대편의 사람들과도 실시간으로 연락할 수 있습니다. 지리적 장벽이 사라진 거죠. 이에 고무된 사람들은 IT혁명이 많은 문제를 해결해주리라 믿었습니다. 기아 문제를 해결하고 지구의 번영을 가져올 것으로 생각했지요. 하지만 이것은 아직 '꿈'에 불과합니다. 전체 인구의 20퍼센트만이 인터넷을 사용해요. 나머지 80퍼센트는 소외되어 있는 거예요. 오히려 국경 없는 자본의 이동은 빈부의 격차를 가져왔습니다. 세계화(globalization)의 결과 소수가 부를 독점하면서 양극화(polarization)가 심화되었습니다. 발전권이란 이러한 빈부격차를 해소하기 위해 제시된 개념입니다. 유엔에서는 지금도 이 '발전권' 문제를 놓고 말도 못하게 싸우고 있어요.

남아메리카, 아프리카와 아시아 국가들이 뭉쳐서 발전권을 주장합니다. 서구의 강대국들에게 과거 식민지 시절 수백 년 동안 착취해서 얻은 부를 보상하라고 요구해요. 그랬더니 유럽연합(EU) 같은 데에서 해외원조자금(ODA, overseas development aid)을 더 줄 테니 참아달라고 합니다. 미국은 나름의 방어논리를 내세웁니다. 그쪽이 못사는 이유는 민주주의를 안 하기 때문이라는 거예요. 자기들은 잘못이 없다는 겁니다.

어쨌든 오늘날, 지역적 차별 없이 모든 나라가 골고루 잘살아야 한다는 주장, 이것이 21세기 인권의 한 분야를 차지하고 있어요. 하지만 한국은 곧잘 이 '발전'에 대해 오해합니다. 이걸로 인권 무시를 정당화하기도 했어요.

이와 관련해서 코피 아난 전 유엔사무총장 시절에 선포된 유엔 공식 선언을 소개합니다. 아주 중요한 선언이니 모두 기억하셨으면 해요. 유엔의 세 가지 설립 목적인 국제평화와 안전(international peace and security), 개발(development)과 인권(human rights)의 관계에 대해 언급한 부분입니다.

"We will not enjoy development without security, we will not enjoy security without development, and we will not enjoy either without respect for human rights. Unless all these causes are advanced, none will succeed."

"발전 없는 평화와 안전은 물론 평화와 안전이 없는 발전 역시 무의미하며, 인권 존중이 없는 평화와 안전 그리고 발전은 아무 소용이 없다."

인권 없는 발전은 소용없다는 내용입니다. 안전, 인권, 발전, 이 세 가지가 함께 가지 않으면 어느 것도 성공하지 못한다는 말입니다.

마지막으로 유엔이 선언한 것 중에 환경권이라는 게 있어요. 저는 18년 동안 제네바에서 지냈습니다. 인구 70만의 도시 제네바를 유명하게한 것이 바로 '제네바 협정'(Geneva conventions)이지요. 이것은 인도주의에 대한 국제법의 출발점입니다. 전쟁의 비참함을 목도한 존 앙리 뒤낭(Jean-Henri Dunant)에 의해 제창된 이 조약은 1864년 처음 체결된 이래최근까지 추가 의정서가 만들어지고 있어요.[1]

인권의 도시 제네바는 다른 한편으로 환경의 도시이기도 합니다. 그만큼 도시환경에 대한 관리가 치밀해요. 예를 들면, 지금으로부터 100여 년 전인 1900년 제네바 의회에서 앞으로 교통량이 늘어날 테니 자동차 도로를 넓히자는 내용의 결의를 합니다. 그리고는 맨 마지막에 100년 후, 서기 2000년이 되었을 때 그 결과를 분석하여 해당 정책을 지속할 건지를 결정하기로 해요. 실제로 2000년에 의회가 열렸습니다. 거기서 자동차의 대기 오염을 줄이려고 시내는 전철로 다니게끔 결정해요. 지금 제네바에는 유엔을 포함해서 수많은 국제기구가 있잖아요. 여기종사하는 사람들만 해도 어마어마한데 이 사람들이 다 전철을 타고 다녀요. 이뿐만 아니라, 200년 전에 이미 8층 이상의 건축물을 못 짓게 해

---

1 적십자 협정이라고도 한다. 80여 년에 걸쳐 네 번의 협약이 이루어진다.
   제1협약. 육상에 있어서의 군대의 부상자 및 병자의 상태 개선에 관한 협약(1864년).
   제2협약. 해상에 있어서의 군대의 부상자, 병자 및 조난자의 상태 개선에 관한 협약(1906년).
   제3협약. 포로의 대우에 관한 협약(1929년).
   제4협약. 전시에 있어서의 민간인의 보호에 관한 협약(1949년).

놔서 신시가지를 제외하고는 고층건물이 없습니다.

　제가 몇 년 전에 독일에 있는 프라이부르크를 다녀왔습니다. 이 도시는 아침 8시부터 밤 8시까지 12시간 동안 자동차가 못 들어옵니다. 모든 사람이 걸어 다녀요. 시내에 개천이 흐릅니다. 청계천 같은 인공구조물이 아니라 진짜 시냇물이에요. 그리고 제일 눈에 띄는 것이 대체에너지입니다. 태양열로 도시가 소비하는 에너지의 상당 부분을 충당합니다. 유엔이 제안하는 환경권을 생각할 때 좋은 본보기가 될 수 있을 것 같습니다.

[유엔의 21세기 인권 5가지]

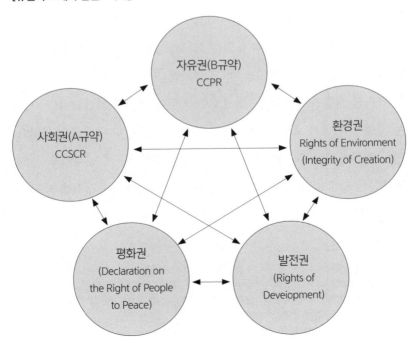

한국 인권의 현주소

20세기 세계의 발전 모델은 경제성장 위주였습니다. 추세가 그렇다 보니 유엔도 이를 묵인하게 되었지요. 예컨대 유엔개발계획(UNDP)은 과거에 경제성장을 위해 약간의 인권 유린이나 환경 파괴를 눈감아주는 정책을 펴나갔습니다. 하지만 이러한 모델은 곧 한계를 드러내게 됩니다. 한국도 예외는 아니었지요.

20세기 중후반에 '아시아의 네 마리 용'이라고 해서 한국, 홍콩, 싱가포르, 대만, 이 네 나라에 대한 찬사가 쏟아졌죠. 해마다 엄청난 성장을 거듭했으니까요. 전 세계적으로 모범적인 성장 모델로 칭송받았습니다. 이게 무너진 게 아시아의 금융위기 사태죠.[2] 우리나라도 IMF의 신세를 지게 됩니다. 그동안 환경과 인권을 희생하면서 쌓아온 성과가 한번에 물거품이 된 거예요. 아시아뿐만 아니라 지난 2008년에는 미국발 금융위기로 전 세계 경제가 휘청했습니다.

그래서 지금은 과거와 같은 발전 모델이 폐기되거나 수정되고 있습니다. 소위 선진국 클럽이라 불리는 경제협력개발기구(OECD)의 회원국 평가 기준을 보면 잘 알 수 있어요.

OECD는 1946년 조지 마셜 장군이 하버드대학교에서 행한 연설에서 그 유래를 찾을 수 있습니다. 즉 피폐화된 유럽 경제를 살리고

---

2 1997년 태국의 고정환율제 포기로 동남아시아 국가들의 통화가치가 급락한다. 이를 계기로 국제자본들이 빠져나가면서 아시아에 통화위기가 확산된다.

자 캐나다와 미국이 원조를 했는데, 이것을 행정적으로 추진하기 위해 만든 OEED(Organization of European Economic Development), 즉 유럽 경제발전을 위한 기구가 그 전신이에요. 유럽의 경제가 활성화되자 OECD(Organization of Economic Cooperation and Development)라는 범 세계적인 기구로 확장된 것입니다. 우리나라도 1996년에 가입했는데 현재 총 34개 나라가 회원국으로 있습니다.

OECD는 경제발전을 위한 세 가지 가이드라인으로 회원국들을 평가하고 있어요. 첫 번째가 '경제력'(stronger)입니다. 우리나라는 여기에서 비교적 성적이 좋죠. 가입 후 얼마 안 있어 IMF 사태를 맞이했지만 잘 극복했죠. 지구 상에서 IMF에서 돈을 빌린 나라 중에 우리처럼 일찍감치 갚은 사례가 없어요. 그만큼 경제력이 탄탄하다는 얘기겠죠. OECD의 가이드라인에 따르면 우리나라는 이미 선진국입니다. 세계 11~13위의 경제 대국으로 발전했고 무역량을 따지면 세계 8위의 위치에 있기 때문에 한국은 상당히 칭찬받는 나라입니다.

두 번째가 '사회적 투명성'(cleaner)입니다. 이건 우리가 풀어야 할 숙제입니다. 지금 OECD 국가 중에서 늘 28위, 29위쯤 해요. 부정부패 지수는 맨 꼴찌입니다. 우리 사회에서 부정부패, 인권유린 등과 같은 문제들이 많이 일어나고 있기 때문입니다.

세 번째가 '공정성'(fairer)입니다. 이건 균형발전을 뜻해요. 여기서도 우리나라는 뒤처져 있어요. 25~29위에서 왔다 갔다 합니다. 사회구성원 전체가 골고루 기회를 공유하지 못합니다. 이렇듯 OECD에서 제시하는 가이드라인 중 경제력을 제외하면 모두 낮은 성적을 보이고 있어요. 3분의 1만 선진국에 속한 거예요.

20세기에 경제수치 증가 일변도에 치우친 발전 모델은 1997년 12월에 이르자 더 이상 지탱할 수 없게 되었고 한국을 비롯한 아시아의 많은 신흥 국가들이 IMF의 구제금융을 받는 재정위기에 봉착하게 되자, 유엔에서는 "21세기의 발전 모델은 지속 가능한 발전 모델이다"라고 천명하게 됩니다. 성장 속도는 느리지만 평화, 인권, 환경보존, 정의가 핵심이 되는 지속 가능한 발전이 21세기의 발전 모델이 된 것입니다. 경제성장 일변도에서 그 어느 때보다도 인권의 가치가 중요해진 시대로 변한 거예요. 그렇다면 지금 우리의 인권 성적표는 어떨까요?

미국 뉴욕에 본부를 두고 있는 프리덤 하우스(Freedom House)라는 세계인권 전문기구가 있습니다. 이곳에서는 자유권을 시민적 자유권과 정치적 자유권으로 나눠 매년 세계 각 나라들에 점수를 매깁니다. 이들의 평가는 세계적으로 큰 영향력을 발휘해요. 여기에 따라 '인권 선진국'과 '인권 후진국'으로 나뉩니다. 우리나라는 약 17년 동안 상당히 높은 점수를 받았습니다. 평가 방법은 이렇습니다. 우선 시민적 자유, 정치적 자유를 각각 1~7점으로 수치화합니다. 참고로 억압이 많을수록 점수가 높아요. 총점이 낮을수록 자유가 많은 나라입니다. 이때 평균 1~2점인 나라를 '자유국가'(free state)라고 얘기하고 3~4까지를 '반자유국가'(half free state), 그리고 5~7점까지를 '자유가 없는 나라'(not free state)로 분류합니다. 미얀마라든지 북한이 여기에 해당해요.

우리나라는 17년 전부터 평균 2점을 받고 있습니다. '자유 국가'로 분류되어서 세계에서는 한국이 인권을 잘 보장하는 나라로 여기는 것이 사실입니다. 물론 최근의 행태로 보았을 때 과연 그런가 하고 의문을 갖게 되기는 합니다만, 수치상으로는 그렇습니다.

그런데 최근 프리덤 하우스의 연례 보고서에 따르면 우리보다도 점수가 높은, 즉 1점이나 1.5를 받는 나라들이 56곳이나 됩니다. 그 뒤를 이어 한국이 57번째이고요. 프리덤 하우스가 조사 대상으로 하는 세계 200개 국가 중에서 57위라는 것은 결코 높은 점수가 아닙니다. 상당한 수준에 왔다(already)고 할 수 있지만, 아직 갈 길이 멀다(not yet)고 보아야겠죠.

인권 실천 앞에 보수, 진보 따로 없다

인권은 종종 학자들의 연구 대상이라는 인식이 있습니다. 그만큼 어렵고 일상생활과 동떨어진 거라는 얘기라는 거지요. 하지만 이는 인권에 대한 대표적인 오해입니다. 인권이야말로 아주 쉽고 우리 생활과 밀접한 것이기 때문입니다. 그래서 유엔도 진정성을 갖고(truly), 평화적으로(peacefully), 건설적으로(constructively), 그리고 비정치적으로(non politically), 투명하게(transparently) 실현할 것을 권고합니다.

유엔이 북한 인권조사위원회라는 걸 만들었죠. 이분들이 몇 년 전에 탈북자들하고 우리나라의 엔지오(NGO)를 만나러 방한했습니다. 그때 마이클 커비(Michael Kirby) 위원장을 만난 적이 있습니다. 이분은 호주 대법관 출신이에요. 저하고는 자주 만났었는데, 한번은 제가 북한에 다녀온 얘기를 하니까 관심을 보여요. 대화 도중에 제가 이분한테 인권이 뭐라고 생각하느냐고 물었습니다. 그랬더니 "사랑을 실천하는 운동"이라고 해요. 제게도 묻기에 저는 "화해운동"이라고 했습니다. 그 다음 날 미국의 북한 인권특사를 만났습니다. 미국의 로버트 킹(Robert King) 대사 말입니다. 그분한테도 같은 질문을 했지요. 그랬더니 대답이 걸작이에요. 제가 말했던 화해운동과 위원장이 말했던 사랑운동을 포함하는 "모두를 껴안는(embracement) 것"이라고 해요.

우리나라의 보수세력들이 생각하듯이 인권이라는 게 북한을 압박하는 수단이 되어서는 안 된다는 뜻에서 드린 말씀입니다. 저는 인권에서만큼은 보수니 진보니 할 것 없이 손을 잡아야 한다고 생각합니다. 실제로 모든 선진국은 합리적인 보수와 이성적인 진보가 함께 가요. 우리도 그래야 합니다. 극단에 치우친 분들을 설득하고 대화에 나서게 해야 합니다.

제가 인권대사 시절에 국제회의에서 발표할 때, 북한인권에 대해 자유권뿐만 아니라 사회권도 봐야 한다고 말했습니다. 주민들이 굶는다는데 일단 그들을 구제한 다음에 그들의 자유를 말하는 게 좋지 않겠냐는 취지였어요. 그랬더니 다음 날 한국 신문에서 박경서 대사는 좌파라는 기사를 써요. (웃음) 그 일이 있고 2주 후에 유엔에 갔는데 북한 측 대표 한 명이 저더러 "국제회의에서 한 말 잘 들었습니다. 역시 먹는 게 최고지요." 이래요. (웃음) 그래서 제가 같이 일하는 인권 심의관을 만나서 그랬습니다. 북한에서는 인권을 자꾸 먹는 것과 연결 짓는 것 같다, 먹는 것도 중요하지만 자유권도 중요하다고요. 그런 뜻을 노르웨이 베르겐에서 열린 국제회의에서 밝혔습니다. "북한의 인권은 지금 나아진 게 없다. 전 세계의 관심이 북한에 쏠려 있는데 나도 그렇다"는 내용이었죠. BBC, CNN을 타고 그 사실이 알려졌습니다. 그랬더니 엊그제만 해도 좌파로 매도하던 한국 언론들이 정말 잘했다고 칭찬을 해요.

인권을 이렇게 자기들 이익에 따라 왜곡해선 안 됩니다. 그게 제가 생각하는 인권이에요. 나하고 생각이 다른 사람들과 함께 가는 겁니다. 나만 100퍼센트 옳다고 주장해서는 안 돼요. 나는 51퍼센트만 맞다, 저들도 49퍼센트는 옳다고 생각해야 해요. 상대적이고 유연한 사고가 필요합니다.

이는 개인에만 해당하는 얘기가 아니에요. 국가적 차원에서도 마찬가지입니다. 우리가 '위안부' 문제로 일본과 계속 대립하고 있지요. 역사적으로 명백한 사실을 끝까지 부인하고 있으니 피해자인 우리로서는 분하기 짝이 없는 일입니다. 그런데 정작 우리가 가해자인 문제에 대해서는 침묵합니다. 베트남 전쟁에 참전한 한국군이 저지른 민간인 학살이 그렇죠. 인권이라는 잣대는 동일하게 적용되어야 합니다. 북한의 인권만큼이나 우리가 놓치고 있는 인권침해에 대해서도 고민해야 해요.

7년쯤 전에 베트남에서 온 이주여성이 남편의 폭력으로 죽음에 이른 사건이 있었습니다. 남편이 술을 마시고 와서는 한국말을 못 한다며 때렸습니다. 이 베트남 여성은 오랜 식민생활을 거치면서 여성의 인권이 소중하다는 사실을 잘 알고 있었습니다. 그 여성은 저항하다가 결국 목숨을 잃습니다. 이 사실을 알게 된 베트남 정부가 분노했지요. 베트남에 있는 한국 기업들에 불이익을 주기로 결정했습니다. 그리고 당시 6만 명에 이르는 한국 사람들에게 비자연장을 안 해줬습니다. 한국 정부로서는 큰일이 난 거예요. 베트남은 우리나라가 중국 다음으로 투자를 많이 하는 주요 경제협력국이니까요.

결국 인권대사였던 제가 베트남으로 날아갔습니다. 호찌민 시의 쉐라톤호텔에서 열린 회의에서 그분들께 사죄했습니다. 고개를 숙이면서 "이건 죽은 베트남 여성에 대한 애도의 절입니다"라고 했습니다. 그러고 나서 "이건 우리나라 대통령과 국민의 절입니다." 하면서 두 번째로 절을 했습니다. 1965년부터 1975년 10년 동안 베트남 전쟁에서 한국 군인들이 저지른 잘못을 사과하기 위해서였습니다. 과거 일본이 식민지 한국을 상대로 그랬던 것처럼 한국 군인들이 베트남 여성을 성적으로 착취한 데 대해 사죄한다고 했지요. 그러면서 베트남 정부와 화해를 이루어냈습니다. 그리고 저는 베트남도 1979년 이웃 나라 캄보디아의 라오스를 식민지화하면서 똑같은 죄를 진 것에 대해 사죄하라고 했습니다. 그래야 인권과 평화의 물결이 아시아에서 퍼진다는 얘기를 했지요. 그래서 회의는 성공했습니다. 저는 진심 어린 사과야말로 인권 선진국으로 가는 첫걸음이라고 생각합니다.

예컨대 프랑스 낭트는 세계인권도시의 중심이에요. 그런데 이곳이 과거에 노예무역의 중심지였다는 걸 아는 사람은 많지 않습니다. 15만 명에 이르는 노예를 전 세계에 팔아넘겼지요. 특히 노예들은 미국으로 많이 팔려 갔습니다. 2차 세계대전이 끝나자 낭트 시민들은 과거 자신들이 저지른 죄과를 고백하고 진심으로 뉘우친다고 발표합니다. 그리고는 5년마다 세계인권총회를 개최하고 있어요.

아까 제네바에는 수백 개의 국제기구가 모여 있다고 했죠. 그곳에 있는 레만 호수를 거닐다 보면 멀리 언덕 위에 우뚝 솟은 건물이 보입니다. 국제노동기구 ILO(international labor organization)입니다. 이건 유엔보다 먼저 생긴 국제기구입니다. 1919년에 만들어졌다가 유엔의 자문기구가 되었지요. 우리나라는 1991년에 회원국이 되었습니다. ILO에서는 여덟 가지의 기본 협약(fundamental conventions)을 권고하고 있습니다. 우리는 그중 취업의 최저연령에 관한 협약, 가혹한 형태의 아동노동 철폐에 관한 협약, 동일 가치노동에 대한 남녀 노동자의 동등보수에 관한 협약, 고용 및 작업에 있어서 차별대우에 관한 협약 등 네 개만 국회에서 비준된 상태입니다.

결사의 자유 및 단결권 보호에 관한 협약, 단결권 및 단체교섭권 원칙의 적용에 관한 협약, 강제 노동에 관한 협약, 그리고 강제 노동의 폐지에 관한 협약 네 가지 등은 아직 가입이 안 됐습니다. 이 외에도 현재 ILO는 200여 개의 협약을 권고하고 있는데 이 중에서 24개만이 비준되어 있으니 노동권에 관한 한 갈 길이 먼 거예요.

이 밖에도 우리가 아직 풀지 못한 숙제들이 많습니다. 국가보안법 문제가 그렇고, 양심적 병역거부 문제가 그렇죠. 사형제도, 외국인 노동자 문제, 실업 문제, 성적 소수자 인권 문제, 북한 인권 문제 등이 대표적이지요.

저는 근 20년을 스위스 제네바에서 생활했습니다. 오랜 외국 생활을 마치고 한국에 들어온 지 15년째예요. 덕분에 유럽과 한국의 차이에 대해 느낄 수 있었습니다. 예컨대 사람들 표정이나 대화 방식 등에서도 각자의 개성이란 것이 있었지요. 그중 제가 관심이 간 것은 바로 '인권에 대한 생각'이었습니다. 인권의 전통이 깊은 유럽은 인권이 생활화된 측면이 있습니다. 과거 피 흘려 쟁취한 인권이 지금은 학교나 가정에서 자연스레 내면화(internalized)되고 있습니다. 반면 우리는 앞서 말씀드렸듯이, 인권의 중요성은 충분히 인식하면서도 당장 나의 생활과는 거리가 있는 것으로 생각합니다. 서구의 문화가 우월하다는 말씀을 드리는 게 아닙니다. 오히려 그 반대이지요. 우리의 문화와 전통 속에서도 충분히 인권의 개념을 찾을 수 있어요. 예컨대 500년 이상 지속된 우리 유교문화에는 공동체의 아름다운 전통이 있습니다. 이를 토대로 우리식 인권문화를 만드는 일이 얼마든지 가능하지 않을까요? 그러면 인권을 선진국들의 전유물이 아닌 바로 나와 우리의 삶과 밀접한 것으로 받아들이기가 훨씬 쉬울 겁니다.

인권은 생활이다

인권을 생활화하려면 오해와 선입견을 깨야 합니다. 대표적인 것들을 살펴보도록 하지요.

우선 첫 번째로 인권이 경제발전을 저해한다는 생각입니다. 앞서 '발전'에 대한 개념이 많이 바뀌고 있다고 말씀드렸지만, 우리에겐 아직도 발전과 인권을 대립해서 보는 경향이 있습니다. 이러한 생각은 6, 70년대의 경험과 무관하지 않다고 생각됩니다. 당시 가난했던 우리나라는 수출에 총력을 기울였습니다. 노동자들이 열악한 작업 환경에서 기본권을 제약받으며 희생당했지요. 경제발전의 과실은 기업주들에게만 돌아갔습니다. 더 이상 참을 수 없었던 노동자들이 노동 기본권을 외치자, 이를 탄압하기 위해 노동 기본권이 지켜지면 경제발전이 어렵다는 논리를 폈습니다. 하지만 이는 결코 사실이 아닙니다.

경제발전과 인권은 동전의 양면입니다. 어느 한 쪽을 위해 다른 쪽을 희생시킬 수는 없다는 겁니다. 전문가들은 노동자들을 희생시키는 발전 모델이 단기적으로는 효과가 있을지 모르지만, 장기적으로는 경제에 악영향을 준다고 말합니다.

만약 한국이 1970년대 상황처럼 오늘날까지 노동자의 기본권을 제약하여 쟁의권, 단체협약권을 탄압했다면 우리의 경제는 지금처럼 성장하지 못했을 것입니다. 한국은 민주화 투쟁을 통해 노동자의 인권이 혁신적으로 진전되었습니다. 그 덕분에 지금의 발전이 가능하다는 것입니다. 이 때문에 한국의 성장 모델은 중국이나 싱가포르보다 높은 평가를 받습니다.

한국의 분단 상황은 21세기 인권의 주요 분야인 '평화권'이 경제발전과 깊은 관련이 있음을 알려줍니다. 지금껏 한반도는 일촉즉발의 긴장관계에 놓여 있습니다. 과거 북한이 연평도에 포격을 가했을 때 증권시장은 일대 혼란에 빠졌습니다. 다행히 곧 수습이 되었지만, 한반도의 긴장상태는 결코 경제에 긍정적인 영향을 미치지 않는다는 것을 다시 한 번 확인한 순간이었습니다.

둘째로 꼽을 수 있는 것이, 인권은 우리 일상과 무관하다는 생각입니다. 이는 인권에 대한 언론의 왜곡된 시각, 부족한 인권교육 때문일 것입니다. 또한 인권은 그 속성상 누릴 때는 이것이 내 생활과 얼마나 밀접한지 알기 어렵습니다. 인권이 억압받을 때 비로소 그 소중함을 알게 되기 때문입니다. 만약 지금 한국전쟁이 다시 발발하여 자유권, 생존권을 위협받는다면 상황은 달라질 것입니다. 치안이 불안정한 나라에서도 마찬가지로 인권이 제일 중요한 문제로 대두될 것입니다.

우리가 눈을 돌려보면 인권은 우리 생활 도처에 있습니다. 부모를 공경하는 것도 인권의 표현이고, 공동체를 위한 봉사도 인권의 표현입니다. 사랑과 우정처럼 우리가 평소 소중하다고 느끼는 가치들 역시 인권의 한 얼굴이라고 할 수 있습니다.

예전에 제가 새벽에 함부르크 번화가를 지날 때 일입니다. 지나가던 차들이 신호가 바뀌자 멈춰 섭니다. 한적한 시간이라 보행자도 없어 굳이 그럴 필요가 없는데도 말이지요. 스위스 제네바에서도, 뉴욕, 런던에서도 같은 경험을 했습니다.

반대로 한국의 새벽 거리는 어떻습니까. 지금은 조금 나아졌다고들 하지만, 신호를 무시하기가 일쑤죠. 대낮에도 교통법규를 무시하는 경우가 많습니다. 운전자, 보행자 할 것 없이 신호를 지키는 게 외려 손해라고 봅니다. 교통신호가 우리 모두를 지켜준다는 생각이 없기 때문이에요. 슬픈 현상입니다. 인권도 내면화되려면 나의 일이라는 생각이 들어야 합니다. 그래야 진정한 인권 선진국이라고 할 수 있겠지요.

세 번째로 말씀드릴 것이, 인권은 큰소리치는 사람들의 몫이라는 생각입니다. 이 때문에 인권을 주창하면 억지를 쓴다고 비난합니다. 법을 안 지키고 이기적으로 자기주장만 한다고 해요. 이런 인식은 언론을 통해서도 잘 드러납니다. 인권이 나에게는 이익이 안 된다고 생각하기 때문에 일어나는 일입니다. 누군가의 인권을 보장하면 내가 손해를 본다고 느끼는 거예요. 아주 잘못된 오해입니다. 개인의 인권은 공동체의 인권과 맞물려 있습니다. 사회적 약자의 인권이 보장된다고 해서 내가 손해 보는 게 아니라, 정반대로 나의 인권도 보장되는 측면이 있는 것입니다.

물론 '떼법'은 옳지 않습니다. 공동체의 이익을 무시하고 사리사욕을 채우는 수단이라면 말이지요. 하지만 인권을 '떼법'으로 보는 시각은 매우 편협하고 왜곡된 것입니다.

네 번째 오해는 인권은 가만히 있어도 저절로 굴러 오는 덕목이라는 착각입니다. 인권은 결코 공짜로 주어지지 않습니다. 역사를 보면 잘 알 수 있어요. 인간이 노력한 만큼 누리는 것이 바로 인권입니다. 인권은 바로 여러분 손에 달렸다는 사실을 잊어서는 안 되겠습니다.

생활 속 인권 감수성 키우기

그럼 우리가 구체적으로 생활 속에서 어떻게 인권을 실천해갈 수 있을지 한번 살펴보도록 하겠습니다.

이번에도 스위스에서 있었던 일을 말씀드리겠습니다. 제가 손님을 태우고 공항에 갈 일이 있었는데, 급했던 나머지 속도위반을 한 모양이에요. 무인 단속 카메라에 찍혔나 봅니다. 나중에 고지서를 보니까 제한 속도보다 시속 5킬로미터를 초과했더라고요. 벌금으로 200프랑(우리 돈 26만 원 가량)을 냈습니다. 엄청 비싸죠. 이렇게 비싼데도 스위스 사람들은 벌금 내는데 전혀 인색하지 않습니다. 부당하다고 생각하지 않아요. 게다가 교통법규를 위반하는 일이 극히 드물어요. 음주운전이나 속도 위반을 자기만의 문제가 아닌, 타인의 생명권이나 행복권을 해치는 일로 생각하기 때문이에요.

공공장소에서의 에티켓도 그런 차원에서 이해됩니다. 가족들이 식당에서 파티를 할 때도 주변 사람들에게 피해를 주지 않으려고 노력해요. 조용조용 이야기하고 함께 즐기고자 최선을 다하는 모습을 보면서 인권이 성숙한 사회의 한 면을 보는 듯했습니다. 남을 꺾고 맨 앞에 서려는 약육강식의 사회는 이제 지양해야 합니다. 돈과 출세가 아닌 타인과 더불어 살아가려는 마음이 인권과 함께 성장할 수 있기를 기대해봅니다.

저는 세계교회협의회(WCC), 유엔과 같이 일하면서 인도, 방글라데시와 같은 곳을 방문할 기회가 있었는데 그곳에서 힌두교나 무슬림 축제를 구경할 수 있었습니다. 정말 근사한 축제더군요. 가난한 사람들이 많았지만 모두 행복해 보였습니다. 감격에 가득찬 그들의 눈빛을 보면서 깊은 인상을 받았습니다. 행복은 결코 돈이 아니다, 나 스스로 행복해지고자 하는 마음가짐, '이날만은 내가 완전히, 자유롭게, 좋은 사람과 함께 즐기겠다.' 이런 생각이 그들을 행복하게 한다고 느꼈습니다. 타인을 배려하는 마음, 타인과 함께 행복하고자 하는 마음, 생활 속에서 인권은 바로 마음으로 나타나는 것이 아닐까 생각합니다.

인권을 생활화하는 데 가정과 학교의 역할이 매우 중요합니다. 특히 부모의 영향은 무척 크지요. 아이들의 성장에서 가정교육이 큰 몫을 차지한다는 것은 교육학에서나 심리학에서 이미 증명된 사실입니다. 어머니와 아버지가 서로 존중하며 대화하는 모습을 보고 자란 아이는 이미 인권을 몸으로 습득한 것입니다. 따로 남녀평등, 여성의 인권을 가르칠 필요가 없어요. 반대로 가정폭력을 겪으며 자란 아이들이 인권에 대해 왜곡된 인식을 갖게 될 확률은 매우 높습니다.

저는 가끔 결혼식에 초청되어 주례를 서곤 합니다. 그럴 때마다 신랑신부에게 "2분의 1운동"을 당부합니다. 각자가 온전한 1이 되려면 자기 고집이나 욕심을 절반으로 줄여야 한다고 말합니다. 서로 양보하고 배려해야 한다는 점을 강조하고자 하는 것이지요. 이렇게 했을 때 진정한 일심동체, 즉 평등한 부부관계로 발전할 수 있다고 말합니다. 새로운 가정을 꾸리는 젊은이들에게 전하는 일종의 인권교육인 셈이지요.

경쟁이 치열해지면서 양보와 배려가 실종된 지 오래입니다. 신자유주의는 이러한 경향을 가속화합니다. 남을 짓밟는 한이 있더라도 돈을 벌어야 한다는 생각이 독버섯처럼 퍼지고 있어요. 오늘날 그 부작용을 미국과 영국, 또 우리나라 같은 신흥 경제대국들이 톡톡히 겪고 있습니다. 인권, 공동체, 평화, 봉사와 희생 같은 가치들이 점점 사라져가고 있지요. 가정과 학교에서도 마찬가지입니다.

일류 대학에 가서 대기업에 취업하는 게 인생의 꿈이 되어버린 것이 우리 현실이잖아요. 스위스만 해도 굳이 대학교에 가지 않고 직업학교를 선택하는 친구들이 많습니다. 그러지 않아도 인간답게 살 수 있기 때문입니다. 스위스가 사회복지가 잘 갖춰진 사회민주주의 국가라는 사실은 잘 알고 계실 겁니다. 게다가 직업학교를 나와서 취업하고 65세에 은퇴할 때까지 벌어들이는 소득이 대학을 나온 사람과 비슷해요. 대학에 가면 4~6년을 더 공부하기 때문에 연봉은 조금 높지만 일하는 기간이 짧기에 총액으로 보면 그렇다는 거예요.

은퇴 후 연금도 상식적으로 타당하게 책정되기 때문에 많이 버는 사람에게만 유리하지 않습니다. 그래서 대학 대신 '장인'(匠人, Meister)을 꿈꾸면서 직업학교를 택하는 친구들이 많은 거고요. 스위스에서 장인은 사회적으로도 존경받는 직업입니다. 보통 10명이 졸업하면 세 명은 대학교에, 일곱 명은 직업학교에 갑니다. 사회적으로 동등한 대우를 받기 때문에 '스펙'에 열중하거나 열등감을 느낄 일도 없습니다. 이 때문에 학교나 사회 분위기가 당당하고 밝아요. 예민한 청소년기에 패배의식부터 배우는 우리와 큰 차이가 있죠.

가정교육도 마찬가지입니다. 부모들이 돈을 최고의 가치로 여기다 보니 아이들도 여기서 자유롭지가 못해요. 일찌감치 돈을 중심으로 가치를 따집니다. 한국의 기이한 영어교육 열풍도 이런 측면에서 생각해 보아야 합니다. 많은 부모들이 어릴 때부터 영어에 몰입해야 한다고 생각합니다. 돈이 얼마가 됐든 원어민이 가르치는 영어유치원에 아이를 보내지요. 그래야 나중에 좋은 대학과 직장에 갈 수 있다고 생각합니다. 우리가 살아가는 데 정말 영어가 필요한지는 그다음 문제예요. 일단 영어라는 '경쟁력'을 확보해 다른 사람과 '차별화'하려는 게 목적입니다.

이웃 나라 일본은 노벨상을 열아홉 사람 배출했는데 그중 열여섯 분이 일본에서 공부한 사람들입니다. 이 수상자들에겐 영어가 별로 중요하지 않습니다. 우리나라에서는 같은 이웃끼리도 이렇게 피나게 경쟁하는데 다른 인종을 대하는 태도도 다를 리가 없습니다. 한국에서 다문화 가정이 점점 늘고 있습니다. 그러면서 과거 유럽 여러 나라에서 겪었던 고민들을 하게 되었지요.

독일은 120년 전, 터키에서 이주노동자(gastarbeiter)들을 데리고 왔습니다. 이들은 자신들의 문화적 정체성을 잃지 않으면서 성공적으로 독일 사회에 적응합니다. 제3의 문화를 만들어내면서 말이죠. 한국도 이러한 사례를 본받아 배타적이고 차별적인 사고 대신 인권을 주요 가치로 하는 성숙한 문화를 가꾸어갈 수 있어야 합니다. 그러려면 일찍부터 교육을 통해 아이들에게 서로의 문화를 존중하는 태도를 길러주어야겠지요.

이렇듯 학교와 가정에서 인권, 평화, 봉사, 환경생태, 문화적 상대성 같은 가치들을 가르친다면 우리의 미래는 분명히 달라질 것입니다.

인권으로 풀어보는 사회문제

한동안 수사권을 두고 검찰과 경찰이 부딪친 적이 있습니다. 이런 문제를 '인권'의 눈으로 보면 어떤 답을 찾을 수 있을까요. 우리 사회에 인권의 가치를 정착시키려면 관료사회의 개혁도 필요합니다. 예컨대 아무리 제도가 잘 되어 있어도 이를 실현할 주체인 공공기관이 준비가 안 되어 있다면 성공하기 어렵지요. 경찰과 검찰의 갈등도 이런 측면에서 접근해야 합니다. 관료의 입장이 아닌 인권을 기준으로 해야 한다는 것이에요. 관료주의는 그 속성상 권한이 많을수록 부패하기 쉽습니다. 우리나라는 검찰을 통제할 집단이 없어요. 수사권은 두 관료 조직이 상호 견제와 감시를 할 수 있도록 조정해야 합니다. OECD에서도 범죄와 부패 방지를 위해 그런 시스템을 권장하고 있고요.

종교인 과세는 또 어떨까요? 당연히 세금을 내야 합니다. 납세는 우리 헌법이 규정하고 있는 국민의 의무입니다. 인권의 눈으로 보면 이것은 사회권과 관련이 됩니다. 세금은 공공의 이익을 위해 쓰입니다. 특히 사회적 약자들을 보호하기 위한 복지제도를 유지하는 데 많은 돈이 쓰이죠. 종교와 국가의 대립으로 이해하기보다 공동체를 유지하고 사회적 약자의 인권을 보호한다는 기준에서 보면 답은 훨씬 명확해집니다. 더구나 부자 교회가 속출하고 이를 세습까지 하는 우리 현실에 비추어 본다면 말이지요.

다음으로는 사형제도를 한번 따져보겠습니다. 이를 '죄와 벌'이라는 측면, 인간이 인간을 죽일 수 있느냐는 윤리학적 측면에서 보면 의견이 분분할 수 있습니다. 하지만 인권의 눈으로 보면 반인권적인 제도로 당연히 폐지되어야 옳습니다.

지금 한국의 사형제도는 종교 지도자들을 중심으로 폐지운동이 일고 있어요. 국회의원들도 3분의 2 이상 폐지에 찬성하고 있습니다. 그럼에도 '국민 정서'를 핑계로 아직 폐지가 되지 않고 있습니다. 다만 집행이 되지 않는 수준이에요. 제가 유엔 국제회의에 갈 때마다 이런 사정을 설명합니다. 국제사회는 한국이 사형제도 폐지로 가는 중간 단계에 있다고 보고 있어요. 언젠가는 폐지될 것이라고 저는 생각합니다. 실제로 사형제도가 없으면 흉악범이 늘 것이라는 건 기우에 불과하다는 게 증명되고 있습니다. 사형제도를 폐지한 나라에서 흉악 범죄가 줄었다는 통계가 이를 뒷받침합니다. 다만 희생자의 인권을 어떻게 보호할 것이냐에 대한 문제, 정신적인 보상 문제 등은 우리가 좀 더 고민해야 할 부분입니다.

다음은 한국의 인권과 관련하여 늘 이슈가 되는 것 중 하나, 바로 국가보안법입니다. 유엔 인권이사회에서 근 20여 년이 넘도록 폐지를 권고하고 있습니다만, 여전히 우리 사회에서 맹위를 떨치고 있지요. 국민들도 이 문제에 무관심한 실정이고요. 과거 국가보안법에 희생된 분들이 많았습니다. 민주주의 실현을 위해 싸운 분들, 군부독재에 항거한 사람들, 노동자, 농민, 학생, 지식인, 인권운동가들을 탄압하는 도구로 쓰였기 때문입니다. 분단 상황에서 국가를 위태롭게 했다는 논리였습니다. 국제사회도 이러한 사실을 잘 알기에 지속적으로 국가보안법 폐지를 요구하는 거에요.

국가보안법은 반드시 폐지해야 합니다. 다만 북한이라는 변수, 전쟁위협에 어떻게 대처할 것이냐 하는 문제 때문에 망설이고 있는 것이 현실이에요. 한반도에 평화가 정착되고 북한이 국제사회의 일원이 된다면 국가보안법은 자연스레 폐지될 거로 봅니다.

그다음 살펴볼 문제는 탈북자의 인권입니다. 한국에는 대강 2만 7000명가량의 탈북자들이 있습니다. 여러 측면에서 접근할 수 있겠습니다만, 저는 행복권이라는 시각에서 말씀드려보고자 합니다. 제가 인권대사로 있을 때 국가인권위원회에서 탈북자를 대상으로 설문조사를 한 적이 있습니다. 그 결과 "남쪽에 와서 행복을 느끼고 있다"고 응답한 사람은 전체의 4.9퍼센트였어요. 생각보다 훨씬 낮은 수치죠? 45퍼센트는 "남쪽에 괜히 왔다"고 답했습니다. 말하자면 막상 와보니 별로라는 거예요. 행복하지 않은 이유를 물으니 첫째가 북에 두고 온 가족입니다. 둘째는 남쪽의 시장경제, 자본주의체제에 적응하기 어렵다는 이유였고, 셋째는 남쪽 사람들이 탈북자를 보는 시선이었습니다.

나머지 50퍼센트의 응답자는 "남쪽으로 온 게 잘한 건지 못한 건지 모르겠다"고 합니다. 이 결과는 탈북자들이 아직도 남쪽 사회에 적응하지 못하고 있다는 것을 말해줍니다. 그들도 우리 헌법이 보장하는 '행복을 추구할 권리'가 있습니다. 그러려면 공동체의 일원이자 이웃인 우리가 도와줘야 합니다. 죽을 고비를 넘기며 남쪽으로 온 사람들이 행복하게 살 수 있도록 제도적 장치를 마련하는 한편, 사회적응을 위한 방안을 연구해야겠죠.

이 밖에도 비정규직 문제, 세대갈등, 동성애 인권, 양심적 병역거부 등 우리 사회는 수많은 문제를 안고 있습니다. 여기에도 인권적 측면에서 접근해볼 수 있겠지요. 이처럼 인권은 우리의 삶과 떼려야 뗄 수 없는 관계에 있습니다.

우리나라는 유엔에서 중요한 지위를 차지하고 있습니다. 그만큼 세계 사회가 우리 한국에 기대하는 바가 있다는 얘기지요. 단시간에 놀라운 경제성장을 이루고 인권의 발전을 이룬 한국을 세계 193개 회원국이 주목하고 있습니다.

현재 우리나라는 유엔이 권장한 인권조약기구 아홉 개 중 일곱 개에 가입하고 있습니다. 인종차별 철폐협약, 사회권규약, 자유권규약, 여성차별 철폐협약, 고문방지 협약, 아동권리 협약, 장애인 권리협약 등이 바로 그것입니다. 나머지 둘, 이주노동자 협약과 강제실종 협약은 아직 미가입 상태입니다. 앞의 일곱 가지 인권규약은 대략 2~5년 사이를 두고 심사를 받게 되어 있습니다. 철저한 준비와 실천이 필요한 상황이에 요. 2007년부터 유엔총회가 도입한 유엔 회원국들의 인권 상황을 4년마다 객관적으로 평가하는 '보편적 정례 검토제도'(universal periodic review system)도 철저히 준비해 인권 모범 나라로 거듭나야 합니다.

이 제도에서는 우리나라가 준비한 국가 보고서 외에 유엔헌장, 세계 인권선언, 우리가 가입한 조약기구의 각종 의무규정, 국제법상의 인권 법, ILO 규약, 제네바협약 등 네 개 부분과 우리가 인권이사국으로 출마할 때 약속한 사항들을 제대로 이행하고 있는지 등을 평가받습니다. 그러기에 우리는 하루속히 인권교육법을 법제화해서 유엔의 각 인권 메커니즘이 원하는 경지까지 한국 인권 수준을 높여야 합니다. 그래서 인권교육법의 법제화는 시급한 과제라고 할 수 있습니다.

이 자리에 계신 여러분도 한국이 인권 선진국으로 가는 데 일익을 담당할 수 있었으면 합니다.

내가 만난 인권운동가들

마지막으로 제가 만났던 사람들을 소개하며 강의를 마무리하도록 하겠습니다. 여러분께 꼭 소개하고 싶은 분들이에요. 먼저 리고베르타 멘추라는 분이 있습니다. 과테말라의 인권운동가인 이분은 제가 책으로 먼저 알게 되었어요. 1988년에 라틴 아메리카 국장이 저한테 책을 하나 소개해요. 『나, 리고베르타 멘추』라는 제목의 자서전이었습니다. 첫 장을 넘기자 충격적인 이야기가 시작됩니다. "내가 스무 살 처녀 때에 내 아버지와 동생들은 얼굴이 이상하게 생겼다는 이유 하나 때문에 과테말라 정부군에서 끌려가 살해당했다…." 제네바의 사무실에서 그 책을 읽었는데, 깊은 감동을 받았어요. 그래서 동료들과 아시아 쪽 사람들에게 이분을 노벨상 후보로 추천했어요. 결국 1992년 노벨 평화상을 타지요. 나중에 제가 있는 이화여자대학교에 와서 강연도 했어요. 아주 말씀도 잘하셨는데 "나는 얼굴이 이렇게 생겼어도 여러분과 똑같이 이성을 가지고 있고 존엄성이 있는 사람입니다. 우리 원주민들도 그렇게 생각하고 있습니다"라는 말씀이 인상적이었습니다.

그다음으로 아웅산 수지. 제가 1990년대 중반에 이분이 가택연금 중일 때 만났어요. 네 시간 정도 대화를 나누었습니다. 두 살 때 돌아가신 아버지 아웅산 장군은 불교 신자였고 초대 인도 대사를 지낸 엄마는 독실한 기독교 신자였다는 말을 했습니다. 그런데 자기는 힌두교와 이슬람교에 관심이 있대요. 그러면서 종교가 어떻게 세계평화에 기여할 수 있는가를 생각 중이라고 말했습니다.

그리고 남편의 임종에 관한 에피소드도 들려주었어요. 미얀마 독재 정권의 주역들인 군인들이 찾아와서 런던의 한 병원에 입원 중인 남편을 임종 전에 한번 만나고 오라고 권유했대요. 그런데 수지가 거절했어요. 남편은 천당에서 만날 수 있다, 하지만 내가 지금 영국으로 가면 당신들이 재입국을 안 시켜줄지도 모른다, 그러면 미얀마의 민주주의는 어떻게 되느냐고 했다고 합니다. 음모가 있다고 생각했던 거지요. 그 후

캄보디아 왕립학교에서 한국의 인권에 대해 강의를 하고 있는데 수지 측에서 연락이 왔습니다. 자기가 이번에 한국에 가게 됐다면서 2004년에 가택연금 중이라 받지 못했던 광주 인권상을 이번에 저더러 직접 시상해달라는 거예요. 그래서 비행기를 타고 광주로 날아갔습니다. 정·관·시민 대표 600명 앞에서 제 손으로 8년 늦게 시상하는 역사적인 장면을 연출했습니다. 정말 멋진 분이에요.

무하마드 유누스라는 사람도 소개하고 싶습니다. 제 절친한 친구이기도 한 이분은 2006년 노벨 평화상 수상자예요. 한번은 이분이 미국에서 학생을 가르치다가 문득 자신의 모국인 방글라데시가 떠오르더래요. 12년 동안 떠나 있던 그곳의 빈곤 현실과 자기가 지금 여기서 경제를 가르치는 것이 무슨 관계인가 하는 고민이 생기더래요. 결국 방글라데시를 다시 찾아갔습니다. 그런데 가보니 상황이 말이 아니에요. 자기 친구들은 여전히 가난한 농부로 살고 있고, 빈곤에 시달리고 있더랍니다. 안타까운 것이, 고리대금업자들 탓에 계속 빚에 쪼들리더라는 거예요. 대략 27달러면 한 가정이 빚으로부터 자유로워질 수 있다는 사실을 알고는 충격에 빠졌답니다. 그래서 학교를 그만두고 퇴직금을 탈탈 털어서 가족과 함께 그라민은행을 만듭니다. 소위 마이크로 크레디트 운동을 하게 되지요. 그런데 유누스가 제게 하는 말이 리먼브러더스나 AIG 같은 유수의 금융사들이 도산하는 마당에 그라민은행이 계속 유지될 수 있는 비결을 아느냐고 해요. 당연히 저는 모른다고 했죠, 경제학자도 아닌데.

유누스는 리먼브러더스나 AIG가 땅과 집을 담보로 잡아 돈을 빌려줬지만 그라민은행은 가난한 사람의 영성과 인격을 담보로 했기 때문이라고 해요. 친구지만 존경심이 솟았습니다. 요즘도 서로 편지를 주고받으며 안부를 묻고 있습니다. 한때 터무니없는 모략에 시달리기도 했죠. 이제 다 풀렸지만요.

그다음이 라모스 호르타, 동티모르 전 대통령입니다. 이분은 1996년 노벨 평화상 수상자예요. 동티모르가 어떤 나라예요. 오랫동안 포르투갈 식민지로 있다가 다시 인도네시아의 침공을 받았어요. 2002년이 되어서야 독립을 하게 되지요. 그동안 인도네시아군은 수많은 고문과 납치, 강간과 학살을 자행합니다. 오스트레일리아에서 망명생활을 하던 그는 인도네시아에 의해 자행되는 각종 인권침해 사례를 폭로하고, 동티모르에서 발생하는 폭력을 종식할 평화안을 발표하는 등 많은 활동을 했습니다.

나중에 대통령이 되고서 만났는데 다리를 절어요. 그러면서 하소연을 합니다. 막상 독립하고 나니까 민족이 갈가리 나뉘었다는 거예요. 앙골라파, 모삼비파, 포르투갈파, 인도네시아파, 국내파, 이렇게 나뉘어서 매일 싸우고 있다는 겁니다. 전체 인구가 100만밖에 안 되는데도 그래요. 그래서 이분이 어떻게든 이 문제를 해결하려고 대통령이 된 다음에 극렬분자 15명을 쫓아냈어요. 그랬더니 다음 날 아침 보복을 하더랍니다. 총탄 네 발이 관통해서 수술 후에도 여전히 다리를 절게 되었다는 겁니다. 그러면서 말합니다. "경서, 민족이 화합하지 않고 서로 싸운다는 것이 얼마나 불행한지 너는 모를 거다. 평화롭게 공존할 수 있도록 나는 죽을 때까지 이 일을 하겠다." 그 말을 마치고 지팡이를 짚고 떠나가던 그 모습이 지금도 눈에 선해요. 요즘도 저에게 이메일을 보내오곤 해요. 몸은 여전히 불편한 채로 말입니다.

마지막으로 소개할 분은 제게 인권을 공부할 기회를 준 리처드 폰 바이제커 전 독일 대통령입니다. 저에게 독일의 아버지라고 말씀하신 분인데 저에게는 진짜 아버지 이상입니다. 이분이 기민당 하원외교위원장으로 한국을 찾았을 때 제가 안내를 맡은 적이 있습니다. 제가 스물일곱 살 때 얘기예요. 덕수궁이나 창경궁 같은 데를 함께 돌아다니면서 대화를 하는데, 그분이 제 소원이 뭐냐고 했어요. 공부를 계속하고 싶다고 했더니 독일로 오면 장학금을 주겠다고 해요. 당시만 해도 미국이 아니면 유학 가기 어려웠던 시절이에요. 아무튼 그렇게 인연이 시작되었지요.

제가 가장 기억에 남았던 것은 이분이 독일이 통일된 다음에 베를린 대학에서 한 연설입니다. 여기서 그분은 자신이 독일 대통령으로 이 자리에 선 게 아니다, 평범한 독일의 할아버지로서 젊은 사람들하고 대화하기 위해서라며 다음과 같이 말합니다. "여러분은 과거에 히틀러가 지은 죄악인 600만의 유대인을 죄 없이 죽인 것과 아무 관계가 없다고 생각할 수가 있다. 왜냐하면 여러분이 세상에 태어나기 전에 벌어진 일이니까. 하지만 그건 잘못된 생각이다. 평생을 히틀러가 지은 만행에 대해서 사죄하면서 살자…." 저에겐 신선한 충격이었습니다.

저는 항상 어려움이 있을 때마다 이분들을 생각합니다. 그분들의 삶을 떠올릴 때마다 사람답게 더불어 사는 세상, 올바른 인권국가를 만드는 길을 생각하지요. 앞서 먼 길을 나선 인권운동가들의 치열한 삶이 여러분에게도 희망이 될 수 있었으면 합니다.

그럼 이상으로 강의를 마치겠습니다. 모쪼록 인권을 이해하는 데 도움이 되었기를 바라고요. 부족한 부분은 저의 책 『인권이란 무엇인가?』, 『그들도 나만큼 소중하다』, 『세계시민 한국인의 자화상』 등을 참고하시기 바랍니다. 감사합니다.

2강

드라마 주인공은
왜 사투리를 쓰지 않을까?

김창남

김창남

한국대중음악학회 회장, 월간 〈말〉 편집위원, 주간 〈씨네 21〉 편집자문위원, 한국방송공사 정책연구실 객원연구위원을 역임했다. 현재 성공회대학교 교수이며, 한국대중음악상 선정위원회 위원장을 맡고 있다. 저서 및 편저서로 『대중문화의 이해』, 『대중문화와 문화산업』, 『너만의 브랜드를 가져라』, 『대중문화, 어떻게 즐길까』, 『김민기』, 『대중음악과 노래운동 그리고 청년문화』, 『세계화와 미디어 연구』 등이 있다.

반갑습니다. 저는 지금 성공회대학교에서 학생들을 가르치고 있습니다. 틈틈이 동료 교수님들과 노래 공연도 합니다. 유튜브에 '더숲트리오'로 검색하면 동영상도 몇 개 나와요. 보시면 실망하실 겁니다. 아마추어니까요. (웃음)

오늘은 여러분과 문화, 특히 대중문화에 대해서 이야기를 나눌 예정입니다. 우리는 '문화'라는 말에 무척 친숙하지요. 일상에서 쉽게 사용합니다. 그런데 학문적으로 보면 '문화'만큼 어려운 말이 없어요. 놀랍게도 아직 그 의미조차 명확하게 정리되어 있지 않습니다. 역사적으로 '문화'의 정의를 둘러싸고 수많은 논의가 있었지만, 합의된 개념이 없어요.

장미가 사랑의 상징이 되기까지

여러분 문화가 뭘까요? 머릿속에 떠오르는 이미지는 많지만 한마디로 이거다, 하고 잘라 말하기가 어렵지요? 그래서 대신 저는 이렇게 묻습니다. 문화의 반대말이 뭡니까? 학생들에게 물으면 미개, 야만, 이런 대답이 돌아옵니다. 여러분은 어떻습니까? 다양한 시각이 있을 수 있겠지만, 넓게 보면 문화의 반대말은 '자연'이라고 할 수 있습니다. 문화란 인위적인 것, 즉 만들어진 것이기 때문입니다. 그런 의미에서 보자면 이 세상은 주어진 것(자연)과 만들어진 것(문화)으로 이루어졌다고 할 수 있지요.

인간의 역사가 발전하고 사회가 변화하면서 자연은 축소되고, 문화는 확대되어 왔습니다. 사냥을 하고 농사를 짓던 인류는 오늘날 초고층

빌딩을 짓고 도로를 놓습니다. 그런 모든 과정이 결국은 자연의 영역을 인간의 영역으로 바꾸는 것입니다. 그런데 자신의 영역을 넓히고자 하는 인간의 욕망은 끝이 없습니다. 오늘날 인간의 몸조차 자연의 영역을 벗어나고 있어요. 유전공학과 의학기술이 발달하면서 장기도 만들어냅니다. 성형수술도 일반화되어 있잖아요. 기술발전의 속도가 빨라지면서 인간의 손이 닿지 않는 자연의 영역은 점점 줄어들고, 우리는 그것을 당연하게 받아들입니다.

넓은 의미의 문화는 "인간이 만들어내고, 인간이 의미를 부여하고, 그럼으로써 새롭게 태어난 모든 것"을 가리킵니다. 그래서 문화는 '자의성'이라는 특징을 가집니다. 절대적이거나 고정불변하는 게 아니라는 겁니다. 예컨대 인간의 대표적인 문화인 '언어'를 보면 잘 알 수 있습니다. 우리가 어떤 동물을 '개'라고 불렀을 때 거기에 필연적인 이유가 있나요? 왜 '쥐'라고 부르면 안 됩니까. 그냥 그렇게 하기로 한 겁니다. '개'라는 언어와 그 동물의 속성이나 본질은 아무런 관련이 없어요. 인간끼리의 약속에 불과한 겁니다. 이것을 언어의 자의성이라고 하지요. 문화의 특징이기도 합니다.

예를 들어보지요. 제가 예전에 중요한 날을 잊은 적이 있어요. 늦게까지 술을 마시고 집에 들어가는데 하필 그때 오늘이 결혼기념일이라는 사실이 생각나요. (웃음) 고민을 거듭하다가 동네 꽃집을 찾습니다. 그나마 다행인 게 딱 한 군데 문을 연 곳이 있어요. 장미꽃을 한 송이 사서 집에 갑니다. 현관문이 열리고 아내에게 꽃을 내미는 순간 모든 게 용서가 되지요. (웃음) 그런데 왜 하필이면 장미꽃일까요? 우리는 왜 사랑의 표시로 국화나 개나리도 아닌 장미를 들고 가는 걸까요? 자의성이죠. 거기엔 아무런 이유가 없어요. 그냥 그러기로 한 겁니다. 하다 보니 습관이 되고 이게 관습으로 굳어진 거예요. 상상을 한번 해봅시다.

아주 오래전에 어떤 젊은 청년이 살았습니다. 그 동네에 사는 어느 아름다운 여인과 사랑에 빠지지요. 청년은 밤새 고민합니다. 내 마음을 어떻게 전해야 할까. 다음 날 들판을 거닐던 청년이 장미를 발견합니다. 그리고 이걸 꺾어서 자신의 마음을 전하기로 하지요. 여기서 들판에 핀 꽃은 자연의 영역입니다. 그런데 이걸 딱 꺾어서 여인에게 전달하는 순간, 장미는 사랑의 상징이 됩니다. 그러면서 문화의 영역이 돼요. '의미'가 들어갔으니까요. 처음에는 무슨 뜻인지 전달이 잘 안 되었을 수도 있습니다. 여인이 아름답기는 한데 좀 둔감할 수도 있잖아요. 꽃을 받긴 했는데 도대체 무슨 뜻일까? 하고 궁금해했을 수도 있습니다. 그전까지는 아무도 그런 식으로 꽃을 사용한 사람이 없었으니까요. 오해를 했을 수도 있습니다. '새빨간 꽃을 보내다니… 나를 증오한다는 건가, 혹시 피를 보자는 건가?' 하고 말이죠. (웃음) 하지만 우여곡절을 통해 여인은 청년의 마음을 알게 됩니다. 장미의 의미가 온전히 드러나는 순간이지요.

이제 동네 젊은이들이 너도나도 장미를 찾아 들판을 헤매기 시작합니다. 사람들에 의해 같은 행위가 반복되면서 빨간 장미는 '사랑'의 의미로 받아들여지고 이것은 관습이 됩니다. 낯설었던 어떤 행동이, 어떤 기호가 사람들과 공유되면서 익숙해지고 자연스러워진 것이죠. 만약 그 '최초의 청년'이 들판에서 호박꽃을 발견했다면 오늘날 수많은 젊은이는 장미꽃 대신 연인에게 호박꽃을 보내고 있을지도 모릅니다. 문화란 그런 것이니까요.

그래서 문화는 늘 변화합니다. 우리가 의식을 못 해서 그렇지 지금 이 순간에도 인간의 문화는 변하고 있어요. 우리가 쓰는 말, 100년 전과 비교하면 엄청나게 다릅니다. 지금은 안 쓰는 말도 있고 새롭게 등장한 말도 있습니다. 불과 10년 전과도 차이가 나지요. 옛날 영화나 드라마에 나오는 대화는 왠지 어색하고 낯설게 느껴집니다. 대표적인 문화인 '노래'는 또 어떻습니까. 유행가야말로 하루가 다르게 바뀌고 있잖아요.

노래, 하니까 생각납니다만, 요즘은 학생, 직장인 할 것 없이 노래방 자주 가지요. 우리나라 사람들은 유독 노래 부르기를 좋아합니다. 모임마다 노래가 빠지지 않습니다. 그러다 보니 요즘은 음치클리닉이라고 해서 노래 못 부르는 분들을 위한 학원도 있다고 해요. 그런데 여러분, 이런 것 한번 생각해보셨나요. 음치는 정말 장애일까요? '도레미파솔라시도'라는 음계는 언제 생긴 걸까요?

우리가 알고 있는 음계는 서양식 '조성 음계'입니다. 그런데 이게 생긴 지는 고작 300~400년밖에 안 돼요. 우리나라에 들어온 지는 100여 년쯤 됩니다. 그럼 이전에는 어땠을까요? 음계가 없으니 노래도 없었을까요? 그렇지 않습니다. 세상에는 이미 각양각색의 음악과 노래가 존재했겠지요. 지금도 지구 상에는 수천 가지의 음계가 존재하고 있어요. 인도에만 400여 가지의 음계가 있다고 들었습니다. 우리나라에도 고유의 음계들이 있었습니다. 그러다 '조성 음계'가 들어오면서 사라진 거죠. 그러니까 우리가 알고 있는 '도레미파솔라시도'라는 체계는 수천 개의 음계체계 중 하나에 불과합니다. 즉 절대불변의 어떤 기준점이 아니라는 겁니다. 이것 역시 하나의 제도이자 문화라는 거죠.

음치라는 게 결국은 이러한 조성체계에 적응하지 못한 사람입니다. 음악적으로 기존의 질서와 다른 자기만의 체계를 가진 거죠. 말씀드렸듯이 문화는 늘 변화합니다. 즉, 모두가 가수처럼 노래를 잘한다고 해서 그 자체로 훌륭한 문화가 아니라는 거예요. 기존의 질서는 언제든 변화합니다. 문화란, 음치라는 놀림에 굴하지 않고 새로운 걸 시도하는 그런 사람들이 발전시키는 거예요. 그러니 혹시라도 자기가 음치라고 생각하고 계시는 분 절대로 부끄러워하지 마세요. 문화적 선구자가 될 수 있어요. (웃음)

저는 늘 학생들에게 강조합니다. 지금 우리가 문화적으로 당연하게 받아들이는 것, 그것은 모두 자의적인 것에 불과하다. 이를 꿰뚫어보고 의문을 던진다면 언제든지 새로운 시도가 가능하다. 그게 진정한 의미에서의 창조라고 말이죠.

지금까지 문화가 가지는 자의성과 역사성에 대해 말씀드렸습니다. 이제 대중문화로 넘어가 볼까요.

상품으로서의 대중문화

대중문화도 문화만큼이나 복잡하고 어려운 개념입니다. 한마디로 정의할 수가 없어요. 누구는 고급문화, 지배문화의 대립적인 개념으로 보기도 하고 어떤 사람은 다수가 즐기는 문화라고 말하기도 합니다. 그러나 모두 한계가 있어요. 딱 떨어지지가 않습니다. 그래서 저는 대중문화의 '정의'를 내리고 거기에 맞춰서 현실을 해석하기보다는 대중문화의 '특징'을 살피면서 각자 개념을 정립해나가는 것이 좋다고 봅니다.

첫 번째 특징은 대량생산 대량소비입니다. 오늘날 대부분 대중문화는 신문, 방송, 영화, 출판, 광고, 음반 같은 매스미디어를 통해 생산되고 전파됩니다. 동시에 수백, 수천만 명이 같은 드라마와 영화를 봅니다. 매스미디어가 등장하기 이전과는 아주 다른 상황이지요.

그다음은 바로 '상품성'입니다. 우리가 각자 돈을 주고 구입한다는 뜻입니다. 혹시 TV 드라마는 공짜라고 생각하시는 분들이 있을 텐데요, 그렇지 않습니다. 수신료로 직접 내기도 하지만, 광고를 통해 간접적으로 지불하고 있으니까요. 지금 내가 핸드폰 광고와 함께 '무료'로 보는 드라마에 대한 비용을 나중에 나, 혹은 다른 누군가가 그 핸드폰을 사면서 지불하게 된다는 뜻이에요. 아시다시피, 모든 상품의 가격에는 광고료가 포함되어 있습니다.

오늘날 대중문화는 산업으로 존재합니다. 이들의 목표는 이윤추구입니다. 돈을 벌자는 거예요. 민족문화 창달이 결코 아니에요. (웃음) 게다가 대중문화는 부가가치가 굉장히 높은 상품입니다. 예컨대 자동차 한 대를 생산한다고 칩시다. 여기에는 노동력과 자원이 투입됩니다. 10대건 100대 건 만들 때마다 들어가죠. 많이 팔릴수록 돈도 많이 들어갑니다. 그런데 문화상품은 어떻습니까. 보통 자동차 수십만 대, 수백만 대가 벌어들인 수익과 맞먹는다는 블록버스터 영화, 여기에도 많은 돈이 들어가지만 이건 처음 만들 때 한 번 들어가는 겁니다. 일단 완성되면 추가 비용이 거의 들지 않아요. 예컨대 수백억 원을 들여서 영화 한 편을 찍었는데 이 영화를 100개 극장에서 상영할 때하고 1000개 극장에서 상영할 때와 비용 차이가 없습니다. 그러나 수익은 엄청나게 차이가 발생하죠. 그래서 고부가가치 '산업'이라는 겁니다.

감가상각비도 없습니다. 많이 본다고 낡거나 닳지 않는다는 거예요. 상품성만 좋으면 멀쩡하게 살아남아서 계속 시장을 만들어내요. 1939년 제작된 〈바람과 함께 사라지다〉라는 영화는 지금도 명절 때마다 방송됩니다. 당연히 돈을 벌지요. 1982년에 만든 〈ET〉, 지금도 전 세계에 상영되고 있고 20세기 초의 재즈 음악, 지금도 계속 돈 벌고 있어요. 죽은 지 30~40년 된 엘비스 프레슬리, 존 레넌, 지금도 매년 수백억 원씩 저작권료를 챙겨갑니다.

흔히 클래식은 오래가지만 대중문화는 수명이 짧다, 일시적인 유행으로 끝난다고들 생각하지만, 절대 그렇지 않습니다. 클래식이라고 다 오래가는 것도 아니고요. 살아남는 것만 살아남는 겁니다. 영화 〈아마데우스〉(1985년)에 등장하는 살리에르라는 사람이 만든 음악, 혹시 들어본 적 있습니까? 아무도 없잖아요. 이에 반해서 비틀스의 음악이 앞으로 언제까지 계속 팔릴지 모르죠.

게다가 대중문화는 자기 변용이 가능합니다. '창구효과'라고 하는데요. 쉽게 말해서 똑같은 콘텐츠를 갖고 영화로 한 번 돌리고 그다음 디브이디로 한 번 돌리고 그다음에 유료 영화채널로 한 번 돌리고 공중파로 한 번 돌리고 한다는 거예요. 똑같은 콘텐츠인데 창구만 바꾼다는 거죠. 그럴 때마다 계속 시장이 생겨요. 비슷한 말로 '원 소스 멀티 유스'(one source multi use), 이런 표현도 들어보셨을 겁니다. 소설을 원작으로 영화 찍고, 드라마 만들고, 뮤지컬도 만듭니다. 요즘은 만화를 원작으로 한 영화도 많이 등장하고 있죠. 대중문화는 상품으로서 부가가치가 아주 좋습니다. 그래서 경쟁도 치열하지요.

단점도 있어요. 대중문화는 시장을 예측하기 어렵습니다. 다른 상품들, 예컨대 자동차 같은 것은 돈을 많이 들여서 고사양으로 만들면 좀 더 비싼 가격에 팔 수 있습니다. 비슷한 가격대의 자동차가 얼마나 팔리는지 보면서 수요 예측도 할 수 있을 거고요. 하지만 영화는 어때요? 개봉하기 전에는 관객이 얼마나 들지 알 수가 없습니다. 이건 되는 영화다 싶어서 엄청난 제작비를 쏟아 부었다가 쫄딱 망한 영화 많잖아요.

장선우 감독이 만든 〈성냥팔이 소녀의 재림〉(2002년)이란 영화는 제작비가 110억이나 들었는데 관객이 14만밖에 안 들었어요. 당시로써는 엄청난 투자였습니다. 반대로 전혀 흥행하지 않을 거로 생각한 작품이 '대박'이 된 사례도 있어요. 〈서편제〉(1993년)가 그렇습니다. 이 영화는 돈 벌려고 만든 영화가 아니에요. 임권택 감독이 그전에 〈장군의 아들〉(1990년) 시리즈로 영화사에 돈을 많이 벌어다 줬습니다. 그랬더니 영화사에서, 이번에는 흥행이 안 되어도 좋으니 당신 하고 싶은 예술 영화를 만들어보라고 해서 찍은 영화입니다. 그런데 이게 전작들보다 훨씬 더 흥행합니다. 우리나라에서 최초로 100만 명을 넘긴 영화예요. 지금은 멀티플렉스 시대라서 100~200만 명은 보통이지만 1990년대 초 단관 시대에는 꿈의 숫자였습니다.

이 세계가 그렇습니다. 아무도 예측할 수 없어요. 성공 확률도 낮습니다. 통계에 의하면 전 세계적으로 출시되는 상업가요 음반 중에서 이득을 남기는 게 10퍼센트밖에 안 돼요. 제작비라도 건지는 게 10퍼센트고 나머지 80퍼센트는 손해를 본다는 거죠. 그래서 현실적인 목표를 세우기도 합니다. 큰돈을 들여 대박을 내기보다는 일단은 위험부담을 최소화해서 수익을 보장하자는 거예요. 그러다 운이 좋으면 흥행작을 낼 수도 있는 거고요.

이처럼 문화상품의 불확실성을 줄이려는 전략 중 대표적인 것이 '스타시스템'입니다. 대중이 열광할 만한 스타를 만들어서 불확실성을 극복하자는 겁니다.

연예인의 인권과 스타시스템

스타시스템은 1920~30년대 경제 불황기에 할리우드에서 개발한 것입니다. '스타'라는 게 원래부터 있었던 게 아니에요. 문화산업 종사자들이 머리를 짜내서 '만든' 거지요. 그들은 대중들이 좋아할 만한 외모나 캐릭터를 가진 배우를 발굴합니다. 그리고 계속 비슷한 역할을 맡겨요. 여러분 혹시 존 웨인이라는 배우를 아시나요? 예전 서부영화에 단골로 등장했던 배우지요. 사람들은 그의 거칠지만 정의로운 영웅의 이미지에 매료됩니다. 그가 출연하는 영화마다 흥행을 거두게 되지요.

마릴린 먼로도 대표적인 스타시스템의 산물입니다. 미국인들에게 그녀는 지금도 섹시미의 대명사로 통하지요. 사람들은 그녀의 이름을 들으면 풍만하고 백치미 넘치는 금발 미녀를 떠올립니다. 계속 그런 역할을 맡으면서 얻어진 이미지입니다. 하지만 마릴린 먼로가 사실은 그렇게 머리 나쁜 여자가 아닙니다. 오히려 지적인 면이 많았죠. 굉장히 유명한 사진이 있는데 마릴린 먼로가 해변에서 독서에 열중하는 장면입니다. 그때 그녀가 들고 있던 책이 제임스 조이스의 『율리시스』였습니다. 난해하기로 유명한 소설이지요. 문학작품을 즐기기도 했지만 스스로 꽤 훌륭한 시(詩)를 써서 남기기도 했습니다.

마릴린 먼로는 할리우드의 스타시스템이 만들어낸 하나의 작품입니다. 관객들은 그렇게 만들어진 그녀의 이미지를 보려고 구름처럼 몰려들었던 거고요. 스타시스템은 이렇게 해서 만들어진 스타들을 주기적으로 미디어에 노출시킵니다. 연예계 주변에는 소위 파파라치들과 가십 기자들이 항상 있잖아요. 이들에게 정기적으로 이야깃거리를 던져 줍니다. 지속적으로 대중의 관심을 끌어야 하니까요.

할리우드의 황금기를 거치면서 이런 스타시스템이 더욱 견고해졌어요. 소속사가 스타의 모든 것을 관리했지요. 예컨대 어떤 배우와 전속계약을 맺잖아요. 그럼 계약서가 이렇게 두꺼워요. 거기엔 아주 시시콜콜한 내용까지 다 포함이 됩니다. 사생활도 포함하지요. 예를 들어 섹시한 이미지의 배우라면 회사와 계약을 맺은 3년 동안에는 절대 결혼하면 안 된다, 단 연애는 반드시 해야 한다, 연애 상대는 회사가 정해준다, 이런 식입니다. 그러고는 한 6개월마다 한 번씩 상대 남자를 바꾸면서 공식 석상에 나타나는 거예요. 그러면 파파라치들이 난리 나고, 가십성 기사들이 넘치겠죠. 이제 공식 기자회견을 열어서 "사실은 친한 오빠 동생 사이일 뿐이다." 하고 발표하는 겁니다. 그게 사실이든 아니든 상관없어요. 그 모든 과정을 미디어에 노출시켜서 대중의 호기심을 자극하는 겁니다.

요즘은 여기에 팬덤의 조직화가 더해집니다. 예전에는 대중들이 자발적으로 모여서 팬클럽을 만들었지만 요즘은 기획사에서 만듭니다. 그런 식으로 스타를 길러내는 거예요. 이렇듯 스타시스템은 그 연원이 아주 오래된 전략입니다. 문제는 이것이 인권을 해칠 우려가 있다는 점입니다.

과거 할리우드의 영화전속 계약 사례를 보면 실감하실 겁니다. 버스터 키튼이라는 무성영화 시대의 유명한 코미디 배우가 있습니다. 찰리 채플린과 쌍벽을 이뤘던 그는 슬랩스틱 코미디의 대가였지요. 이 사람을 존경하고 따랐던 사람이 바로 성룡입니다. 그런데 이 배우의 트레이드마크는 '무표정한 얼굴'이에요. 부딪치고 넘어지고 하면서도 표정이 하나도 안 변해요. 그러면서 웃음을 유발합니다. 그런데 이 사람이 영화사하고 맺은 계약서 내용에 "공중 앞에서 웃어선 안 된다"는 조항이 있었어요. 성격이 원래 그래서 무표정했던 게 아니라 계약 내용이 그랬던 겁니다. 인간적으로 얼마나 힘들었을까요. 기쁘거나 슬프거나 이 사람은 절대로 웃질 않습니다. 웃으면 계약이 깨지니까요. 엄청난 감정노동인 거죠.

영화배우도 그렇고 가수도 그렇고 우리가 보통 연예인으로 부르는 사람들의 인권을 생각해보아야 해요. 이들은 직업상 남에게 '보여지는 대상'이잖아요. 대중들의 시선에 노출되어 있습니다. 그런데 이 '시선' 자체가 하나의 권력입니다. 연예인들은 대중이 나를 보고 있다는 사실을 알고 있잖아요. 우리는 드라마나 영화를 보면서 즐거워하지만 정작 그들은 자유롭지 못합니다. 늘 의식하고 '연기'해야 하니까요.

초창기 영화이론에 '열쇠구멍 효과'라는 게 있습니다. 상대가 인지하지 못한 상태에서 그를 훔쳐보는 순간 느끼게 되는 쾌감을 말합니다. 배우를 훔쳐보는 관객의 심리가 그렇다는 거예요. 그래서 초창기에는 배우가 카메라를 정면으로 쳐다보면 안 된다는 금기가 있었습니다. 그러면 훔쳐보던 관객들의 권력이 깨지고 쾌감이 사라진다는 겁니다. 물론 지금은 그런 금기도 없고 다른 여러 가지 방법을 통해 관객의 즐거움을 유도하지만 초창기에는 그랬습니다.

우리가 얼핏 스타, 그러면 대중들을 움직이는 권력으로 알지만 사실은 그 반대예요. 연예인들은 대중이라는 권력에 사로잡힌 존재입니다. 그래서 팬이라는 존재가 한편으로는 무서운 거죠. 미친 듯이 따르다가도 하루아침에 잊어버리고 돌변하는 게 팬들의 심리 아니겠어요.

그렇다면 이들의 인권은 어떻게 바라봐야 할까요. 아까 말씀드렸다시피 오늘의 대중문화는 매스미디어의 지배를 받습니다. 스타시스템은 계속 대중들의 시선 앞에 이들을 노출시키려 하고요. 어떻게든 대중의 호기심을 자극하고 상품성을 극대화시키려다 보니 인권은 뒷전입니다. 수많은 연예인이 상품이 되고 인권을 침해당하는 거죠.

연예인도 사람입니다. 문제는 그들에게 아예 사생활이라는 게 없다는 겁니다. "공인이기에 사생활 노출은 어느 정도 감수할 수밖에 없다. 팬들의 알권리도 있지 않으냐"고 하지만 이건 매우 비인간적인 주장입니다. 인권의 측면에서도 옳지 않고요.

몇 년 전에 서태지 관련 기사가 한창 떠돌았습니다. 영화배우 모 씨의 여자친구가 알고 보니 서태지의 전 부인이더라 하는 내용이었죠. 온갖 매체에서 떠들어댔습니다. 저도 전화를 많이 받았어요. 어떻게 생각하느냐고 말이죠. 그때 딱 잘라서 이렇게 이야기를 했습니다. "나는 서태지의 사생활에 대해서 관심이 없고 그가 누구와 결혼을 하든 이혼을 하든 그것은 그의 사생활일 뿐이다. 이것을 미디어가 다루는 것은 명백한 인권침해라고 생각한다. 거기에 대해서 알 권리, 대중의 권리 운운하는 것은 옳지 않다."

여러분, 연예인이 '공인'입니까? 공공의 이익을 위해 사람들로부터 이양받은 권한을 가지고 일하는 사람이 공인이지요. 그렇다면 가수가, 영화배우가 공공의 이익을 위해 하는 일이 뭐가 있죠? 연예인은 그저 사람들의 관심을 받는 유명인일 뿐입니다. 그 이전에 한 명의 개인이고요. 비록 직업 특성상 대중의 시선에 노출되어 있기는 하지만 그들도 분명히 인권을 가진 존재라는 점을 명심해야 합니다.

대중문화는 유행을 만든다

다시 본론으로 돌아와서, 오늘날 대중문화가 산업으로 존재한다고 말씀드렸죠. 부가가치가 높지만 리스크(위험부담)가 높아서 이를 줄이고자 업계에서 다양한 전략을 고안해냈고 그중 하나가 스타시스템이라고 말씀드렸습니다.

다음으로 말씀드릴 것이 바로 '모방'입니다. 이건 손해를 피하려고 잘된 작품을 따라 하는 겁니다. 똑같이 히트를 치지는 못하더라도 '쪽박'은

면할 거라고 생각하는 거죠. 이렇게 대박 상품의 뒤를 이어 아류들이 나오면서 하나의 유행을 이루기도 합니다. 우리나라에서 2000년대 초반에 한동안 소위 '조폭 영화'들이 쏟아져나온 적이 있습니다. 〈조폭 마누라〉(2001년), 〈신라의 달밤〉(2001년), 〈가문의 영광〉(2002년) 등이 이어졌지요. 당시 하나의 유행을 이뤘고 지금도 이런 조폭 코미디 계열 영화들이 꾸준히 나오고 있습니다.

소위 '트랜드'라고 불리는 유행은 바로 이런 문화산업적인 전략 속에서 등장합니다. 주기적으로 등장하는 복고바람도 여기에 속하죠. 복고라는 것이 따지고 보면 예전에 한 번 유행했던 거잖아요. 이미 상품성을 인정받은 걸 따라가는 겁니다. 리메이크하는 거죠. 새로운 상품을 개발하다가 벽에 부딪치면 복고가 나와요. 기본은 유지하니까요. 그래서 주기적으로 복고바람이 부는 것입니다.

제가 수십 년 동안 TV 드라마라는 드라마는 다 봤어요. 그런데 놀랍게도 새로운 이야기가 거의 없습니다. 늘 비슷한 이야기를 계속하고 있어요. 몇 개의 코드가 반복적으로 들어갑니다. 고부갈등, 신데렐라, 출생의 비밀, 기억상실 이런 것들이 조합되어 한 편의 드라마가 만들어집니다. 왜 이럴까요? 기본적인 시청률을 보장하는 코드가 있는 거예요. 그러다 보니 드라마가 모두 비슷해집니다.

이런 전략으로 인해 대중문화에서 '클리셰'라고 하는 상투적인 관습들이 형성됩니다. 예를 들면 옛날 서부영화에는 전형적인 룰이 있어요. 주인공은 절대로 뒤에서 총을 쏘지 않는다거나, 주인공이 주점에 들어갈 때 문을 손으로 열지 않고 어깨로 밀고 들어간다거나, 이런 디테일한 부분까지 관습이 생기는 거예요. 이를 따르는 영화를 흔히 '장르영화'라고 하죠. 그 장르적 관습을 깨는 것이 바로 '걸작'입니다.

앨프리드 히치콕이라는 감독은 원래 고만고만한 상업영화를 만든 사람이었습니다. 그럼에도 영화사에서 거장으로 평가받는 이유는 새로운 관습을 만들었기 때문입니다. 스릴러라는 영화의 장르적 관습들이 히치콕을 통해 완성됩니다.

방금 문화상품의 따라 하기가 하나의 흐름을 만든다고 말씀드렸는데요, 대중문화가 유행하는 또 다른 이유는 바로 문화산업의 '소비층 확보' 전략 때문입니다. 리스크를 최소화하고자 살 만한 사람을 겨냥하는 겁니다.

우리나라 대중가요를 예로 들어보겠습니다. 1960년대까지는 음반(레코드판)을 사고 공연을 보러 올 수 있는 소비층이 직장인밖에 없었어요. 그래서 당시의 대중가요는 가사가 성인 취향이에요. "인생은 나그넷길…", "억울하면 출세하라…", 다 성인들을 대상으로 한 내용입니다. 그러다가 1970년대가 되자 새로운 구매자들이 나타납니다. 바로 20대 대학생들이에요. 이들이 음반을 사기 시작합니다. 그러다 보니까 통기타, 청바지로 대표되는 청년문화가 도래합니다. 1980년대가 되면 10대가 새로운 소비자로 등장합니다. 부모한테 돈 받아서 나이키 신발 사서 신고, 가수들 음반 사고, 공연 보러 다니죠. 이들을 겨냥한 상품들이 쏟아집니다. 댄스 음악이 본격적으로 흘러나오는 거고요. 1990년대가 되면 10대가 시장 전체를 장악하다시피 합니다. 이런 현상이 지금까지 이어지고 있는 거예요.

요즘 들을 노래가 없다고 한탄하시는 분들이 많습니다. 10대를 제외한 다른 세대들이 공통적으로 느끼는 부분일 거예요. 이유는 간단합니다. 다른 세대가 음악에 돈을 안 쓰기 때문이에요. 지금 음원이나 음반을 구매하는 건 모두 10대들입니다. 그러니 그들을 대상으로 한 노래가 나오는 거지요.

이처럼 대중문화는 특정 소비층을 중심으로 형성되기도 하지만, 거꾸로 대중문화가 소비를 촉진하기도 합니다. 매스미디어를 통해 유통되는 대중문화는 그 자체로 하나의 광고입니다. 영화나 드라마를 보면 주인공이 입는 옷, 헤어스타일 따라 하고 싶잖아요. 오늘 저녁 드라마에서 톱스타가 하고 나온 액세서리가 다음 날 전국적으로 유행하는 현상은 이제 낯설지 않습니다. 시청률이 높은 드라마에 피피엘[3]이 등장하는 이유이지요.

대중들은 특별해지고 싶은 욕망이 있습니다. 영화 속 주인공처럼 말이에요. 광고를 볼 때마다 나도 저렇게 행복해지고 싶다고 생각합니다. 현실이 팍팍할수록 더욱 그렇지요. 현실의 우리는 어두운 골목을 걸어가다가 누가 보이면 겁이 나서 피해 가지만, 영화 속 주인공들은 17대 1의 싸움도 마다하지 않습니다. 눈 하나 깜짝하지 않고 너끈히 해치웁니다. 그리곤 표표히 사라지지요. (웃음) 자연스레 욕망이 대상이 되는 겁니다. 그 사람이 입은 옷, 스타일을 따라 하면서 대리만족을 느낍니다. 그래서 예를 들면 〈록키〉(1976년)라는 권투 영화에서 주인공인 실베스

---

3 PPL: product placement, 영화나 드라마를 통한 간접광고 기법.

터 스탤론이 경기 중간 쉬는 시간에 마시는 음료가 코카콜라냐 펩시콜라냐가 중요해집니다. 대기업들이 블록버스터에 후원 역할을 하면서 자사 제품을 노출시키는 이유입니다. 이렇듯 오늘날 대중문화는 새로운 소비시장을 창출하는 역할을 합니다.

문화적 욕망과 검열의 상관관계

오늘날 대중문화는 특정 지역에 국한하지 않습니다. 전 지구적이고 동시적으로 형성되지요. 제가 어렸을 때만 해도 미국에서 개봉한 할리우드 영화가 우리나라에 들어오려면 2, 3년이 걸렸습니다. 요즘은 거의 동시에 개봉하죠. 심지어는 한국에서 먼저 개봉하기도 합니다. 문화의 장벽이 낮아지게 된 겁니다. 한류도 그런 지점에서 이해할 수 있겠고요. 여기에 대한 비판도 있습니다. 예전에는 미국영화가 한국영화 잡아먹는다고 했습니다. 대규모 자본을 앞세운 미국의 문화상품들이 다른 나라들의 문화적 다양성을 해친다며 문화제국주의라고 비판했죠. 지금은 사정이 달라져서 외려 한류가 아시아나 제3세계의 문화 다양성을 해친다며 욕을 먹어요. '혐한'이라는 게 그런 과정에서 생긴 것 아니겠어요. 비판은 '국익'이나 '문화적 주권' 차원에 머물지 않습니다. 문화는 일상적, 문화적으로 인간의 삶을 지배하기 때문입니다. 이것은 매우 중요한 문제입니다.

대중문화는 우리의 일상을 지배합니다. 음악을 들으며 공부하거나 일할 때 노래를 흥얼거립니다. TV를 켜놓고 밥을 먹기도 하지요. 통계에 의하면 한국 사람들이 하루 평균 3시간 정도 TV를 본다고 합니다.

가족 단위로 치면 6시간 정도를 TV 시청으로 보내요. 저녁에 누군가 들어와서 TV를 켜면 식구들이 잘 때까지 그대로 켜둔다는 얘깁니다. 화면 앞에 앉은 사람만 바뀌는 거예요. 공부하다 잠깐 나와서 TV를 보고 있으면, 엄마가 공부나 하라고 들여보내고는 당신이 그 앞에서 드라마를 봅니다. 그러다 엄마가 들어가면 아빠가 나와서 뉴스 보고 그러는 거죠. 우리가 TV를 보는 게 아니라 TV가 우리를 보는 셈입니다. 그냥 보는 게 아니라 분석까지 해요. 어떤 연령대가 어느 시간에 얼마 동안 TV를 본다는 게 방송사에 알려집니다. 거기에 맞춰서 편성하고 광고를 쓰지요. 시청률 조사라는 게 바로 그런 겁니다. 1분 단위로 데이터가 나오거든요.

일상성은 우리 삶에 무의식적으로 스며듭니다. 너무 자연스러워서 아무도 의심하지 않아요. 성찰하지 않습니다. 오늘 하루를 정리하면서 잘한 일 잘못한 일 반성한다고 해봐요. 특별한 사건들만 떠오릅니다. 숙제 안 한 거, 큰돈 쓴 거, 이런 것들 생각하지요. 아침에 세수한 거, 버스 타고 학교에 간 거, 이런 거 반성합니까? 마찬가지로 일상적인 TV 시청, 음악 감상 이런 건 성찰의 대상이 아닌 거예요. 그러다 보니까 대중문화가 가진 메시지는 나도 모르게 내 안으로 들어옵니다.

제 경험을 말씀드리지요. 1976년 무렵 제가 고등학생이었을 때예요. 전년도에 대마초 파동이라는 게 있었는데, 여기에 연루된 윤형주, 김세환, 이장희 같은 사람들 노래가 금지곡이 됩니다. 1975년에 긴급조치 9호가 발령되면서 모든 대중가요를 재심사했거든요. 무려 222곡의 가요와 261곡의 외국곡이 '금지곡'이 됩니다. 반항적인 청년문화를 상징했던 노래들이 하루아침에 사라집니다. 그러더니 어느 날 갑자기 이상한 유행가가 하나 들려와요. "쨍하고 해 뜰 날 돌아온단다~" 아시는 분도 계실 텐데요. TV만 켰다 하면 이 노래가 나와요. 참 싫었습니다. 그동안 좋아했던 가수들 노래는 못 듣게 하니 더 화가 났나 봅니다. 어찌나 짜증이 났던지 노래가 나오면 TV를 꺼버릴 정도였습니다. 그런데 어머니가 하루는 저더러 마루에 걸레질 좀 하라고 하세요. 그래서 하는데, 세상에 나 나도 모르게 「해 뜰 날」을 흥얼거리는 거예요. 깜짝 놀랐습니다. 그렇게나 싫어하던 노래를, 가사 하나 틀리지 않고. (웃음)

대중문화란 바로 이런 겁니다. 일상 속에서 우리와 자연스레 호흡하기 때문에 나도 의식하지 못하는 사이에 들어오는 거예요. 대중문화는 의식적인 선택이 아니라 무의식적인 수용입니다. 그래서 대중문화를 연구하는 데 굉장히 중요한 이론이 정신분석학입니다. 우리가 어떤 노래를 좋아한다거나 어떤 배우를 좋아한다거나 하는 '취향'을 가질 때 그것을 스스로 선택했다고 생각하기 쉽지만, 사실은 무의식적으로 학습된 것일 가능성이 큽니다.

제가 성인들을 대상으로 강의할 때 많이 듣는 질문 중 하나가 자녀가 아이돌 그룹에 빠져 있다는 고민입니다. 어른들 눈에는 좋아 보이지 않았던 모양이에요. 그럴 때 제가 해주는 대답은 이겁니다. 강제로 못하게 하지 말라, 그것은 올바른 교육이 아니다, 하는 거예요. 본인들이 좋아하는 거잖아요. 대신 "너는 왜 그걸 좋아하느냐?"고 묻는 겁니다. 아마도 아이들은 한 번도 그런 질문을 스스로 해보지 않았을 겁니다. '좋은데 이유가 있나요?' 그런 생각을 할지도 모르고요. 하지만 자신의 취향을, 좋아하는 이유를 객관화하여 살필 수 있다는 점에서 매우 중요한 질문입니다. 그런 과정을 통해서 수동적인 소비자가 아니라 능동적인 문화적 주체가 될 수 있는 겁니다. "왜?"라는 질문, 그게 첫걸음입니다.

어쨌든 10대들이 아이돌 그룹에 빠지는 것도 외국인들이 한류에 열광하는 것도 무의식의 영역에 속합니다. 작정하고 좋아하는 게 아니거든요. 그냥 호감이 가는 겁니다. 여러분 누가 여러분에게 어떤 배우를 좋아하라고 강요하면 어때요, 그럴 수도 없을뿐더러 오히려 반발심이 생기죠? 대중문화는 그냥 좋은 겁니다. 그런 식으로 개인을, 한 사회를 움직이는 거예요. 권력자들도 이를 잘 알고 있습니다. 그래서 사회마다 검열이라는 게 존재하는 것이고요.

한국은 전 세계에서 가장 엄격하고 악랄한 검열제도가 있었던 나라입니다. 모든 대중문화는 사전 검열을 받아야 했지요. 영화의 대본, 가요의 가사와 악보는 사전에 공연윤리위원회(현재 영상물등급위원회)로 보내졌습니다. 거기서 OK가 나오면 그때 제작에 들어가요. 원안대로 통과 못 하는 경우도 많았습니다. 새빨간 색연필로 쭉쭉 표시합니다.

"불가 이유: 지나치게 허무함" 이러면 가사 바꿔야 하는 거예요. 재심의에서 통과하면 녹음합니다. 그렇게 음반을 만들면 이걸 제출해서 또 검사받습니다. 수정안대로 했는지, 앨범 사진은 괜찮은지 검열합니다. 여기서 끝이 아니에요. 방송사에 음반이 가면 또 한 번 검열을 받습니다. 방송을 내보낼지 안 내보낼지 검열합니다. 이런 이중삼중의 검열을 거쳐야 우리 귀까지 도착할 수 있었어요. 금지곡이 되면 그 누구도 노래를 들을 수 없습니다. 인권탄압이지요. 내가 좋아하는 음악을 즐길 자유, 문화를 향유할 권리를 심각하게 해치는 겁니다.

검열 기준도 모호했습니다. 황당한 경우도 많았죠. 이장희의 「그건 너」는 "그건 너, 그건 너 때문이야"라는 대목이 '책임전가'다, 김추자의 「거짓말이야」는 "거짓말이야. 거짓말이야~"라는 가사가 "불신풍조를 조장한다"는 이유로 금지됩니다. 송창식의 「왜 불러」는 공권력에 대한 도전이라는 이유로 금지곡이 됩니다. 참고로 이 노래는 1975년 하길종 감독의 〈바보들의 행진〉이라는 영화의 주제가로 삽입됐어요. 이때 장면이, 대학생이 지나가는데 경찰이 불러 세워요, 머리 길다고. 장발단속입니다. 그런데 그 대학생이 딱 보더니 막 뛰어가요. 그때 이 노래가 나오는 거예요. "왜 불러, 왜 불러~"(웃음) 공권력에 대한 도전이라는 거죠.

배호의 「영시의 이별」이라는 노래도 금지곡이었습니다. 당시는 통행금지(통금)가 있었거든요. 밤 12시면 길거리에 다닐 수가 없었습니다. 그런데 그 시간에 어떻게 이별을 하느냐는 거예요. 참 친절하신 분들 아닙니까. (웃음)

아까 말씀드린 1975년도 대마초 파동 때 수많은 연예인들이 경찰서에 끌려가서 '빠따'를 맞습니다. 밴드 하는 사람들은 무조건 잡아다가 유치장에 집어넣고 한 놈씩 불러서 때리는 거예요. "너희 중에 대마초 피운 놈 있지, 불어 이 새끼야!" 하면서 두드려 팹니다. 영화 〈고고70〉(2008년)에 리얼하게 나옵니다. 영화에 보면 그렇게 두드려 맞고 나온 밴드 멤버들이 목욕탕에서 이런 이야기를 해요. "데모하다 잡힌 대학생들은 아무리 때려도 안 부는데 우리는 한 번 때릴 때마다 한 놈씩 분거다. 아 쪽 팔려 죽겠다."

놀라운 건 당시 처벌 기준도 모호했다는 거예요. 대마는 1973년까지 '습관성의약품'이었습니다. 그러다 나중에 대마관리법이 생깁니다. 1977년부터 이 법의 적용을 받아요. 일단 다 잡아넣고 법은 나중에 만든 거예요. 그런 시대를 우리가 살아왔습니다.

잠시 말씀드리자면 대마초를 마약으로 볼 것이냐를 두고 지금도 세계적으로 논란이 많습니다. 담배보다 훨씬 덜 해롭고 중독성도 약하다는 주장도 있고, 의약품으로 활용할 수 있다는 이야기도 있습니다. 논란의 여지가 있지만 분명한 것은 한국이 전 세계에서 대마초를 가장 엄격하게 규제하고 처벌하는 나라라는 사실입니다. 유럽에는 대마초를 합법화한 나라들이 많아요.

권력의 입맛에 맞지 않는 노래는 아예 듣지도 못하고 영화는 장면이 잘려나간 채 상영됐습니다. 아까 말씀드린 〈바보들의 행진〉을 찍은 하길종 감독은 미국 UCLA에서 영화를 전공한 분입니다. 영화인들 사이에서는 천재감독으로 통하지요. 프란시스 코폴라 같은 거장들과 함께 공부하면서 미국에서도 재능을 인정받던 분인데 한국에 돌아와서 영화를 만듭니다. 하지만 사회비판 의식이 강했던 이분 작품은 검열 당국에 의해 무자비한 가위질을 당해요. 〈바보들의 행진〉도 수많은 장면들이 잘려나갔습니다. 사정이 이렇게 되자 빈 부분은 새로 찍어서 채웁니다. 언젠가 삭제된 부분 중 일부를 찾아 복원해서 다시 상영된 적이 있는데, 완전히 다른 영화처럼 보였다는 거죠. 문화적으로 후진국이었던 시절 이야기입니다. 요즘 당국의 행태를 보면 그때보다 얼마나 더 나아졌는지 의문이 들기도 합니다만.

다시 본론으로 돌아와서, 아무튼 이와 같은 검열은 대중문화가 끼치는 엄청난 영향력에 대한 방증이라고 할 수 있습니다. 사람을 자기도 모르게 끌어들이고 행동하게 하니까요.

흔히 말하는 '막장드라마', 시청률이 엄청나지요. 그런데 막상 보면 말도 안 되고 설정도 어설퍼요. 이성적으로는 설명이 안 됩니다. 누군가 마이크를 들이대고 "이 드라마에 대해서 어떻게 생각하십니까?" 하고 물으면 정색을 하고 대답하지요. "불륜, 배신… 비도덕적이고 문제가 많다. 아이들 교육에 좋지 않다." 그리고 돌아가서 TV 앞에 앉으면 자연스레 채널이 돌아갑니다. 이 사람은 거짓말을 한 걸까요? 아니에요. 의식의 수준에서는 옳지 않다고 생각하지만, 무의식적인 욕망은 그 드라마를 향하고 있는 겁니다. 자기 판단과 무의식은 전혀 다른 차원이에요. 대중문화는 양쪽에 걸쳐 있지만 특히 무의식의 욕망에 더 크게 작용합니다.

엘비스 프레슬리와 로큰롤-문화를 둘러싼 계층 갈등

개인의 영역에서 놓고 보면 대중문화는 자기의 정체성을 표현하는 공간이기도 합니다. 정체성이라는 게 뭐죠? 나는 누구인가와 관련한 것이잖아요. 남자이고 몇 살이고 무슨 일을 하고 어디 출신이고 등등, 나를 구성하는 여러 요소들의 총합이라고 할 수 있습니다. 그중 하나가 바로 문화예요. 내가 어떤 걸 좋아하는지 나의 취향은 어떤 것인지, 이것은 나의 정체성에 상당히 큰 부분을 차지합니다.

〈전국노래자랑〉을 즐겨 보시는 분과 〈뮤직뱅크〉를 좋아하는 집단은 정체성이 다릅니다. 방송사는 황금 시간대에 어떤 프로그램을 내보낼 것인가를 두고 고민합니다. 어떤 세대, 어떤 계층이 더 구매력이 있느냐를 보는 거예요. 대중문화 속에서 이와 같은 경쟁과 갈등이 끊임없이 존재합니다. 극단적으로 말하자면 문화적 주도권을 두고 세대 간, 계층 간 전쟁이 벌어지고 있는 것입니다.

우리나라만 그런 게 아니라 전 세계적으로 그렇죠. 미국만 해도 그렇습니다. 예컨대 1950년대의 미국은 이른바 '황금시대'였습니다. 경제적으로 엄청나게 풍요로워지면서 중산층이 늘어납니다. 그 자녀들이 자동차를 몰고 다니면서 자기들끼리 모여서 춤추고 즐기고 파티하는 문화가 막 등장하던 시기입니다. 이런 시대상은 영화에도 잘 나옵니다.

당시 미국의 중산층 부모들은 아이들을 공부시켜서 훌륭한 대학에 보내는 게 꿈이었습니다. 자신들의 부를 계속 이어나가고 싶었던 거죠. 그런데 여기서 갈등이 시작됩니다. 경제적으로 풍요로웠던 이 시대 아이들은 소비의 주체로 성장하고 있었습니다. 하고 싶은 게 점점 많아지는 거예요. 그런데 부모들은 공부만 시키려고 합니다. 당연히 갈등이 생기죠. 반항하는 아이들이 가장 하고 싶어하는 게 뭘까요? 바로 부모가 가장 싫어하는 것입니다. (웃음)

당시 백인 중산층 부모들은 흑인음악을 싫어했습니다. '리듬앤드블루스'라고 하죠. 가사도 외설적이고 음악적으로도 취향에 안 맞습니다. 아주 질색을 하는 거죠. 그런데 젊은 애들이 여기에 열광합니다. 유명한 일화를 하나 소개하죠.

미국의 텍사스주 멤피스라는 조그마한 시골 동네에 19살짜리 가난한 백인 청년이 있었어요. 트럭 운전사였는데 며칠 후 엄마 생일이에요. 뭘 선물할까, 고민하다가 직접 노래를 부르기로 합니다. 녹음실에 가서 노래를 녹음해요. 그런데 이 친구가 가난한 노동자 집안 출신이라 사는 곳이 흑인 마을과 가까웠던 거예요. 자연스레 흑인들과 어울립니다. 흑인 교회에 다니고 흑인들의 음악을 들었어요. 녹음실 주인이 딱 들어보니까 잘생긴 백인 친구가 흑인 노래를 멋들어지게 불러요. 가수 한번 해보라고 합니다. 그래서 정식으로 음반을 녹음해요. 동네에서 삽시간에 유명해져요. 방송국에서 사람들이 오죠. 〈에드 설리번 쇼〉라는 프로그램에서 이 친구 노래를 방송합니다. 난리가 나지요. 나중에 정식으로 음반을 내자 빌보드 차트 1위를 차지하는 등 엄청난 히트를 치기 시작하고, 시골 동네의 가난한 청년은 이렇게 전국적인 스타가 됩니다. 1956년 엘비스 프레슬리 이야기입니다. 이때부터 리듬앤드블루스는 로큰롤이라는 이름으로 불리지요. 참고로 '로큰롤'이라는 말이 섹스를 뜻하는 은어예요. 젊은이들은 열광하지만, 백인 중산층 부모들 입장에서 보면 완전히 기절할 노릇이지요.

전국적으로 로큰롤 열풍이 불자 기성세대의 탄압이 시작됩니다. 예나 지금이나 미국 사회에서 가장 목소리가 큰 압력 집단으로 PTA(parent-teacher association)라는 곳이 있습니다. 학교마다 설치된 부모·교사 연합체죠. 아이들 입장에서 보면 최악의 조합입니다. 여기서 화형식도 하고 방송사 디제이들한테 압력을 넣어요. 300명 정도의 디제이가 한꺼번에 기소된 사건도 있습니다. 그런데 노래 한 곡 틀었다고 기소할 순 없잖아요. 명목을 바꿉니다. 자꾸 외설적인 로큰롤 음악 틀면 지난번에 받은 촌지 건으로 고소할 거야, 하고 말이죠. 당시에도 촌지가 있었거든요. 음반 나오면 디제이한테 하나씩 주잖아요. 이거 좀 들어봐 주십시오, 하고요. 그러면서 시간 내줘서 고맙다면서 차라도 한 잔 드시라고 3달러, 5달러씩 줍니다. 그걸 말하는 거예요. 이것도 어쨌든 불법이니까. 압력이 대대적으로 들어갔죠.

결국 1950년대 말이 되면서 당시 미국 사회 최고의 로큰롤 스타들이 하나둘 사라집니다. 그중 두 명은 비행기 사고로 죽어요. 버디 홀리. 리치 발렌스가 그들이에요. 진 빈센트라는 사람도 교통사고로 활동을 접게 됩니다. 그럼 최고의 가수였던 엘비스 프레슬리는 어떻게 되었을까요. 1958년 군대에 자원입대합니다. 나도 애국적인 청년이라는 거죠. 그와 함께 미국의 로큰롤 음악 자체가 하락세에 접어드는 거죠. 하지만 그게 끝은 아니죠. 대중문화의 힘은 우리가 상상하는 것 이상입니다. 대중의 관심이 있는 한 결코 사라지지 않아요. 그로부터 6년이 지난 1964년 영국에서 건너온 네 명의 더벅머리 청년들이 또다시 로큰롤로 미국을 흔들어놓습니다. 바로 비틀스의 등장이에요.

대중문화 속 차별 문제

대중문화를 둘러싼 갈등은 늘 있었습니다. 문제는 그 과정에서 인권 탄압이 생긴다는 거예요. 미국에서는 로큰롤이었지만 우리나라에서는 청년문화였습니다. 멀쩡하게 길을 가다가 경찰한테 붙들려서 머리가 깎

여요. 머리통 한가운데 '고속도로'를 냅니다. 여자들도 예외는 아니죠. 짧은 치마를 입으면 잡혀갔습니다. 이해가 되세요? 자를 들고 무릎부터 길이를 잽니다. 15센티 이상 되면 구류를 살고, 벌금을 물어요. 장발, 미니스커트, 지금 상식으로는 도저히 이해되지 않는 것들이 국가권력에 의해 금지당했습니다. 그리 오래전 일도 아니에요. 불과 40년 전, 지금 대통령의 아버지가 대통령이던 시절에 벌어진 일입니다.

문화적 갈등은 세대 간에만 있는 게 아니에요. 계급과 성적 정체성에 따라서 치열한 투쟁이 벌어집니다. 성적 정체성을 먼저 볼까요. '드라마에서 여성이 어떻게 그려지는가?' 하는 문제는 굉장히 오래된 논쟁 중 하나였습니다. 우리나라의 많은 드라마들은 청춘남녀가 지지고 볶고 갈등하다가 결국 여자가 직장을 그만두고 두 사람은 결혼을 합니다. 그리고 그들은 "행복하게 살았답니다~" 하고 끝나요. 이게 정말 '해피엔딩'이냐는 거예요. 가정의 행복을 위해 자기 일을 그만두어야 하는 여성이 당연시됩니다. 자기주장을 하고 주체적이고 직장에서 일도 딱 부러지게 하는 여성은 항상 갈등의 요인이 됩니다. 그런 사람이 멋진 남자를 만나 교화되어 요조숙녀가 된다는 게 수많은 드라마의 주요 서사예요. 여성인권 차원에서 상당히 심각한 문제죠.

성적 소수자도 오랫동안 대중문화에서 배제되어 왔습니다. 지금은 활발하게 방송활동을 하는 홍석천도 처음 커밍아웃했을 때는 한동안 텔레비전에 못 나왔어요. 지금은 자연스럽잖아요. 그만큼 사회가 발전한 거죠.

제가 예전에 한 후배의 부탁으로 동성애를 주제로 하는 퀴어영화제

조직위원회 일을 한 적이 있습니다. 개막식 하는 날 갔더니 저더러 축사를 하나 해달라고 해요. 그래서 축하한다고 했죠. 그 다음 날 한겨레신문에 박스 기사가 하나 실립니다. 개막식 풍경을 묘사하면서, 성공회대 김 모 교수도 와서 축사를 했다. 그랬더니 사방에서 비난이 쏟아집니다. 교수님, 실망했어요, 이 정도는 애교에 불과하죠. 별의별 욕을 그때 다 들어봤습니다. (웃음)

굉장히 불쾌하더라고요. 그러니 당사자들은 어떨까 싶었습니다. 그만큼 성적 소수자에 대한 뿌리 깊은 차별의식이 있는 거죠. 수년 전에 TV 드라마에 게이가 등장한 적이 있었습니다. 김수현이 대본을 쓴 〈인생은 아름다워〉입니다. 거기 주인공 큰아들이 동성애자였던 거예요. 말들이 많았죠. 신문광고도 등장합니다. "게이 된 내 아들, 에이즈로 죽으면 에스비에스가 책임져라."[4] 대중문화에서 이런 성적 차별은 늘 논란거리입니다.

그다음으로 계급문제도 있지요. 어떤 부류의 사람들이 즐기느냐에 따라 고급 문화와 저급 문화로 나뉩니다. 예컨대 클래식이나 미술작품을 즐기는 게 우리나라에선 굉장히 고급 취향으로 인식되잖아요. 상류층 이미지가 있습니다.

예전에 한 미대 교수가 학교 노천 작업실에서 조각 작품을 만들다가 놔두고 집에 갔어요. 그런데 다음 날 와보니 감쪽같이 사라진 겁니다.

---

4 "〈인생은 아름다워〉 보고 '게이'된 내 아들, AIDS로 죽으면 SBS 책임져라!"–국가와 자녀의 앞날을 걱정하는 '참교육 어머니 전국모임' · 바른 성문화를 위한 전국연합, 〈조선일보〉 2010년 9월 29일자 광고.

알고 보니 청소부가 웬 고철 더미냐 하면서 고물상에 내다 판 거예요. 이 사실을 알게 된 그 교수가 그래 얼마나 받았느냐 했더니 2000원이래요. (웃음) 최소 2000만 원은 넘게 받을 작품을 푼돈에 팔아넘겼으니 얼마나 화가 났겠어요. 손해배상 청구를 하느냐 마느냐 하다가 '온정'을 베풀기로 합니다. 이 '무지한 사람'에게 예술을 가르쳐주고자 조수로 고용해요. 이게 신문에 미담 기사로 실려요. 이게 왜 '미담'일까요. 무식한 경비원에게 '예술'이 뭔지 알려주겠다는 거잖아요.

이런 시각을 통해 예술과 문화에 대한 계급성을 드러냅니다. 예술의 기준, 미(美)의 기준은 누가 정하느냐는 거예요. 청소부가 볼 땐 분명히 고철 덩어리였던 그것이 무려 2000만 원짜리라니, 누군가는 그만한 돈을 지불하고 구매한다는 거잖아요. 이런 가치는 어떻게 정합니까? 제가 아까 말씀드렸죠. 문화의 자의성, 그냥 자기들끼리 정하는 거예요. 그 작품이 훌륭하다고 생각하는 사람들, 그럴 만한 가치가 있다고 생각하는 사람들이죠.

그다음이 인종적인 갈등입니다. 미국 같은 다문화 · 다인종 사회에서 굉장히 중요한 문제죠. 예를 들어 할리우드 영화에서 흑인이나 아랍인, 혹은 제3세계인을 어떻게 묘사하느냐 하는 것이 논쟁거리가 됩니다.

여러분 영화 007시리즈 아시죠. 요즘도 계속 나오고 있습니다만, 원래는 냉전시대에 유행했던 첩보물입니다. 여기 등장하는 악당은 대개 소련 KGB 같은 첩보기관원이나 이들과 연관을 맺고 있는 사람들입니다. 주인공은 백인, 악역은 아시아계나 흑인들이라는 공식은 오랫동안 할리우드를 지배했습니다. 전형적인 인종적 편견이에요. 이것이 대중문화 속에서 확대·재생산된다는 거죠. 알게 모르게 우리의 의식을 지배합니다. 보통 우리가 상식이라고 부르는 것들은 이렇게 문화적으로 주입된 경우가 많아요. '갱스터' 하면 흑인부터 떠오르잖아요.

우리나라는 인종보다는 지역이 중요한 문제가 됩니다. 드라마에 나오는 파출부, 가정부들은 다 충청도 출신이에요. 공장 노동자들은 전라도 사투리를 씁니다. 그런데 이게 너무 자연스러워서 별다른 생각이 들지 않아요. 고정관념이 되어버립니다. 20세기에 이러한 인식을 심어놓은 주요 매개체가 바로 대중문화였습니다. 바로 문화가 가지는 힘입니다.

예전 군부독재 시절 이에 저항하던 민중운동에서도 비슷한 일이 일어났습니다. 저항정신을 담은 예술작품들이 많았지요. 민중가요나 대형 걸개그림이나 선 굵은 판화 작품 등이 그렇습니다. 당시 그림을 보면 사장님은 살이 쪘어요. 배가 나오고 목도 두껍습니다. 반면에 노동자들은 광대뼈가 튀어나오고, 비쩍 말라 있죠. 가난한 노동자를 착취하는 자본가의 이미지를 그런 식으로 표현했던 겁니다. 그런데 현실은 어때요. 사장님 뚱뚱하지 않아요. 다이어트 열심히 하고 고단백 저칼로리 음식 먹습니다. (웃음) 외려 노동자들에게 비만이 더 많습니다. 운동할 시간도 없고 음식 가려 먹을 여유가 없으니까요. 우리가 머릿속에 떠올리는 이미지, 우리가 상식이라 믿고 있는 것들이 사실과 다른 겁니다. 그렇게 길들여진 것뿐이에요. 오늘날 이런 스트레오타입(stereotype, 판에 박힌 생각)들은 다분히 미디어에 의해서 형성됩니다.

〈모래시계〉(1995년)라는 드라마가 있습니다. 1990년대 중반 방영돼서 빅히트를 기록했죠. 특히 우리 현대사의 깊은 상처인 광주항쟁을 정면으로 다뤄서 화제가 되었어요. 드라마에 보면 최민수, 박상원, 이 두 주인공이 광주에서 같은 고등학교에 다녀요. 그런데 처음부터 끝까지 서울말을 씁니다. 악당만 사투리예요. (웃음) 우리나라 드라마 주인공들은 사투리를 쓰지 않습니다.

〈아들과 딸〉(1992년)이라는 드라마도 기억나네요. 충청도가 배경이었던 드라마인데 아버지로 나온 백일섭만 사투리를 써요. 자식들인 김희애, 최수종은 모두 표준말입니다. 그런데 아무도 이상하다고 생각 안 해요. 오히려 그게 더 자연스럽습니다. 아까 말씀드린 〈모래시계〉의 그 유명한 마지막 장면에서 최민수가 "시방 나 떨고 있는감?" 이러면 분위기가 살겠어요? (웃음) 우리가 보는 드라마의 리얼리티는 현실과 다릅니다. 그깟 드라마, 영화 한 편이 대수냐고 하실 분도 있겠지만, 대중문화가 성과 인종, 지역의 정체성에 미치는 영향력을 생각해보면 결코 간단한 문제가 아닌 거예요. 특정 지역, 인종이 피해를 보잖아요. 마냥 웃고 즐길 게 아니라 그 안에서 인권 문제를 생각해야 합니다.

디지털 시대의 대중문화

주제를 바꿔서 이번에는 디지털 시대의 대중문화에 대해서 말씀드려보겠습니다. 최근 미디어에 많은 변화가 있었죠. 인터넷이 등장하고 스마트폰이 우리 일상을 바꾸고 있습니다.

제 얘길 좀 하자면, 제가 기계치입니다. 새로운 거에 적응을 잘 못 해요. 핸드폰을 처음 샀을 때 주소록을 어떻게 입력해야 하는지 몰라서 매뉴얼을 한참 들여다봤어요. 그래도 영 어려워서 어쩔 줄 몰라 하고 있는데 당시 초등학교 2학년이던 제 아들 녀석이 몇 번 만지작거리더니 금세 방법을 찾아내요, 매뉴얼도 안 보고. (웃음) 그때 제가 '지금 자라는 세대는 우리 기성 세대와는 완전히 다른 인간형이구나.' 이런 생각을 하게 됐어요.

실제로 미디어 환경의 차이는 인간관계에 많은 변화를 가져왔습니다. 정보통신이 발달하면서 사람 사이의 거리가 좁혀졌어요. 친구 목소리 한번 들으려고 배 타고 바다 건너 여행하던 시대가 아니라는 거예요. 필요하면 언제든 소통합니다. 옆에 있는 사람에게도 문자를 보내고 해외에 있는 사람과도 영상통화를 합니다. 그래서 요즘은 전화 바로 안 받으면 어때요. 짜증 내죠? 모든 것이 즉각적으로 해결되어야만 직성이 풀립니다.

제가 대학시절, 서울에서 유학생활을 했는데 그때는 1년에 집에 전화한 통 안 하고 살았어요. 시외전화 하기가 쉽지 않았던 시절이죠. 그래도 그러려니 하고 살았습니다. 부모님도 전혀 걱정 안 하셨고요. 돈 떨어질 때나 부모님 전상서, 편지 한 번씩 보냅니다. (웃음)

테크놀로지가 발전하면 문화가 바뀝니다. 시장이 바뀌고 산업이 바뀝니다. 지금 우리 문화의 키워드는 온라인과 모바일이죠. 유비쿼터스[5], 하

---

5 "언제 어디서나 존재한다"는 뜻의 라틴어로 사용자가 자유롭게 네트워크에 접속할 수 있는 환경을 말한다.

루 종일 온라인에 연결되어 있어요. 이런 변화는 대중문화에 어떤 영향을 끼쳤을까요?

제가 몇 달 전까지 안식년으로 베를린에서 지내다 왔는데요. 실시간으로 가족, 친구들과 '카카오톡'을 했어요. 떨어져 있다는 느낌이 없었습니다. 옛날 같으면 바다 건너 먼 나라, 고국에 두고 온 가족, 친지들, 뭐 이러면서 애틋함 같은 게 생기잖아요. 귀국장에서 얼싸안고 기뻐합니다. 근데 그게 없어졌어요. 만나도 별로 반갑지가 않았어요. 어제 '카톡' 했는데 뭐. (웃음) 인간관계가 굉장히 달라지고 있다는 생각이 듭니다. 별로 좋아 보이지는 않아요, 편리한 점은 있지만.

시공간의 제약이 사라지면서 문화적 장벽도 사라집니다. 할리우드의 최신 영화가 거의 동시에 나의 스마트폰에 들어옵니다. 이는 소위 '글로벌화'와 관련되어 있기도 해요. 상품과 자본의 경계가 사라졌다는 뜻이거든요. 과거에는 여러 가지 이유, 정치·이념적인 이유로 금지됐던 것들이 이제는 자유롭게 넘나듭니다. 신자유주의의 영향으로 자본에 국경이 사라지지요. 한편 다국적 기업들은 이윤을 극대화하기 위해 '지역화' 전략을 씁니다.

할리우드에서 만든 영화를 전 세계로 보내는 방식에서, 이제는 초국가적인 자본이 각 나라로 진출해서 그 나라 사람들이 좋아하는 상품을 만드는 식으로 바뀝니다. 지역화와 지구화가 함께 가는 겁니다. 이런 게 동시적으로 이루어지는 상황에서 이제 '민족문화' 같은 것은 개념 자체가 흔들리고 있습니다. 예전에는 우리 것, 우리 문화라고 해서 탈춤, 판소리, 민요 등을 보전하자고 했잖아요. 이걸 소재로 〈서편제〉 같은 영화를 만들면 민족문화 창달이 되는 겁니다. 우리 자본으로 우리 고유의 문화를 소재로 했으니까요. 그런데 이제는 이것도 모호해졌어요. 다국적 자본의 지역화 전략으로 대중문화의 '국적'이 없어졌기 때문입니다. 예를 들어서 할리우드 자본이 한국 배우를 데려다가 얼마든지 〈서편제 2〉를 만들 수 있고요. 한국의 대기업이 투자한 영화사에서 아놀드 슈워제네거를 데려다가 〈터미네이터〉(1984년) 같은 영화를 찍을 수 있습니다.

어떤 게 우리나라 겁니까? 이런 상황에서 중요한 것은 문화의 국적이 아니라 자본 그 자체입니다. 자본을 중심으로 해서 만들어진 문화가 우리의 삶에 어떤 영향을 끼치느냐이지요. 그래서 따져봐야 할 것이 바로 문화의 공공성입니다.

자본의 속성은 기본적으로 이윤추구예요. 그러다 보면 대중들의 입맛에 맞는 상품만 생산합니다. 획일화되지요. 우리가 TV를 켜면 10대들을 위한 노래만 흘러나온다고 불만을 털어놓지요. 10대들은 또 재미도 없는 막장드라마만 보느냐고 기성세대들을 비웃습니다. 바로 시청률 때문에 벌어지는 일들이에요. 방송이 광고를 의식하다 보니 이렇게 획일화된 프로만 양산하는 겁니다.

그런데 문화가 획일화되면 우리의 사고도 거기에 따라갈 수밖에 없거든요. 문화는 다양한 계층의 사람들이 가진 다양한 취향을 충족시켜 주어야 합니다. 그러려면 상업주의의 독주를 막아야죠. 문화를 그저 하나의 시장으로 보아서는 안 돼요. 문화의 공공성이라는 개념을 가지고 접근해야죠.

상업적으로 경쟁력이 없는 부분은 보호해야 합니다. 이를테면 인디

밴드 같은 것들, 거리의 연주자들, 이런 것은 사회에서 지켜줘야 한다는 거예요. 정부의 정책적 지원이 필요합니다. 그런데 이명박 정부가 들어서면서부터 문화정책도 시장논리를 따릅니다. 그전에 독립영화, 인디밴드, 이런 데를 지원하던 제도들이 점점 사라져요.

제가 만화에도 관심이 많아서 일전에 만화 계간지를 만든 적이 있습니다. 2년간 서울시 재정 지원을 받기로 되어 있었지요. 그 말을 믿고 팀을 짜서 열심히 만들었지요. 그런데 2호가 나오자 별안간 지원을 중단하겠대요. 왜 그러냐고 물었더니 상업성이 없다는 겁니다. 어이가 없더군요. 상업성이 없으니까 지원하는 거잖아요. (웃음) 공무원들 사고방식이 그래요. 문화의 공공성에 대한 인식이 없는 겁니다. 그래서 해외의 경우는 시장이 나뉘어져 있어요. 주류 시장에 대응하는 소위 마이너리 그라는 게 있습니다.

영국은 조그만 동네에 10대 아이들 밴드가 수십 개가 있어요. 게네들이 주말마다 펍(작은 술집)에서 공연을 해요. 런던에 있는 레코드 회사 직원들이 와서 그걸 봅니다. 그중 뛰어난 애들을 데려갑니다. 제가 직접 본 거예요. 한번은 제 아들 친구들이 공연한다고 해서 가봤지요. 그랬더니 치아교정기를 낀 어린 애도 기타를 칩니다. (웃음) 부모들이 와서 보죠. 제가 그중 드럼을 치는 친구의 아버지한테 물었어요. "당신 아들이 음악을 계속하고 싶다고 하면 허락할 거냐?"고 말이에요. 그랬더니 돌아오는 대답이 "why not?"이에요. 안될 게 뭐냐는 거죠. 아이가 유명한 스타가 못 되어도 상관없다, 자기가 행복하면 그만이지, 이런 식입니다. 지역에서 활동해도 충분히 먹고살 수가 있거든요. 그런 시스템에서는. 상업적인 주류시장과 차별화된 마이너리그라는 생태계가 존재할 수 있어요.

우리가 영국 하면 프리미어리그를 떠올리잖아요. 세계적인 프로리그이지만 그 아래 스무 개가 넘는 하위 리그가 존재한다는 걸 아는 사람은 많지 않습니다. 지역신문에는 이런 하위리그 경기 기사가 등장해요. 선수들은 한 단계 한 단계 실력을 다져서 올라갑니다. 그런데 못 올라가도 살아요. 그럭저럭 생활을 유지하면서 자기 좋아하는 일을 할 수 있습니다. 우리도 그런 시스템을 만들어야 해요. 현실은 그렇지 않지만 노력해야 합니다.

아직 우리나라는 '승자독식' 사회예요. 정치, 경제, 문화 등 사회 전분야에서 예외 없이 그렇습니다. 서태지나 싸이처럼 소위 '뜨면' 부와 명예를 거머쥐는 거고, 그렇지 못하면 라면 먹으면서 연습하다가 먹고살 길이 없어서 자살에 이르고 마는 현실. 더 이상 이런 현실이 지속되어서는 안 됩니다. 인권을 위해서나 우리 문화의 건강한 발전을 위해서나 불행한 일이에요.

비주류시장, 마이너리그의 생태계를 어떻게 만들 것인가, 저는 이게 중요하다고 생각합니다. 제가 몇 년째 하고 있는 한국대중음악상이라는 것도 그런 취지에서 제정된 것이고요. 한국에는 TV에 자주 나오는 스타들만 있는 게 아니다, 이렇게 다양한 음악이 있고 문화가 존재한다는 걸 알리고자 하는 겁니다. 그런데 주류매체 즉 지상파 방송사 같은 데서 관심이 없어요. 스폰서가 없다 보니 꾸려가기가 쉽지 않습니다.

우리가 대중문화를 즐기고 그 안에서 삶을 풍요롭게 가꾸는 것은 현대사회에서 매우 중요한 일입니다. 그러려면 여러분도 TV에 나오는 것들만 수동적으로 받아들일 것이 아니라, 적극적으로 좋은 음악, 좋은 영화를 찾아다녀야 해요. 뭐가 나한테 맞는 건지 나의 이야기를 누가 대변하고 있는지 생각해 봐야 합니다. 노력하지 않으면 다른 사람들의 취향에 잠식당하고 말아요. 정말 내가 좋아하는 게 뭔지 나도 모르게 되는 그런 상황이 되고 맙니다.

지금 이 순간도 비주류가 겪어야 할 고통을 무릅쓰고 오로지 좋은 음악, 훌륭한 영화를 만들고자 애쓰는 분들에게 관심을 부탁드립니다. 공연장도 한번 찾아주고 후원도 하시고 그러길 바랍니다. 그것이 곧 우리 문화의 생태계를 풍요롭게 길이라는 것을 말씀드리면서 강연을 마칩니다. 감사합니다.

청중: 선생님께서 대중문화를 연구하는 이유가 궁금합니다.

김창남: 제가 원래 이 분야에 관심이 있었던 것 같습니다. 어려서부터 영화나 드라마 보고 노래 듣고 소설책 읽고 그랬어요. 우리 집에 구식 진공관 전축이 하나 있었습니다. 그런데 음반이 딱 열 장 꽂혀 있었어요. 수십 년 동안. 아버지가 음악을 즐기는 분은 아니셨거든요. (웃음) 그러니 맨날 같은 음악만 들었죠. 최희준 「하숙생」, 이미자 「동백 아가씨」 같은 성인가요를 초등학교 들어가기 전부터 들은 거예요. 손님들이 집에 와서 노래를 시키면 "인생은 나그넷길~" "내 청춘은 꺼져가네~" 이랬던 거예요. (웃음) 조숙했다면 조숙했던 거죠. 그만큼 대중문화에 익숙했다고 할까요.

그런데 전공은 경영학과였어요. 나하고 정말 안 맞았어요. 비극은 그걸 대학에 와서야 느꼈다는 거예요. 학교 다니는 내내 '딴 짓'만 했습니다. 노래패 활동을 했죠. 지금과 달리 동아리활동이 활발했던 시절이었습니다. 대학을 중심으로 문화운동이 사회 전반에 영향을 끼쳤죠. 그런데 졸업할 때가 되니 막막해요. 군대에 가야 하나 고민도 되고 그러다가 새로운 삶에 대한 고민을 더 해봐야겠다 싶은 생각이 들었습니다. 공부를 택했어요. 제가 좋아하는 문화에 대해 좀 더 알아보자, 그런 마음으로 하다 보니 여기까지 온 겁니다.

텔레비전 보고 영화 보고 음악 듣는 게 저의 전공 공부입니다. 정말 행복한 일이지요. 온종일 소파에 누워서 텔레비전 봐요. 누가 뭐라고 하면 "지금 연구 중이야." 합니다. (웃음) 가족이 다 그래요. 제 아내는 예전에 함께 노래패 활동도 하고 음반도 냈던 가수고요. 큰아들은 지금 인디밴드를 하고 있어요. 중학교 때부터 완전 '꽂혀서' 그 길로 갔습니다. 나름 진보적인 학부모를 자청하는 입장에서 말리지도 못하고 (웃음) 속으로만 끙끙 앓다가 지금까지 왔죠.

그런데 제가 선정위원장으로 있는 한국대중음악상 후보에 올라온 거예요. 고민이 많았습니다. 아들이 후보인데 내가 위원장을 사퇴해야 하는 거 아닌가. (웃음) 아무튼 그런데 애가 1년 연봉이 딱 50만 원이에요. 걱정되죠. 그래도 열심히 하는 모습이 보기 좋습니다. 둘째 아들은 영상원에서 영화를 공부합니다. 두 아이 다 돈 되는 일이 아니라서 걱정이지만 그래서 더 비주류 문화에 관심을 두고 지원을 해야 한다는 생각을 하게 됩니다.

청중: 말씀 중에 연예인은 공인이 아니라고 하셨는데요. 청소년에게 미치는 영향력 측면에서 볼 때 행동에 제한이 있는 건 사실 아닐까요?

김창남: 제가 말씀드린 공인의 기준이란 건 하나입니다. '공적인 일을 하는 사람이냐 아니냐'예요. 대표적인 공인으로 정치인, 관료들이 있겠지요. 이런 사람들은 공적인 일을 하라고 선출되거나 그런 기관에서 일하는 사람들이잖아요. 따라서 그들이 하는 말과 행동이 미치는 영향이 크죠. 그러니 의견이나 행동에 조심스러울 수밖에 없습니다.

연예인은 공인이 아닙니다. 그저 유명한 사람일 뿐이에요. 연예인들이 공공의 영역에서 뭔가를 결정하지 않잖아요. 다만 정치인처럼 사람들이 지지하고 따릅니다. 그래서 공인과 헷갈릴 수 있어요.

보통 정치인에게는 도덕성이나 품위 등이 요구됩니다. 많은 사람이 주목하니까요. 그런데 우리나라는 어때요. 정작 정치인들에게는 '그럴 수도 있지….' 하잖아요. 온갖 비리를 저질러도 그러려니 합니다. 그러면서 연예인들에게 엄격한 도덕성을 요구합니다. 거짓말하면 안 되고, 이혼해도 안 되죠.

연예인의 영향력을 말하지만 부정적인 측면보다 긍정적인 측면이 훨씬 큽니다. 어떤 연예인이 선행을 했다, 사람들이 따라 하죠. 나도 착한 사람 되고 싶잖아요. 그런데 어떤 연예인이 고의로 병역을 기피했다, 그거 따라 하는 사람 있습니까? 대마초를 피우다 구속됐다고 했을 때 나도 대마초 피다 걸려야지, 하는 사람 있나요? 안 그럽니다.

공인에 대한 기준은 엄격해야 합니다. 하지만 그런 공인조차도 개인의 영역은 보호받아야 해요. 그들에게도 인권이 있잖아요. 공인이 거짓말을 했을 때 처벌이 뒤따르는 것은 당연합니다. 하지만 그가 누구를 사랑하거나 누구와 이별했다는 이유로 비난받는 것은 옳지 않아요. 올랑드 프랑스 대통령의 예를 볼까요? 이분은 한 나라의 대통령인데 그냥 사실혼 관계로 애 낳고 살잖아요. 거기에 바람까지 펴요. 그래도 프랑스인들은 개의치 않습니다. 왜? 사생활이니까요. 그가 대통령직을 수행하는 것과 별개라고 생각하니까, 그건 개인의 사생활이자 인권이니까 그렇게 넘어가는 겁니다. 물론 이미지에는 타격이 있겠지만. 공인이라고 해서 사적인 부분까지 대중들이 재단해서는 안 된다는 거지요. 숱한 거짓말로 국민을 속이는 정치인, 경제인들이 건재한 우리 사회에서 한 번쯤 생각해봐야 할 태도 아닐까요.

3강

역사를 생각하는 것은
무지와의 싸움

오인영

오
인
영

고려대학교에서 박사학위를 받고 런던대학교 방문연구원을 거
쳐 현재는 고려대학교 역사연구소 연구교수이다. 『개화기 한
국과 영국의 문화적 거리와 표상』, 『개화기 한국관련 구미 삽
화신문 자료집』을 공동 편저했고, 역서에는 『과거의 힘: 역사
인식, 기억과 상상력』, 『나라를 사랑한다는 것』이 있다.

안녕하세요. 오인영입니다. 본론에 들어가기에 앞서, 우선 제가 생각하는 역사의 의미에 대해 말씀드리겠습니다. 명색이 '역사학과 서당' 언저리에서 근 30년을 왔다 갔다 했지만 생각이라는 게 통 여물지가 않아서, 역사에 대해, 그것도 한국독립운동사, 서구 자유의 역사와 같은 구체적인 역사에 대해 말씀드리기가 아직도 어렵습니다. '구체적 역사'뿐만 아니라 인류 공동체의 총체를 지칭하는 광범위한 의미에서의 역사도 마찬가지고요. '역사란 무엇인가'라는 제목의 책들을 여러 권 읽었지만 확신을 갖고 이거다 하고 말할 식견(이것이 정교해지고 체계화되면 역사철학이 되는 셈인데요)이 아직 부족합니다. 그래서 저에게 '역사와 인권', 이런 제목으로 글을 짜는 일은 정말로 고르디우스의 매듭(Gordian knot)[6]처럼 어려운 과제입니다. 그렇다고 포기할 수는 없는 일이기에 이런 한계를 인정하고 우리가 논의를 시작해보는 것이 좋겠습니다.

'인식된 과거'로서의 역사

'아리랑'과 '쓰리랑'이라는 연인이 있다고 가정해보지요. 데이트 도중에 아리랑이 "하루 종일 너만 생각했어"라고 말합니다. 두 사람이 사랑하는 사이라면 당연히 '너'는 '쓰리랑'이어야 마땅하지요. '아리랑'이 속으로는 '아라리요'를 생각하고 있다, 이러면 정말로 "십리도 못 가서 발병"

---

6 프리기아 왕국의 왕인 미다스는 아버지인 고르디우스와 함께 타던 우마차를 신전 기둥에 묶어 두었는데, 그 매듭을 푸는 자가 아시아의 왕이 된다는 전설이 있었다. 왕국을 지나던 정복자 알렉산드로스는 한칼에 매듭을 풀어버리고 우마차를 차지한다. "대담한 방법으로 문제를 푼다"는 뜻으로 쓰인다.

날 일인 거예요. 연인들이 달콤한 밀어(密語)를 주고받을 때 그 대상이 또렷해야 하듯이 우리가 '역사'를 말할 때도 그것을 정확히 개념화해야 혼란이 생기지 않습니다. 그런 의미에서 역사에 대한 다양한 정의를 소개하면서 이야기를 시작하겠습니다.

우리가 흔히 말하는 역사는 세 개의 얼굴을 지니고 있습니다. 즉 역사는 단수가 아니라 복수인 '역사들'(histories)입니다. 우선 그것은 **과거에 실제로 일어난 어떤 일(events)**을 의미합니다. 그리고 **과거에 일어난 일에 대한 해석**도 역사라고 부릅니다. 또한 역사는, 과거의(역사적) 사건들과 그에 대한 해석을 연구하는 학문인 **역사학**을 지칭하기도 합니다. 이처럼 '역사'라는 하나의 말이 서로 다른(비록 긴밀한 연관관계가 있기는 하지만) 셋(사건, 해석, 역사학)을 가리키는 데 두루 사용되기 때문에, 그 가운데 어떤 대상을 지칭하는 것인지를 미리 밝혀두어야만 괜한 오해를 막을 수 있습니다. 또한 그래야만 나중에라도 '복합 질문의 오류'(하나의 질문 안에 둘 이상의 판단 요소를 포함하는 질문)를 저지르면서 이야기했다는 소리를 듣지 않을 수 있습니다. [7] 저는 여기서 두 번째 의미 즉, **역사가의 작업을 통해서 만들어진, 과거에 대한 일종의 서사적(narrative) 구성물**을 의미하는 것으로 '역사'라는 말을 쓰고자 합니다.

역사란 과거에 대한 기록이자 연구입니다. 과거가 없으면 역사도 있을 수 없다는 말은 옳습니다. 그러나 과거 그 자체가 곧 역사는 아닙니

---

7 역사라는 말에는, 사건으로서의 역사, 해석으로서의 역사, 학문으로서의 역사라는 세 가지 의미가 다 들어 있기 때문에 "역사란 무엇인가?"라는 질문의 답은 하나가 될 수 없다. 또한 어떤 답도 온전한 답이 아니다. 이런 점에서 "역사란 무엇인가?"라는 질문은 일종의 '복합 질문의 오류'를 범하는 것이다.

다. 어떤 역사도 과거에 일어났던 모든 사건을 망라해서 재현할 수는 없습니다. 또한 이미 일어나서 사라져버린 과거의 사건을 있는 그대로 재현해낼 수도 없습니다. 이런 점에 주의해서, 역사를 과거(the past)와 구별되는 역사 이야기(기록&해석), 역사 서술(historiography)이라는 뜻으로 사용하려 합니다.[8] 이런 식의 용법에서는 과거의 일이 역사로 기술되기 위해서는 그것을 (기억하고) 기록하는 사람으로서 역사가의 역할이 필요할 뿐만 아니라 썩 중요합니다. 역사란 무엇인가라는 질문에 대해서 가장 훌륭한 답변은 아닐지라도 가장 유명한 대답일 법한 "역사란 현재와 과거의 끊임없는 대화"라는 카(Edward Hallett Carr, 1892~1982)의 말도, 역사는 단지 과거에 일어났던 '사실'(事實)이 아니라 역사가에 의해서 해석된 '사실'(史實)임을 강조합니다. 과거의 사실과 현재 역사가 사이의 대화에서 주도적인 역할을 하는 쪽은 아무래도 대화의 내용을 기록하고 그 의미를 해석하는 역사가이기 때문입니다.[9]

우리 자신이 과거의 산물이듯이, **역사라고 하는 '인식된 과거'는 현재의 우리가 구성해낸 일종의 담론**입니다. 과거 그 자체와 구별해서 역사

---

8 과거와 역사를 구분하는 작업의 가능성과 중요성에 대해서는 여기서 자세히 언급하지 않는다. 다만 구분의 필요성만 강조한다. 예컨대, 과거 수천 년 동안, 여성과 젊은이들이 엄연히 존재해왔지만 역사의 무대에는 거의 나오지 않는다. 역사에서 '체계적으로 배제'되어 왔거나 '감추어져' 왔기 때문이다. 이런 점에서 실제 과거와 역사를 구분할 필요성은 분명해진다(고 나는 생각한다). 과거는 역사보다 훨씬 크고 넓다.

9 카의 역사관은, 과거 사실에 대한 주관적 판단이나 의견을 배제한 객관적 기술을 중시했던 그 이전의 역사관과 비교할 때, 코페르니쿠스적 전환을 이루었다는 평가를 받는다. 그러나 오늘날에 와서는 현재의 역사가가 죽은 과거 사람들과 어떻게 대화를 할 수 있는지에 대해서 언급하지 않았다는 점, 특정한 하나의 요소(카의 경우에는 '사회')를 역사의 중심으로 규정했다는 점 등이 극복할 문제점으로 지적되고 있다. 이에 관해서는 김기봉, 『"역사란 무엇인가"를 넘어서』(푸른역사)를 참조할 것.

를 이렇게 정의하면, 역사는 과거보다 그 범주가 훨씬 작은 것이고(**과거 ⊃역사**), 인간이 '아는' 과거란 항상 인간 자신의 현재와 깊은 관련이 있다는 사실을 발견할 수 있습니다. 인간은 현재 자신이 처해 있거나 선택한 국가(국민), 경제적 이해관계(계급), 성, 종교, 정치적 신념체계에 따라서 각기 다른 입장과 관점을 지니기 때문에(존재 구속성), 인간이 처한 현재의 입장에 따라서 역사는 다르게 구성될 수밖에 없고, 늘 새롭게 쓰일 수밖에 없습니다. 심지어 서로 다른 집단에게는 상이한 의미를 지닌 논쟁적 담론이 되기도 합니다. 이런 상황을 염두에 두고, 영국의 한 역사가는, "역사는 기본적으로 상충되는 담론으로서, 사람과 계급과 집단이, 말 그대로 자신들을 위해 과거의 역사를 자서전적으로 구성해내는 전쟁터"라고 표현할 정도입니다.[10]

사정이 이러하기 때문에, **모든** 사람이 **다 같이** 동의할 수 있는 역사는 존재하기 어렵습니다. 예컨대 사관(史觀)이 그렇습니다. 사관이란 쉽게 말해서, 역사가가 과거를 보는 눈, 혹은 과거를 해석하는 관점을 뜻하는 역사관의 줄임말인데요, 민중사관, 유물(론적 역)사관, 민족(주의)사관, 기독교적 역사관, 관념론적 역사관 등 여럿이 있습니다. 이 가운데 어느 하나의 사관만이 유일하게 절대적으로 옳다, 이렇게는 말하기 어렵습니다.

현재 우리가 아는 가장 커다란 자연적 공간은 우주일 것입니다. 우주(라는 자연)의 역사는 그것을 관측할 수 있는 수단의 한계 내에서만 인식

---

10 키스 젠킨스, 최용찬 옮김, 『누구를 위한 역사인가』(혜안), 74쪽.

됩니다. 그렇지만 천체 망원경의 한계가 곧 우주의 한계는 아니지요. 마찬가지로 인간이 살아온 삶의 궤적도 사관을 통해서 의미가 부여되지만 (사실, 과거 그 자체에는 어떤 가치도 내재해 있지 않습니다.) 그렇다고, 어느 특정 사관이 그렇게 할 수 있는 것은 아닙니다. 또한, 특정 사관의 한계가 곧 인간이 영위해온 삶 그 자체의 한계도 아닙니다. 인간을 위해 사관이 있는 것이지 사관을 위해 인간이 있는 것이 아닙니다. 따라서 어떤 사관이건 그 사관을 숭배하는 것은 우스운 일입니다. 마치 망원경을 숭배하는 것처럼 말이죠. 그러니 역사를 놓고도 이것만이 절대적이고 보편적으로 타당한 유일한 역사다, 이러면 사관숭배처럼 난센스가 되고 맙니다.[11]

제가 앞으로 말씀드리는 역사란 (특별히 따로 규정하지 않는 한) 과거(정확히는 과거의 '한 단면')에 관한 담론이고, 그것도 최종 완결판이 있을 수 없는 유동적인(따라서, 문제투성이인) 담론을 뜻한다는 것을 미리 밝히면서 '딱딱한 정의' 이야기는 일단락 짓겠습니다. 저는 역사에 대한 이와 같은 정의가 "역사란 기껏해야 '해석 나부랭이'에 불과한 것이군." 하는 허무로 이어지지 않기를 바랍니다. 외려 "역사에는 단 하나의 올바른 시각이란 결코 존재하지 않는다고! 그럼 나도 나의 과거든, 인류의 과거든 그것을 다른 방향에서 새롭게 바라볼 수 있겠네." 하는 자신감을 불러일으켜 과거에 대한 자기(고유)의 역사 이야기를 구성하는 근거로 작용하길 기대합니다.

여러분, 우리는 왜 역사를 기억하고, 기록하고 생각할까요? 아마도

---

11 이 문단은 소설가 최인훈의 통찰을 빌려왔다.

'지금 여기(현재, 한국)'의 현실을 제대로 들여다보기 위해서가 아닐까 합니다. '지금 여기'가 아무런 문제가 없는 이상향(理想鄕)이어서 사람들이 현실에 만족하면서 산다면, 굳이 과거의 기억을 불러내거나 미래를 상상할 까닭이 없을 테니까요. 그러니까 우리가 역사를 생각한다는 것은, 과거 시대나 과거의 일에 관한 기억을 더듬어서 오늘의 문제를 따져보고, 나아가 그것의 해결을 꿈꾸려는 욕망의 발로가 아닐까요. 그렇다면, 현실의 문제는 무엇이며, 그것의 '치유/해결'에 기여할 수 있는 역사는 어떤 것일까?

이 역시 저처럼 게으른 천학비재(淺學非才)에게는 앞의 '역사의 정의' 문제만큼이나 요령부득의 난제가 아닐 수 없습니다. 궁리를 거듭해도 뾰족한 비책이 나올 것 같진 않고, "장고(長考) 끝에 악수(惡手) 둔다"는 속언처럼 되지 않을까 우려스럽기도 하고 해서 일단은 다른 사람들의 사유를 참고할까 합니다. 최인훈, 김현, 막스 베버, 존 스튜어트 밀, 허버트 마르쿠제, 이런 지성에 빚졌다는 것은 확실한데, 빌려온 것이나마 잘 쓸 수 있을지는 자신할 수 없지만요.

자, 그럼 이제부터 오늘의 역사 현실을 **상황(분단), 시대(근대), 체제(자본주의)**, 이렇게 세 측면에서 말씀드리면서 인권 이야기를 풀어보겠습니다.

역사의 프리즘으로 본 분단: 삶과 죽음

한국은 분단국가입니다. 외부의 시선으로 보자면 '한국(조선) 사람'이 실질적으로 차지하고 있는 한반도라는 영토 위에, '우리' 민족 전체를 실질적으로 대표하는 단일 정부를 세우지 못하고 있는 게 현재 우리의 초상(肖像)입니다. '포스트-모던' 혹은 '글로벌 자본주의'의 위력을 내세워 국민국가의 해체 운운하기도 하지만, 수천 년 동안 한반도 위에 단일한 정치체제를 구축해서 살아온 우리에게 '분단'이란 부자연스러운 상태임이 틀림없습니다. 아니, 단지 부자연스러운 상태가 아니라 인권을 제약하고 훼손하는 행위의 '불가피성'이나 '정당성'의 논리가 자라나는 음습한 불의(不義)이기도 합니다. 따라서 다분히 추상적으로 느껴지는 민족사의 차원에서가 아니라 현실적으로 보장되어야 할 인권의 차원에서도 분단 상황의 극복(그 최소한의 출발로서 '평화적 관리')은 우리에게 절박한 문제입니다. 이는 남과 북이 '한 민족'이기 때문에, 민족사적 과업으로서 당연한 일이라기보다는 이 땅의 '한 사람 한 사람'의 인간다운 삶과 관련되기 때문입니다.

사실, 한 민족이기 때문에 반드시 단일 정부를 가져야 한다는 법칙은 역사에 없습니다. 만일 그렇다면, 영국과 오스트레일리아도 통일되어야 하고, 또 미국과 영국도 통일되어야 하겠지요. 같은 민족이라도 합치기보다 갈라져 있는 것이 살기에 유리하다면 그렇게 하는 게 더 낫겠지요.

우리의 경우는 어떻습니까? 사람들은 현실적으로 통일은 어려울 수도 있다고 생각합니다. 그러면서도 통일이 우리 민족에게 커다란 이익을 주리라고 믿지요. 통일을 안 하는 것보다는 하는 것이 좋다고 생각하는 사람이 아직은 다수라고 저는 생각합니다. '최대 다수의 최대 행복'이라는 관점에서도 통일이 유효하다는 뜻입니다(여기서 '다수'란 앞으로 태어날 사람들까지 포함하는 개념입니다.).

통일에 반대하는 사람들도 많습니다. 해방이 식민지 상태보다 못하다고 생각한 사람들이 있었듯이. 누군가에게는 통일이 분단보다 못할 수도 있습니다. 소위 말하는 기득권세력이 대표적이지요. 통일을 이루려면 이들의 저항을 극복해야 합니다. 이 과정에서 아마 싸움(폭력을 한 극으로, 비폭력을 다른 극으로 하는 진폭이 넓은 싸움)도 있을 수 있고 그 양상도 간단하지 않을 것입니다.

역사에서는 옳은 길이라고 해서 자동으로 승리가 보장되지 않습니다. 마르쿠제(H. Marcuse)의 표현을 빌리자면, 역사는 보험회사가 아닙니다. 제가 아는 역사 지식으로도, 자만이나 독선에서 비롯된 착오가 아닌 정말 옳은 길도 좌절하는 경우가 많아요. 현실적으로 진실과 정의가 승리하기 어렵다고 생각하는 게 차라리 냉철한 판단에 도움이 될 정도입니다. [12] 마찬가지로 통일을 바라는 사람이 많다고 해도 순탄하지 않을 겁니다. 분단 극복을 포함해서 우리가 안고 있는 수많은 문제들이 '의로운 다수'로 해결되지 않는 것이 현실입니다.

관건은 다수가 **이길 방법을 만들어내는 것**입니다. 인류는 오랜 시간 끝에 하나의 방법을 찾았습니다. '민주주의'가 바로 그것입니다. **민주적 다수결의 방법**은 다양한 사회적·문화적 문제를 해결하는 훌륭한 수단입니다. 통일도 마찬가지입니다. 민주적 다수결의 원칙이 남/북한 사회의 모든 부분에서 움직일 수 없는 상식이 되었을 때가 바로 통일로 가는

---

12 밀은 『자유론』에서 이 점을 통렬하게 지적한다.

전환점, 혹은 비등점이 될 것입니다. 그러니, 한 번에 모든 것을 해결하려는 방식보다는 평소에 이런 원칙과 제도들을 차곡차곡 쌓아가는 것이 중요합니다. 그래야 통일 같은 민족사적 과제를 해결하고 역사적으로 성숙할 수 있습니다.

역사는 수학이 아닙니다. 똑똑한 몇 사람이 풀 수 있는 문제가 아니에요. 말씀드렸듯이 수많은 사람이 노력해도 좌절하기 쉽습니다. 문제가 풀리면 손해를 보는 사람들의 방해가 만만치 않거든요. 역사에서는 그런 일이 비일비재합니다(시야를 넓혀서, 오랫동안 인류가 기원해온 기아와 평화의 문제가 오늘날까지 풀리지 않는 것만 봐도 그렇지 않나요!). 어떤 문제든 이걸 잘 풀어나가려면 정의롭고 이성적인 세력이 힘을 키워나가는 **과정이 평소에 꾸준하게** 이루어져야 합니다. 이것은 분단 극복 문제와 관련지어서, 통일로 가는 가장 이상적인 방법입니다.

그런데 말씀드렸듯이, 역사는 한 가지 답만 가지고 있지 않아요. 이상적인 과정이 아니라 변칙적인 방식으로 갈 가능성(위험)도 있습니다. 그중 대표적인 것이 바로 전쟁에 의한 통일입니다. (제가 들여다본) 역사에서는 놀랍게도, 민족의 통합에서 전쟁이 가장 큰 몫을 차지합니다. 슬프게도 무력으로 모든 것을 해결하려는 발상은, 여전히 세계 곳곳에서 그 위력을 발휘하고 있습니다! 우리도 무력 통일을 언급하는 세력이 있습니다. 과거 전쟁을 치른 경험이 있음에도 말이지요.

전쟁은 결코 되풀이되어서는 안 될 비극입니다. 최인훈의 표현을 빌리자면, "우리는 옛날 사람과 달리, 죽음을 보상할 증권을 갖고 있지 않다. 이것이 우리 시대의 역사적 특성이다. 우리는 기껏 유족에 대한 연금밖에는 갖고 있지 않다. 옛날처럼 천국이니 극락이니 하는 이승을 넘어서서 보장되는 삶을 지니지 못한 것이 우리 시대의 문명"입니다[13](그러니 '죽어도', '목숨을 걸고', '결사적으로' 등의 말은 사실 함부로 쓰지 말아야 합니다.). 전쟁은 죽음을 담보로 한 도박입니다. 인간다운 삶을 추구하는 인류의 가장 큰 적인 전쟁을 분단 극복의 수단으로 받아들여서는 결코 안 됩니다. 직설적으로 말해서 전쟁하려면 차라리 통일을 안 하는 게 낫습니다.

전쟁을 강요할 권리는 누구에게도 없습니다. 그 싸움에서 누가 죽어야 할 것인지가 미지수라 해서 그 길에 '올인'하는 것은 정말이지 위험할 뿐만 아니라 반인륜적, 반인권적 행위입니다. 7·4 남북공동성명 이래로 통일의 대원칙이자 전제는, 전쟁이 통일의 수단이 되어서는 안 된다는 것입니다.

인간이 인간답게 살려면 우선 생존이 보장되어야 합니다. 생명 없이는 인권도 없습니다. 전쟁불가론은 득과 실을 따지자는 단편적인 발상이 아닙니다. 그것은 오늘날까지 이어온 인류 문명의 윤리적 지혜에서 비롯한 역사적 판단이라고 할 만합니다. 인간 생명이라는 절대 가치를 희생해도 좋을 만한 진리는 없습니다. 인류가 무수한 전쟁을 치르면서 깨달은 것이 바로 생명존중과 평화입니다. 분단도 이러한 가치에 걸맞은 방식으로 극복되어야 합니다. 한국인이 세계사에 기여할 수 있는 큰

---

13 최인훈, '상황의 원점', 『길에 관한 명상』 39쪽. 최인훈의 사유와 글은 이 강의에서 가장 큰 참고가 되었다. 특히 『바다의 편지』(삼인)에 실린 역사와 문명에 관한 에세이들이 그렇다. 물론, 내 이야기에서 현실을 오독(誤讀)하고 오해(誤解)하는 부분이 있다면, 그 책임은 전적으로 나에게 있다.

길이 여기에 있습니다.

옳은 길을 가기란 어렵습니다. 넘어야 할 산도 많고 이해관계에 따른 저항도 만만치 않습니다. 목적을 이루고자 옳지 않은 수단을 택할 수도 있어요. 유혹은 곳곳에 있습니다. 중요한 것은 '옳은 생각을 제도화하는 힘'을 기르는 것이지 '생각의 일치라는 주문(呪文)'을 외우는 게 아니라는 점을 강조하고 싶습니다. 아무리 지고지순한 생각이라고 할지라도, 모두가 한마음 한뜻으로 그것을 받드는 '생각의 일치'란 (제가 아는 한) 역사상 한 번도 존재하지 않았습니다. 아무리 훌륭한 성인의 생각이라고 할지라도, 심지어 '신의 말씀'(福音)이라고 할지라도 그것을 따르겠다는 '일심이체'(一心異體)의 수가 ('신실/사이비'의 구별을 생략하고라도) 인류의 5분의 1을 넘지 못하는 게 현실입니다. 더욱이 현대사회는 이전보다 훨씬 복잡 다양합니다. 그릇된 생각을 바로잡으려고 누가 누구를 교육하거나 계몽(교화)하는 일도 쉽지 않아요. 분단과 관련하여 일치를 강요하거나 외면하는 일 모두 경계해야 합니다. 국론(國論)이 분열되어서 뭘 못한다고 비난하거나, 언젠가는 될 거라는 식으로 수수방관하는 것 모두 옳지 않다는 것입니다. 비합리적 주술의 힘에 기대지 않고 평소 꾸준히 제도의 합리적 구축에 나서는 게 중요합니다.

역사의 프리즘으로 본 근대: 주술과 합리

흔히 잘못된 사고방식의 대명사로 주술(呪術)이나 미신(迷信)을 꼽습니다. 그러나 사실, 이들은 우리가 생각하는 것처럼 어처구니없는 것만은 아닙니다. 영국의 인류학자 프레이저는 "주술은 동기에 있어서는 현실적이지만, 잘못 선택된 수단"이라고 말한 바 있습니다. "잘못 선택"되었다는 것은, 그것이 목표의 성취에 효력이 없다는 것을 말합니다. 즉, 주술이라는 '원인'과 목표라는 '결과' 사이에는 합리적(/과학적) 인과관계가 없다는 뜻이지요. 그러나 이들의 "동기가 현실적"이라는 말이 뜻하듯이, 사람들이 심심풀이로 주술(예컨대 사냥 전의 춤, 갖가지 금기, 인신공양 등)을 한 것은 아니었습니다. 욕망을 성취할 방법이 너무 빈약했기에 잘못된 방법에 매달렸던 것이지요. 몸이 아파도 쓸 약이 없었기에 치성(致誠)에 희망을 걸었고, 있어도 가난해서 약을 쓸 형편이 되지 못하면 푸닥거리에 기댈 수밖에 없었던 것입니다. 그러면서 이런 행위가 좋은 결과를 가져오리라고 믿었습니다. 그러나 인류의 과학이 발달하면서 사냥의 성공, 안전, 건강한 출산, 비를 바라는 주술 행위나 부적 같은 것들이 원하는 목적과 아무 상관이 없다는 것을 깨닫게 되면서 그 힘을 잃게 됩니다. 이러한 현상은 근대를 거치면서 크게 확산되었습니다.

물론, 근대가 어느 날 갑자기 찾아온 것은 아닙니다. 인간의 경험이 쌓이고, 그것을 정리하여 기억하는 과정을 거쳐서 이루어진 것입니다. 숱한 세대를 거치며 르네상스, 종교개혁, 과학혁명, 이중혁명(dual revolution: 프랑스혁명+산업혁명), 제국주의 등의 역사적 경험이 쌓여서 근대가 된 것이죠. 막스 베버(Max Weber)가 강조한 "주술로부터의 해방"이라는 유명한 테제는 말할 것도 없고, 헤겔(G. W. Hegel)의 "세계사는 자유의식의 진보과정"이라는 역사철학적 해석이나 마르크스(K. Marx)의 "인간의 역사는 계급투쟁의 역사다"라는 선언, 퇴니스(F. Tönnies)의

"공공사회에서 이익사회로"나 니체(F. W. Nietzsche)의 "신은 죽었다"라는 등의 말은 근대라는 새로운 시대를 설명하려는 시도의 일환이었습니다. 거칠게 단순화하는 것이지만 이런 주장들이 공통적으로 지적한 것은 바로 잘못된 사고방식에서의 해방, 즉 '사고의 합리화'입니다. 그러니까 근대는 욕망의 현실적 성취 가능성이 커지면서 합리적 사고와 행위가 주술과 부적을 대신하게 된 '탈(脫) 부적의 시대'라고 볼 수 있습니다. '근대화=합리화'라는 생각도 이런 측면에 주목해서 생겨난 도식이지요.

일반적으로 행동은 목표→수단→결과라는 일련의 과정으로 이루어집니다. 여기서 "목표"라는 것은, 우리가 의식 속에서 결과를 미리 그려 보고 그에 맞는 수단을 만드는 것을 말합니다. 여기서 '수단'은 '목표'가 최종적으로 의식 밖에서 이루어질 수 있도록 하는 행동이나 도구와 기계 등을 일컫는 것입니다. 따라서 사고의 합리화란 행동의 출발점에서 (머리 안의)목표와 (현실의)결과를 이어주는 바른 수단을 알아낸다는 뜻이 됩니다. 말씀드렸다시피, 주술은 잘못된 수단입니다. 그러나 주술에서 벗어난다는 게 그리 쉬운 일은 아닙니다. 분명한 선을 그어서 어느 때 이전/이후로 명백하게 주술/합리를 갈라내기도 간단치 않습니다. 예컨대, 기우제(祈雨祭)는 오늘날 누가 봐도 비합리적인 행위입니다. 그런다고 비가 내리지는 않으니까요. 하지만 비합리적인 행위 대부분은 쉽게 알아챌 수 없습니다. 위험은 여기서 생겨납니다.

특히 인간관계와 행동양식 같은 사회적 변화가 크고 심할 때는 더욱 그렇습니다. 비합리라는 말의 의미도 달라지지요. 과학과 기술이 매우 빠르게 변하는 오늘날에는, 현실에 안주해서 최신 기술의 습득을 게을리하면, 그것을 '비합리적'이라고 부릅니다. 또한 기업에서 인사가 효율적이지 않을 때도 '비합리적인' 경영이라고 부릅니다. 이처럼 현대 사회에서는 (비/)능률, (비/)효율도 (비/)합리성으로 불립니다.[14]

그런데 이러한 합리/비합리의 기준은 기술적인 측면과 아울러 사회관계의 영향을 받습니다. 사회 전체로 봐서는 비합리적이지만 일부 계층에게는 '합리적'일 수도 있다는 것입니다. 예컨대 부동산투기로 돈 버는 사람에게 이를 바로잡는 '합리적'인 정책은 '비합리적'인 일이 됩니다. 성장이냐 분배냐 하는 문제도 그렇습니다. 사회 전체의 이익과 일부의 이익이 상충하는 현실에서는 무엇이 합리적이냐 하는 판단에 사회관계가 영향을 미칠 수밖에 없습니다.

따라서 오늘날 '합리화'란 '비이성'을 넘어 광범위한 사회문제들과 관련됩니다. 여기서 잠시 질문을 드려보겠습니다. 그렇다면 우리는 왜 합리적인 사고를 해야 할까요?

앞서 말씀드렸듯이, 목표에 바르게 도달하기 위해서입니다. 따라서 합리적으로 생각한다는 것은 문제 해결을 위한 방안을 찾는다는 말과 같습니다. 개인적 차원에서든 인류의 차원에서든 우리가 행복해지려면 자연과의 갈등은 물론 인간 사회의 갈등을 풀어야 합니다. 자연과의 갈등을 푸는 대표적인 수단은 과학이었습니다. 춥고 굶주리던 인류에게

---

14 효율성이 곧 합리성이며, 합리성 일반을 대변하는 것처럼 착각하게 한 '주범'은, 내가 보기에, 자본주의다. 이에 관해서는 후술한다.

빛을 던져준 것은 가혹한 자연환경에 맞서 싸울 지혜였습니다. 과학은 훌륭한 무기였습니다. 실제로 과거의 과학자들은 자연을 정복의 대상으로 보았고요. 요즘은 조금 다르지요. 자연과의 공존, 혹은 자연적 존재로서 인간을 강조합니다.

인간사회의 갈등은 어떻습니까? 인간은 사회적 동물이라고 합니다. 혼자서는 살아갈 수가 없지요. 그렇다고 모여 있으면 다 해결이 되느냐, 그건 아니지요. 어느 집단이든 생각이 다른 사람이 모이다 보면 문제가 생기기 마련입니다. 이걸 풀려면 인간과 사회의 관계까지도 반드시 고려해야만 하기 때문에, 한결 복잡해집니다.[15] 여기서 일일이 설명하기가 어렵지만, 큰 틀에서 사회 갈등의 해결 원칙이랄까 큰 방향은, "사회 안에서 일어나는 일은 최종적으로는 사회 전체의 이익이라는 관점에서 조절되어야 한다는 합리적 사고를 정립하고 실천"[16]하는 것이라고 할 수 있습니다. 이것은 근대의 시대적 과제이기도 합니다.

근대는 사회계약론과 함께 시작합니다. 이성적인 존재인 개인이 주

---

15 도식적 정리라는 한계를 무릅쓰고 정리하자면, 이 문제의 해결과 관련해서 크게는, 인간의 품성을 먼저 개조해야 인간 사이의 갈등이 사라진다는 입장과 인간의 인간다움을 훼손하거나 소외시키는 사회를 먼저 개혁해야 인간 사이의 갈등을 없앨 수 있다는 입장으로 구분할 수 있다. 전자는 예수 그리스도, 석가모니 등으로 상징되는 종교적인 감화와 회생(부활)의 길이라면, 후자는 마르크스로 대변되는 혁명적인 변혁과 제도적인 갱생의 길이라고 할 수 있겠다. 물론, 두 가지 길 모두에는 다시 또, 인간의 보편적 본성이 있는가? 있다면 그것은 원래 선한가, 악한가? 있더라도 본성은 변할 수 있는가, 없는가? 변하는 것은 생물적 본능인가, 사회적 속성인가? 사회는 인간을 자유롭게 하(였)는가, 억압하(였)는가? 사회를 벗어난 인간의 삶은 가능한가, 불가능한가? 사회 속의 인간을 둘러싼 여러 가지 정체성, 예컨대 국민적/계급적/시민적/성적 정체성 들 간의 우열-길항-삼투관계는 어떠한가? 등과 같은 다양한 하위 문제들이 놓여 있다.

16 최인훈, '사고와 시간', 『유토피아의 꿈』 354쪽.

체적으로 사회관계를 형성한다는 전제를 두고 있지요. 그러나 그때나 지금이나 현실은 다릅니다. 사회적 강자와 약자의 격차가 엄연하지요. 이런 상황에서 '계약의 자유'란 사실상 강자의 자유와 군림, 약자의 예속과 손해를 의미합니다. 자본주의 초기 많은 학자들이 기업가의 이윤이나 노동자의 임금 문제는 내버려두면 알아서 해결될 거로 보았습니다만 현실은 그렇지 못했습니다. 소수 자본가가 이윤을 독점하고 절대다수의 노동자들이 열악한 노동현실에 시달리게 되지요. 그래서 노동과 자본의 갈등과 투쟁이 끊이질 않게 되고요. 결국 초기 자본주의의 이론은 수정되기에 이릅니다. 순진한 자유방임주의는 그야말로 '비합리적인 사고'로 비판받게 되지요. 이를 두고 경제학자이자 언론인이었던 정운영은 이렇게 표현합니다. "밥과 자유의 선택은 굶지 않는 사람들이 만들어낸 잔인한 퀴즈일 뿐이다. 도대체 밥이 없다면 자유가 무슨 소용이며, 생존이 자유롭지 않은데 계약이 자유로운들 그게 무슨 대수이겠는가?" 자유계약이라고 해서 모두 정당하고 정의로울 수 없다는, 이러한 생각이 상식으로 자리 잡는 과정, 이것이 바로 사고의 합리화 과정이라고 할 수 있습니다.

분단 극복은 어떻습니까. 우리는 북한과 동족이면서 갈등관계에 있습니다. 그리고 이 갈등은, 근대라는 시대와 관련해서 보면, 인간의 행복에 대한 합리적 해결 방법을 서로 달리한다는 형식을 취하고 있습니다. 이것이 외부로부터 강제된 것인지에 대한 논의는 뒤로하더라도, 우리가 아까 살펴본 노동과 자본 사이의 갈등 해소 과정을 참고하면, 갈등의 억압과 은폐, 조장과 증폭보다는 민주적 절차를 통한 제도적 해결이

'합리적'이라는 점만은 분명합니다.

사람들은 '1+1=2, 2+2=4' 같은 자연과학적 사실에는 쉽게 동의합니다. 그러나 '내가 하루 일한 만큼 너도 하루 일하자'는 사회적 합의에 도달하기는 쉽지 않습니다. 게다가 사람들은 흔히 첫째 것만을 사고의 합리화라고 생각합니다. 두 번째처럼 답이 안 나오는 문제는 아예 합리화라는 개념을 떼어놓고 생각하지요. 고민만 하다가 포기하는 경우도 비일비재합니다. 그래서 '합리적 사고의 제도화'가 중요합니다. 즉, 사회 관계에서 합리적 사고를 실천하려면 행동이 필요하다는 것입니다. 생각만으로는 부족하고, 여기서 나온 행동의 양식을 제도화하는 데까지 이르러야 합니다. 따라서 합리화란 궁극적으로 사회체제(social system)의 합리화, 사회 전체의 합리화를 의미한다고 할 수 있습니다.

여기서 우리가 잊지 말아야 할 것이 '시간'을 상수로 고려하는 것입니다. 조건이 갖추어졌는데 그에 상응하는 결과가 없을 때, 보통 시간 계획이 잘못된 경우가 많습니다. 너무 서두르거나 시기상조라며 마냥 기다리는 것이죠. 시간을 무시하면, 주술과 다름없는 행동을 하게 됩니다. "금 나와라, 뚝딱!" 하면 대뜸 금이 나올 거로 생각합니다. 그러나 이것은 전래동화에서나 가능한 일이지요. 현실에서 금이 나오려면, 채굴과 제련, 세공 같은 과정이 필요합니다. 이것을 무시해서는 제대로 된 결과물을 얻을 수 없지요. 급한 마음에 몇 가지 과정을 생략할 수도 있겠지만, 그러면 불순물이 섞인 불량품이 될 확률이 높습니다.

과거 고도성장과 압축적인 근대화 과정을 겪던 시절, 우리에게 유럽의 근대성이 주술에 가까웠던 이유입니다. 근대적 합리성을 유일한 가치로 떠받들거나 단순히 계산 합리성으로 축소해서 등식화했지요. 그 결과 오늘날 수많은 후유증을 앓고 있습니다. 바로 '시간'을 고려하지 않은 결과입니다.

역사의 프리즘으로 본 자본주의: 계산 합리성과 경제적 유용성

합리성이 관철되는 시대란, 어떤 것이든 이유(reason)가 있어야 받아들여지고 인정받는 시대라고 할 수 있습니다. 실제로 헤겔을 위시한 근대 서구의 많은 사상가들은 근대 '이전의' 시대나 서양 '바깥의' 사회를, 무엇인가가 '이유 없이' 행해지고 강제되는 비합리적인 시대나 사회로 평가했습니다(근대의 특권화, 오리엔탈리즘). 따라서 시간적인 측면에서의 근대 이행과 공간적인 측면에서의 서구화가 곧 '진보'를 의미했지요. 이런 기준에 의하면 근대화(서구화)는 '좋은 것, 잘하는 일'로 간주됩니다. 이를 악용하는 사람들도 있지요. 예컨대 지금도 일제의 침략과 착취가 우리 사회를 근대화시켰다고 주장하는 이들이 있습니다. 근대화에 기여했으니 박정희 군사독재도 훌륭하다고 말하는 것도 같은 맥락이고요. 그런데 여기에는 근대란 '제대로 된' 합리성이 행위(/사건)를 만들어내는 '이유'가 되는 시대라는 인식은 들어 있지 않습니다. 대신 목적만 이루면 된다는 잘못된 '믿음'이 들어서 있지요.

우리만 그런 것은 아닙니다. 이는 세계적으로 근대의 특수한 형태('자본주의적' 근대)가 빚어낸 결과라고 생각합니다. 자본주의체제가 구축되면서 경제적 이득(이윤)과 관련된 어떤 이유를 대기만 하면, "어떤 행위나 사태"로 인해서 생겨난 다른 결과들은 그것에 가려져서 쉽게 잊혀 지거나 무시할 수 있게 되었습니다. '경제적 효용성' 혹은 '계산 합리성'에 부합되지 않는 것은 쉽게 망각되거나 배제되는 시스템은 근대 자본주의의 특징입니다.

예컨대, '살리기'인지 '죽이기'인지도 불분명한(최대한 중립적으로 언술해서) '4대강 사업'이 그렇습니다. 경제적 이익을 계산하여 제시하면 마치 합리적인 것처럼 보입니다. 이걸 반대할 때도 그 계산이 잘못되었음을 증명해야, 즉 경제적 이득이 별로 없음을 증명해야 합리적인 것처럼 여깁니다. 그래서 4대강 사업이 가져올 환경 파괴를 지적하고 갯벌, 습지, 그리고 거기에 사는 동식물들의 생명 등 생태계(자연 생태계만이 아니라 인문 생태계를 포함해서)를 지키자고 주장하면 합리적이지 못한, 순진하고 심지어 철없는 행동으로 매도당하기까지 합니다.

생명의 가치가 이익이 되지 않거나 돈으로 환산될 수 없다는 이유로 비합리적인 것으로 간주됩니다. 생명의 가치를 어떻게 경제적 이득과 효용성의 관점에서만 계산할 수 있단 말입니까! 부(富)의 증식만을 삶의 유일한 목표로 섬기는 자본주의의 속성을 비판한 베버의 말처럼, 바로 그런 계산 합리성이야말로 비합리적입니다! 베버는 모든 사회와 시대에는, 서구 근대인의 눈에 비합리적으로 보일지라도, 그 나름대로 합리성이 있다고 말한 바 있습니다. 따라서 '합리성'(의 개념)도 하나가 아니라 여럿일 수밖에 없습니다.

경제와 관련해서도 꼭 차가운 계산 합리성만이 있는 게 아닙니다. 근대 부르주아의 눈에는 사치와 낭비로 보인 궁정 귀족들의 행태도 '긍정적인 합리성'이 있었고, 노동인구가 차고 넘치는 청(淸)나라가 기계발명보다 노동력 동원에 의존한 경제를 구축한 것도 합리적 판단의 소산입니다. 선물을 많이 한 사람이 추장이 되는 관습을 지닌 북아메리카의 서부 해안에 살았던 콰키우틀 족(族)의 행태도, 추장의 정치적 권위와 경제적 권력(재산)이 하나로 결합되는 것을 방지하려는, '나름' 합리적인 메커니즘의 구현이었습니다.[17] 합리성은 서구 근대 자본주의에만 있는 것이 아닙니다. 한 사회에도 영역별로 다양한 합리성이 존재합니다. 즉, 시장경제의 합리성만 합리성이 아니라는 것입니다.

'인간이 돈을 넣은 만큼만 나오는 자판기'가 아닐진데, 어떻게 사람을 경제적 효율성만 가지고 판단할 수 있겠습니까. 이것은 결코 합리적인 사고가 아닙니다. 더욱이 이러한 계산 합리성은 단지 계산이 필요한 영역에서만 질적인 것을 양적인 것으로 바꿔버리는 데 그치지 않습니다.[18] 전일적 수량화, 사물화도 심각한 문제이지만 더 심각한 문제는 시장의 효용가치를 내면화하게 된다는 것입니다. 그 틀에 맞춰 '나와 너'의 욕망을 비틉니다. 왜곡된 욕망은 언제 무엇을 하든, 늘 경제적 효율성(생산성)을 고려해야 한다는 명령을 내립니다. 투입량(비용)에 대한 산출량(효과)의 비율로 표시되는 생산성을 극대화해야 한다는 명령은, 노동은 물론이고 삶과 사회 활동 일반에 대한 당위적 준칙으로 작동합니다.

---

17 이진경, '근대사회와 모더니티', 이진경 편저 『모더니티의 지층들』(그린비) 15쪽.

18 물론, 이런 계산 가능성은 집을 찾기 쉽게 번지수를 고안해내고, 인구증가율과 현재의 연령별 인구 수를 알면, 미래의 노동인구의 수를 예측할 수 있고, 그에 따라 필요한 일자리의 수와 그에 맞는 성장률 등을 알 수 있게 한다. 이처럼 계산이 제공하는 유용함과 편리함에 의해 삶의 일부 측면들은 합리적으로 조직된다는 긍정적 측면도 물론 존재한다. 여기서는 그것의 부정적인 측면에 주목하고자 한다.

'나와 너'로 하여금 이해타산적으로 행동하도록 '고무, 조장, 선동'하고, 나아가 우리의 삶 자체를 냉정한 계산의 세계에 복속시킵니다. 손해 볼 일이면 애당초 하지 않고, 이익이 날 만한 일이라면 무리해서라도 합니다. 그런 무리(無理) 속에서 인간관계는 망가지고 친구/가족끼리 '웬수'가 되는 일도 잦아집니다(소위 '막장드라마'는 이런 현실을 정확히 반영한 게 아닐까요?). 심지어 "자본주의 안에 있는 공산주의(독일의 사회학자 울리히 벡의 표현)"라는 사랑, 그리고 연애와 결혼조차도 차가운 셈법으로 계산되고 훼손되기도 합니다. 사람이 사람을 대할 때 인권이 아니라 셈법을 앞세우는 가치 전도, 사고 착란이 생겨납니다.

역사를 생각한다는 것의 의미: 불가능을 꿈꾸며 무지와 싸우는 꿈

우리는 민족사적으로 분단이라는 부자연스러운 상황 속에서 살아가고 있습니다. 게다가 모든 것을 수량화해서, 화폐 가치로 치환한 목표를 성취하는 데 효용성이 있는지 없는지를 따지는 계산 합리성이 사회 구석구석에서 압도적인 위력을 발휘하는 '물신'(物神)의 시대에 살고 있습니다. 생명의 근원인 땅과 물은 물론이고, 학문과 예술, 심지어 인간의 가치마저도 경제적 쓸모의 유무(有無), 다소(多少)를 척도로 삼아 재단하고 있지요. 이런 현실에서, 역사와 인권을 생각한다는 것은 무슨 의미일까요? 한편 무의미하고 쓸모없는 것처럼 보입니다.

역사를 배운다고 해서 권력을 얻거나 부자가 될 수 없습니다. 오히려 불이익을 당하지 않으면 다행이지요.[19] 또한, 취업에 도움이 되는 '스펙'

이 되지도 못합니다. 면접관이 "역사에 대해, 인권에 대해 생각해 보았다니 훌륭합니다!"라고 말할 가능성은 없을 테니까요.

내가 '잘 사는' 데만 무용한 게 아니라 고통받는 이웃을 구제하는 데도 별반 도움이 되지 못합니다. 이러한 사실을 잘 아는 헨리 포드(Henry Ford, 포드 자동차의 창립자)는 역사 자체가 "허튼소리"에 불과하다고 했을 정도니까요. 실제로 역사를 모른다고 해서 사는 데 큰 지장이 생기는 것도 아닙니다. 오히려 역사에 관한 질문을 받았을 때, 당당하게 "모른다"고 답하는 게 오히려 고위 공직자가 되는 첩경처럼 보이기도 합니다.

현실이 이러하기 때문에 저는 '역사의 실용성'을 내세울 생각이 없습니다. 다만, 장자가 무용지용(無用之用)[20]이라고 했듯이 바로 그 '써먹지 못한다는 것'을 써먹는 것이다, 저는 이렇게 말씀드리고 싶습니다. 역사를 생각한다는 것은(과감히 일반화하면, 역사, 문학 나아가 인문교양은) 대체로 '무용'하기 때문에 인간을 억압하지 않습니다. 반면, 인간에게 유용한 것들은 그 유용하다는 속성 때문에, 역으로 그것은 사람을 억압합니다.[21] 돈은 우리를 행복하게 해주지만 그만큼 우리를 불행하게 합니다. 집을 사고 차를 살 수도 있지만 수술비가 없어 사랑하는 사람을 잃게할 수도 있는 게 바로 돈입니다. 그러나 역사는 어떻습니까. '역사를 생각한다는 것'은 유용하지 않기 때문에 인간을 억압하지 않습니다. 제가

---

19 영화 <변호인>에 나오는 것처럼, 군사독재 시절에는 『역사란 무엇인가』라는 책을 읽었다는, 아니 소지했다는 이유만으로 잡혀가기도 했었다.

20 한 사람이 길을 가는 데는 대략 폭이 1~1.5미터면 충분하다. 그렇다고 여분의 폭을 없애버린다면 불편하고 불안해서 제대로 발걸음을 내딛기도 어려울 것이다. '무용지용'은 이런 경우를 염두에 두고 썼다.

21 목이 마르거나 잠이 올 때, 이런 욕구를 충족시키지 못하면 생명에 위협을 받을 수 있다.

대학에서 학생을 가르친 지 근 30여 년이 되지만 아직 역사가 알고 싶어서 미치겠다고 말하는 사람을 보지 못했습니다. 걱정할 것 없습니다. 과학 지식이 없어도 과학적 성과를 누릴 수 있듯이 역사를 몰라도 역사의 진보에서 배제되지 않습니다.

역사는 우리를 억압하지 않음으로써 역으로 무엇이 우리를 억압하는 지를 보여줍니다. 역사를 생각함으로써 과거와 현실에서 '억압하는 것'과 '억압당하는 것'의 정체를 파악하고, 인간을 억누르는 억압의 불의한 힘을 깨달을 수 있습니다.[22] 또한 타인도 나와 같은 사람이라는 사실과 인권의 가치를 알게 합니다.

인간이라면 누구나 한 번뿐인 삶을 삽니다. 허투루 취급해도 좋을 여분의 목숨이나 두 벌의 삶을 사는 사람은 없었습니다. 이러한 부정할 수 없는 진실, 누구나 한 번뿐인 삶을 살아간다는 사실, 누구나 죽는다는 사실에 대한 자각은 우리를 공감의 세계로 안내합니다. 비록 시대와 사회가 달라도 인간적인 기쁨과 슬픔과 고통을 나눌 수 있습니다. '인간이 더 이상 이런 수모와 아픔을 겪어선 안 된다. 그러려면 달라져야 한다'고 마음먹을 수 있습니다. 우리가 비록 모든 것을 이익으로 재단하는 '유용성의 세계'에 살지만, 생각(기억, 기록, 이야기)을 통해서 역사라는 '문명적 DNA'를 배우고 익히면, 이걸 뛰어넘을 수 있습니다. 본능에 얽매인

---

22 이 문단 전체에 담긴 주장은 고(故) 김현의 사유를 참고했다. 이해를 돕고자 그의 글을 인용한다. "한 편의 아름다운 시는 그것을 향유하는 자에게는 그것을 향유하지 못하는 자에 대한 부끄러움을, 한 편의 침통한 시는 그것을 읽는 자에게 인간을 억압하고 불행하게 만드는 것에 대한 자각을 불러일으킨다." 김현, '문학은 무엇을 할 수 있는가', 『한국 문학의 위상』 21~22쪽. 이하의 인용도 따로 언급하지 않는 한 김현의 표현이다.

'자연적 DNA'에 얽매인 동물과 다른 이유입니다. 인간은 유용하지 않은 것들을 꿈꿀 수 있는 존재입니다.

다시 말씀드립니다만, '역사를 생각한다는 것'은 어렵고 힘든 삶을 살아가는 우리의 이웃과 이 세상의 굶주린 아이들을 구제하지 못합니다. "전 재산이 29만 원"이라는 독재자를 심판하지도 못합니다. 강대국들이 벌이는 부당한 전쟁에서 희생당한 사람들도 구할 수 없습니다. 그러나 조세희의 소설『난쟁이가 쏘아 올린 작은 공』의 한 대목을 빌려 말씀드리자면, 모차르트의 음악을 들으며 눈물을 흘리면서 정작 주변의 소외된 인간을 위해 눈물을 흘리지 못한 것에 대해 부끄러움을 느끼게 하고, 우리가 처해 있는 '상황, 시대, 사회체제'가 인간에게, 그리고 인간들끼리 서로 이리처럼 구는 동물적 세계임을 깨닫게 해줍니다.

설령 이 세계가 동물적일지라도, 이 세계는 동물적이라고 생각하는 의식은 동물적이지 않습니다. 현실세계가 억압적이고 심지어 허무할지라도, '세계는 억압적이다'라고 생각하고, 현실세계에 의미를 부여하는 의식은 억압적이거나 허무하지 않습니다. '역사를 생각한다는 것'을 통해서 누구라도 능히 이런 의식을 얻을 수 있습니다. 여기서 중요한 것은 이것이 누가 강요한 게 아니라 스스로 깨달은 것이어야 한다는 점입니다.[23] 역사의식은 전해 받는 것이 아니라 스스로 습득하여 형성해갈 때,

---

23 존 스튜어트 밀은 『자유론』에서 이렇게 역설했다. "모든 인간의 삶이 어떤 특정인 또는 소수 사람들의 생각에 맞춰져 정형화되어야 할 이유는 없다. 누구든지 웬만한 정도의 상식과 경험이 있다면, **자신의 삶을 자기 방식대로 살아가는 것이 가장 바람직하다. 그 방식 자체가 최선이기 때문이 아니다.** 그보다는 자기 방식대로 사는 길이기 때문에 바람직하다는 것이다." 존 스튜어트 밀, 서병훈 옮김, 『자유론』(책세상) 127쪽. (강조는 인용자)

삶의 의미와 가치를 드러내 보여주는 빛이 될 수 있습니다.

누구를 계도하거나 계몽시키겠다는 말을 주저 없이 하는 사람이 저는 거북스럽고, 위험하게 느껴지기까지 합니다. 세상을 위에서 내려다보는 자만이 느껴지기 때문입니다. 말년에 친일로 돌아선 춘원 이광수를 보십시오. 조선의 민중을 계몽의 대상으로 규정하고, 자기같이 '잘난' 인물이 '무지몽매한 백성'을 가르쳐야 한다고 생각했잖아요. 그러다 잘 안 되니까 나중에는 자신을 '알아주는' 일제에 협력합니다. 오만한 태도를 버려야 합니다. 상대를 가르쳐서 바꾸려고 하기보다는 스스로 깨우쳐 나가는 것이 중요합니다.

역사는 인간이 수모와 아픔과 억압을 당하지 않으려면 자기기만에서 깨어나야 한다는 것을 일깨워줍니다. 역사에 대한 생각이 넓고 깊어지면, 인간은 생물학적 존재에서 실존적 존재로 자기를 인식할 수 있습니다. 이런 점에서 '역사를 생각한다는 것'은, 죽임과 주술과 자기기만의 위험을 깨닫는 '무지와의 싸움'입니다. 또한 유용성의 세계에서 인간을 억압하지 않는 무용성을 꿈꾸는 일이라는 점에서 '불가능과의 싸움'이기도 합니다.

그런데 여러분, 이제까지 제가 강조한 것은 어차피 모두 '말'에 불과합니다. 지금으로선 그 이상도 이하도 아니지요. 인간의 말이 전언(messages)이 되고, 의지가 되고 제도가 되려면 수많은 과정이 필요합니다. 앞서 말씀드린 '시간'이 필요하지요. 역사를 생각하는 데도 시간관념은 시금석이 됩니다. 말이 허풍, 거짓말, 주문(呪文)이 되지 않으려면 말을 실현하는 데 드는 시간을 알고 있어야 합니다. '생각하기-표현하기-행동하기-제도화하기'에 드는 시간이 있습니다. '빨리빨리'가 가능한 분야가 있고, '천천히 꾸준히'가 필요한 분야가 있다는 것을 이해해야 합니다. "공든 탑이 무너지랴"라는 속담이 있지요. 여기에는 인류의 오랜 경험에서 나온 깨달음이 담겨 있습니다.

이것은 개인의 차원에서도 마찬가지입니다. 제대로 된 시간관념을 가지고 있어야 서두르지 않고 천천히 진짜 변화를 위해 다가갈 수 있습니다. 우리가 살아가는 바로 지금 여기, 상황, 분단, 근대 자본주의라는 환경 속에서 자신의 삶을 그저 '흐르는 세월'의 연속이 아닌 '기억할 역사'로 만들 수 있습니다. 아무쪼록 우리 선조들과 우리가 지난 시간 동안에 힘들여 세운 민주주의와 인권이라는 탑이 무너지지 않도록, 주어진 시간을 망각의 늪이 아니라 기억의 숲으로 보듬어가야 할 줄로 압니다.

경청해주셔서 감사합니다.

4강

대통령의 명예냐
표현의 자유냐

조효제

조
효
제

성공회대학교 사회과학부 교수. 저서로 『인권 오디세이』, 『인권의 문법』, 『인권을 찾아서』, 『인권의 풍경』 등이 있고, 번역서로 『세계인권사상사』, 『인권의 대전환』 등이 있다. 국가인권위원회 설립준비기획단 위원 및 법무부 정책위원을 지냈고, 현재 서울시 인권위원이다. 런던대학교 정치외교학 학사, 옥스퍼드대학교 비교사회학 석사, 런던정경대학교(LSE) 사회정책학 박사이며, 하버드대학교 로스쿨 인권펠로, 베를린자유대학교 초빙교수, 코스타리카대학교 초빙교수를 역임했다.

안녕하세요, 저는 성공회대학교에서 인권을 가르치고 있습니다. 사회학개론이라는 과목도 가르치고 있는데 월요일 첫 시간이에요. 1학년 1학기 새내기로서는 대학에 입학하고 나서 처음 듣는 수업인 셈이죠.

첫 시간에는 강의에 대해 개략적으로 소개하면서 마지막에 이렇게 이야기합니다. 앞으로 한 학기 동안 함께 수업을 할 텐데, 선생님은 여러분보다 나이가 조금 많을 뿐 일방적으로 지식을 전달하는 사람이라고 생각하지 않는다, 배움은 양방향이어야 한다고 말이에요. 그러면서 서로 이야기에 경청하고 질문하는 자리가 되었으면 좋겠다고 합니다. 친구들 사이에서도 배울 수 있는 점이 있으니까요. 그러면 학생들 눈이 반짝반짝 빛나요. 첫 시간이니만큼 기대도 큽니다. 그러다 몇 주 지나면, 개강 첫날 보여주었던 진지하고, 왠지 스승을 존경하는 듯한 눈빛이 사라지면서 분위기가 풀어집니다. (웃음)

인권이라는 말

어쨌든 저는 토론과 대화를 강조합니다. 함께하는 강의가 훨씬 집중도 잘 되고 진행도 좋아요. 오늘 강의도 그렇게 할 수 있도록 노력해보겠습니다.

여러분, 인권은 한자어입니다. 서양에서 온 'human rights'를 일본에서 '인간의 권리'로 번역한 거지요. 권리라는 말은 한국, 중국, 일본, 대만, 베트남 등 한자문화권에서 두루 쓰입니다. 같은 한자문화권이라도 다른 글자로 쓰거나 한자 자체가 다를 수가 있는데, 권리(權利)라는 말은 어디나 같아요. 단어에 따라 그렇지 않은 경우도 많아요. 예컨대 '민족'(民族)이란 말은 대만에서는 '족속'(族屬)으로 표현합니다.

아무튼, 그래서 인권이란 말이 동양에 들어온 게 19세기 초 일본입니다. 이게 중국과 한국으로 퍼진 거예요. 저는 일본인들이 서양의 문물을 받아들일 때 특히 서양고전을 번역하거나 사전을 만들면서 보여준 철저함에 감탄할 때가 많아요. 일본은 19세기 초부터 외국어 사전을 만들기 시작합니다. 1810년에 일본에서 제작한 사전에서 'right'를 뭐라고 번역했을까 찾아봤습니다. 뜻밖에 '염직'(廉直)이라는 말로 해석되어 있습니다. '염廉'은 '청렴결백하다' 할 때의 그 '염'입니다. '깨끗하고 곧다'는 뜻이지요. 여기에 따르면 'human rights'는 인간 권리(인권)가 아니라 '인간 염직'이 되는 거지요. 당시 일본에서 나온 사전 수십 가지를 찾아봤어요. 그랬더니 다른 건 다 비슷한데 유독 'right'만 차이가 나요. 진직(眞直), 권의(權義), 공평, 공도(公道), 진실, 조리(條理), 권세, 통의(通義)…. 그러다가 1885년에 들어서, 근 한 세기 만에 '권리'라는 말이 등장하고 이때부터 나머지 말들은 사라집니다.

왜 이렇게 복잡한 과정을 거친 걸까요? 그만큼 'right'라는 원어 자체가 해석이 까다로웠기 때문입니다. 두 가지 의미가 섞여 있어요. 우선, "도덕적으로 옳다, 정당하다"라는 의미가 있고요. 두 번째로 무언가를 요구할 수 있는 자격이 있다는 뜻도 있습니다. 그래서 이걸 한자로 바꾸려고 이렇게도 해보고 저렇게도 해보다가 나중에 '권리'로 통일된 거예요.

여러분께서는 '권리'라는 말을 들으면 어떤 게 떠오릅니까. 정당하다? 아니죠. 두 번째 의미 즉, 뭔가를 요구한다는 뉘앙스가 강하죠. 저도 그렇습니다. 그렇다면 원어의 일부만 해석된 거 아닐까요. 반쪽짜리 번역인 겁니다. 그 말 자체가 가지는 또 다른 뜻을 살리지 못했으니까요.

도덕적이고 윤리적으로 정당하고 옳기에 요구한다는 의미를 모두 담아내고 있지 않기 때문에 오해가 생깁니다. 지금 우리가 사용하는 권리라는 말에는 내적 '정당성'이라는 의미가 잘 나와 있지 않습니다. 보통 우리가 권리를 말할 때 도덕하고는 상관없이 법적 권리로 규정되는 성격이 강하잖아요. 그래서 한국을 포함한 한자문화권에서는 권리를 법적 요구로 보는 경향이 강합니다.

저는 인권에 대한 오해가 이런 데서부터 많이 비롯했다고 생각합니다. 말 자체가 온전히 그 의미를 담아내고 있지 못하잖아요. 하지만 어쩔 수 없습니다. 지금 와서 다른 말로 바꾸기에는 너무 익숙하고 광범위하게 사용되고 있어요. 다만, 권리라는 말에 도덕적 정당성이라는 게 있다는 걸 알리고 뉘앙스를 조금이나마 바꿀 노력을 해야 하지 않을까 생각합니다.

인권을 둘러싼 다섯 가지 오해

자, 그러면 우리가 인권이라고 할 때 잘못 생각하고 있는 부분들이 뭐가 있을까요. 제가 볼 때 다음과 같은 선입견, 혹은 오해가 있습니다.

첫 번째가, 인권을 법의 테두리 안에서 생각하는 것이에요. 많은 분이 인권이라고 하면 법정에서 권리를 다투는 장면을 연상합니다. 그러나 인권은 법과 상관없이 정당성을 부여받습니다. 인권은 그 자체로 옳은 것이에요. 다만 이것이 법을 통해 실현되는 경우가 많을 뿐입니다. 인권은 법적 권리보다 큰 개념입니다. 예컨대 법에는 규정되어 있지 않지만 도덕적으로 옳고, 사람들이 꼭 지켜야 할 인권도 있다는 겁니다. 법적으로는 보장받는다고 해서 꼭 인권이 아닐 수도 있고요.

두 번째는 인권은 이기적이라는 생각입니다. 양보 없이 서로 자기 권리만 주장하다 보면 사회 전체적으로 문제가 생기지 않겠느냐는 거예요. 여기에는 개인주의가 공동체 정신을 약화시킬지도 모른다는 우려가 있습니다. 저는 이 부분에 대해 인권과 개인의 권익을 구분 지어서 봐야 한다고 생각합니다. 독재정권하에서는 인권은 물론 다수의 권익이 억압되었기에 둘을 구분할 필요가 없었습니다. 개인의 권익을 위해서 싸워도 결국은 인권의 발전에 기여할 수 있었지요. 하지만 민주주의가 진전된 지금, 우리는 개인적 이익을 고려한 싸움과 인간의 보편적인 권리를 추구하는 싸움을 구분할 필요가 있어요. 인권의 확장은 공동체의 이익과 결코 배치되지 않습니다. 나의 인권이 곧 우리 모두의 인권이기 때문입니다. 인권을 사익과 연관 짓는 시각에서 벗어날 필요가 있어요.

세 번째로 인권이 교조적이라는 비판이 있습니다. 어떻게 "인간의 권리는 이것이다!"라고 말할 수 있느냐는 것이에요. 세상을 이원화해서 권리와 의무, 인권과 반인권, 선과 악의 대립으로 본다는 비판입니다. 인간의 삶은 복잡하고 다양한 차원에서 이루어지기 때문에 그렇게 딱 나눠서 볼 수 없다는 겁니다. 타당한 비판이지만, 이건 인권을 너무 경직되게 해석하고 있어서 그래요. 인권 자체가 완전무결한 무엇이 아닙니다. "여기까지는 인권이고 여기서부터는 반인권이다." 아무도 그렇게 주장하지 않아요. 그럴 수도 없고요. 오히려 말씀드렸듯이 인권은 사회 변화에 따라 그 개념과 영역이 끊임없이 달라집니다. 인권은 세상을 이원화해서 재단하지 않습니다. 하지도 않은 일을 비판받는 건 좀 억울한 일이죠. 세상에는 복잡미묘하게 벌어지는 갈등이 많습니다. 인권은 이를 해결할 하나의 기준을 제시하는 것뿐이에요.

네 번째가 인권은 엘리트들의 특권일 뿐이라는 오해입니다. 아는 사람들끼리 요구하고 보장받는다는 거예요. 자기 처지를 호소할 상황조차 안 되는 사람들에게 인권은 '그림의 떡'일 뿐이라는 비판입니다. 사실 인권을, 말하기 좋아하는 사람들의 전유물로 여기는 시선이 없는 것은 아닙니다. 어려운 용어도 많아서 보통 사람들은 거리감을 느끼기도 하지요. 인권이 제대로 보장되지 않는 나라일수록 이런 현상은 심합니다. 제도적으로 실현될 수 있도록 우리가 좀 더 노력해야 할 부분입니다. 인권은 가장 낮은 곳으로 흘러야 합니다. 인류의 역사를 보면 늘 그래 왔어요. 모르는 분들에겐 자신의 권리를 알리고, 인권에서 소외되는 사람이 없도록 국가가 정책적으로 뒷받침해야 한다고 생각합니다.

마지막으로 인권은 온정주의라는 식의 생각이 널리 유포되어 있습니다. 인권을 방종과 무질서로 간주하는 것이지요. 예컨대 범죄자의 인권을 보호하는 건 옳지 않다는 생각이 있어요. 그렇게 일일이 봐주다가는 강력범죄가 더 늘 거라며 반대합니다. 하지만 이러한 주장은 원인에 대한 해결 없이 처벌만으로는 범죄를 줄일 수 없다는 사실을 외면하고 있습니다. 게다가 헌법과 법률에도 용의자와 범죄자라도 최소한의 기본권을 보장해야 한다고 나와 있습니다. 흉악범이라 하더라도 묵비권이라는 게 있는 거고, 범죄가 입증되기 전까지는 무죄로 추정되어야 한다는 원칙이 분명히 있는 겁니다. 인권은 결코 잘못을 저지른 사람을 용서해야 한다고 주장하는 게 아닙니다. 공동체에 심각한 폐해를 끼친 사람에게는 합법적인 처벌과 정당한 제재를 가하되, 그 과정에서 법과 절차를 지켜야 한다는 것이에요. 수사과정에서 고문 등의 가혹행위가 있어서는 안 되고 설령 유죄판결이 나더라도 국제적으로 정한 수감 기준을 준수해야 합니다. 이러한 것들은 문명사회에 살고 있는 우리가 지키기로 한 최소한의 약속이에요. 인도적인 처벌을 솜방망이 처벌로 보는 비판은 잘못입니다.

꼭 알아야 할 인권의 특성

이러한 오해를 불식시키기 위해서라도 우리는 인권의 특성을 잘 파악하고 있어야 합니다. 이 자리에서 몇 가지를 말씀드리지요. 먼저, 인권의 보편성입니다.

인권은 누구나 누리는 보편적인 권리입니다. 출신, 종교, 성별, 사회적 계급 등과 상관없이 누릴 수 있어야 해요. 그런데 말은 쉽지만 이걸 실제로 보장하기는 어렵지요. 인류의 역사를 보면 이 보편성을 확립하기 위해 무수히 많은 피를 흘립니다. 근대적인 인권 확립의 계기였던 프랑스대혁명 이후에도 모든 사람들이 똑같이 권리를 보장받지 못했어요. 실질적으로는 백인, 부르주아 남성에게 해당하는 말이었지요. 가난한 사람들, 여성과 흑인들은 소외되었지요. 그래서 제가 농담 삼아서 그 당시 보편은 백인, 남성, 유산계급 즉 '백남유'의 보편성이었다고 말합니다.

1789년 '인권선언'을 통해 인간의 자유와 평등을 역설했던 프랑스는 당시 프랑스 식민지였던 섬나라 아이티의 독립투쟁을 반대합니다. 그들의 선언이 식민지의 주민들에게는 적용이 안 되었던 겁니다.

하지만 인권은 멈추지 않습니다. 초기에는 '백남유' 위주였던 것이 나중에 여성과 유색인종들에게까지 확대돼요. 마치 호수에 던져진 돌멩이가 일으킨 파장이 동심원처럼 퍼져가듯이 말이에요. 한 단계 한 단계 전진할 때마다 엄청난 희생을 치릅니다. 지금의 인권은 그 결과예요.

우리나라 여성의 인권만 봐도 잘 알 수 있지요. '남아선호 사상'이라고 아시지요. 요즘은 듣기 어려운 말이지만 지금도 나이 드신 분들은 아들과 딸을 차별합니다. 제가 어릴 적만 해도 여성들을 비하하는 일이 비일비재했죠. "암탉이 울면 집안이 망한다"느니 하면서 여성의 사회진출을 부정적으로 보는 시각도 있었고요. 하지만 지금은 어때요? 공공장소에서 그런 말 했다가는 이상한 사람 취급받기 쉽습니다.

시대가 변한 거예요. 국민의 인권에 대한 감수성이 높아진 겁니다. 반면 장애인의 권리는 어떻습니까. 좋아졌다고는 하지만 여전히 열악한 상황이에요. 이동권을 보장하라며 사슬로 서로 묶고 시위를 하는 모습이 지금도 눈에 선합니다. 하지만 언젠가는 장애인들도 거주·이전의 자유가 완전히 보장되는 때가 올 거예요. 역사는 그렇게 발전합니다.

오늘의 상식은 어제의 투쟁이 만들어놓은 것이에요. 인권을 무시하고 진보를 가로막는 사람들을 보면, 그래서 한편 불쌍한 생각이 들어요. 5년, 10년만 지나도 입이 딱 벌어질 정도로 달라져 있을 것이고 그때가 되면 상식이 되어 있을지도 모르잖아요.

김조광수라는 분이 우리나라 최초로 동성 결혼식을 올렸지요. 유명인들을 포함해서 수많은 하객이 참석해서 축하해 주었습니다. 과거에 비하면 엄청난 변화예요. 오늘 우리가 고민하는 인권 문제들이 몇 년 뒤에는 어떻게 바뀌어 있을지 몰라요.

여기서 인권의 두 번째 특징이 나옵니다. 인권은 끊임없이 변화합니다. 인권에는 종착점이 없어요. 인류가 있는 이상은 계속해서 새로운 인권 문제가 생기게 마련이에요. 지금 우리가 겪는 문제 중 과거에는 생각지도 못한 것들이 있지요. 다문화 가정, 이주노동자들의 인권 등입니다. 과거에는 단일민족이라고 했지만 이제 그 말이 무색해질 정도가 되었습니다. 상황이 바뀌면서 새로운 문제들이 생긴 거예요. 적어도 지금 인권적 관점에서는 그런 분들에 대한 차별이 잘못이라는 생각들을 많이 하기 시작했다고 생각합니다.

요즘은 '정보인권'이라는 말도 나오지요. 정보통신이 발전하면서 개인정보들이 새어나가고 이로 인해 피해를 보는 일이 많잖아요. 내가 예전에 썼던 글들이 나의 의지와 상관없이 공개되는 것도 막을 수가 없습니다. 알려지지 않을 권리, 잊힐 권리 이런 것들이 요즘 이슈화되고 있지요.

실제로 유럽연합에서는 이걸 법제화하려는 움직임이 있어요.[24] 예전에는 생각지도 못했던 일이지요. 미니홈피, 블로그에 시시콜콜한 것까지 다 올리면서 어떻게든 방문자 수, 조회 수 늘리려고 노력하던 게 바로 엊그제인데 말이죠. 지금은 온라인에서도 개인의 프라이버시가 중요하다고 생각하는 사람들이 늘기 시작한 겁니다. 기업들이 신입직원 채용할 때 에스앤에스(SNS)를 활용한다는 얘기도 있습니다. 이젠 온라인에서 친구들이랑 맘대로 수다도 못 떨어요. 그렇게 새로운 권리가 계속 나오기에 인권이라는 것은 끝이 없다, 어느 순간 완벽하게 보장되면서 그걸로 끝나는 게 아니라는 겁니다.

그다음 세 번째가 인권은 양도 불가능하다는 특성이 있습니다. 누구에게 빌려줄 수도 없고 내가 갖고 싶지 않다고 해서 포기할 수도 없어요. 만약 남의 권리를 강제로 빼앗을 경우는 어떨까요? 법에 정해진 절차에 따라 처벌을 받을 수밖에 없습니다. 주거와 이동을 제한받게 되지요.

네 번째는 인권을 제한할 때도 본질적인 인권은 제한할 수 없다는 것입니다. 생존권처럼 인간 존재의 기반이 되는 인권은 어떤 상황에서도 보장되어야 한다는 거예요. 설령 국가비상사태라 하더라도 인간의 생명을 뺏거나 고문을 하거나 노예로 만들 수 없습니다. 국제인권법으로 규정되어 있어요. 이러한 것을 '위반 불가 권리'라고 합니다. 절대로 어떤 경우라도 위반하면 안 되는 뜻이지요. 그런데 이 말을 뒤집어 보면 나

---

24 2010년 스페인에 거주하는 마리오 코스테하 곤잘레스는 자신의 사업과 관련해 신문에 실렸던 기사가 계속 구글 검색 결과에 노출되자 이를 '삭제'해달라고 요청한다. 구글 측에서 사실 보도이기에 문제가 없다며 이를 거부하자 소송을 걸게 된다. 이에 유럽연합의 최고 법원인 유럽사법재판소(ECJ)는 '잊힐 권리'(right to be forgotten)를 인정하고 구글 검색에서 개인에게 부적절한 정보를 삭제하라는 판결을 한다.

머지 권리들은 침해해도 된다는 식으로 읽힐 수 있습니다. 그래서 학자들 사이에서 논란이 있어요. 권리에 등급이 있느냐는 거예요. 중요도에 따라 권리를 나누는 것이 인권의 취지에 맞느냐는 문제가 생깁니다. 인권에 등수를 매길 수는 없습니다. 하지만 정책적으로 우선순위는 둘 수 있습니다. 국제사회가 위반 불가 권리에 대한 원칙을 마련한 취지도 그럴 테고요.

인권의 역설

지금까지 인권의 의미와 특성, 인권에 대한 몇 가지 오해들에 대해 짚어보았습니다. 인권에 대해서 기본적으로 알아야 할 것들이지요.

그런데 여기서 한 가지 생각해볼 것이 있습니다. 우리가 인권은 좋은 것, 필요한 것이라는 걸 누구나 알고 있습니다. 하지만 인권을 강조한다고 해서 정말 그 사회의 인권이 향상될까요?

인권에는 '보유의 역설'(possession paradox)이란 것이 있습니다. 인권상황이 안 좋을수록 인권을 강조하게 된다는 겁니다. 사실 인권이 잘 보장되는 환경에서는 인권 이야기를 꺼낼 필요가 없잖아요. 잘된 나라일수록 말이 없다는 거죠. 학생인권이 잘 보장되어 있으면 '학생인권' 이야기가 나오겠어요? 문제는 실천이 담보되지 않은 상황에서 담론만 커지다 보면 사람들이 또 그 얘기야, 하면서 둔감해질 수 있다는 겁니다.

그래서 저는 인권담론을 항생제에 자주 비유합니다. 요즘은 의약분업으로 병원에 가서 처방전을 받아야 구입할 수 있습니다만, 제가 어릴

적에는 그냥 약국에서 사 먹었습니다. 조금만 탈이 나도 약국 가서 '마이신' 주세요, 했지요. 그런데 항생제라는 것이 굉장히 좋은 약이긴 하지만 자주 사용하면 내성이라는 게 생기잖아요. 병균들의 저항력이 점점 강해집니다. 웬만해서는 약발이 안 먹는 거예요. 점점 약도 독해져야 합니다.

인권은 항생제와 같습니다. 어떤 상황에서 우리 권리가 침해받으면 인권담론을 통해 해결하려 하지요. 그런데 이것이 남용되면 어떻게 되겠습니까. 조미료처럼 여기도 인권, 저기도 인권, 이렇게 막 가져다 쓴다면 자칫 내성이라도 생겨서 웬만해서는 약발이 안 먹는 거 아닌가 하는 걱정이 생깁니다.

저명한 법철학자이자 인권학자인 제러미 왈드론(Jeremy Waldron)이라는 분이 이런 말을 했어요. 부부 사이에서 인권 이야기가 나오기 시작하면 그 결혼관계는 지금 문제가 많은 것이다, 라고 말이지요. 여기 결혼하신 분들도 계시겠지만, 사이가 좋으면 어때요, 눈빛만 봐도 서로 뭘 원하는지 알잖아요. 양보하고 이해하고 넘어갑니다. 그런데 뭔가 사이가 벌어지기 시작하면 누가 뭘 잘하고 못했는지 따지기 시작합니다. 서로 권리를 주장하게 되지요.

인권담론도 마찬가지입니다. 자기를 정당화하기 위해, 상대를 공격하고 상처를 주는 데 이용하면 안 됩니다.

두 번째로 인권에는 '발전의 회로'의 역설이라는 것이 있습니다. 인권 보장이 잘된 곳에서 인권 요구가 더 높아진다는 거예요. 인권을 경험해보지 못한 사람들은 권리에 대한 기대치가 반드시 높다는 보장이 없어요. 그렇게 인권이고 뭐고 따질 겨를 없이 살다가 인권을 알게 되면 사람이 달라져요. 자기 권리를 인식하고 이를 좀 더 확대시키고자 합니다. 인권감수성이 높아지지요. 제도적인 장치가 생기기 시작하고 그러면서 한 사회의 인권 전체가 발전합니다.

김대중 정부가 출범하고 나서 2001년도에 국가인권위원회가 생겼죠. 그때 설립 준비기획단에서 일한 적이 있습니다. 그래서 관련 내용을 잘 알아요. 그 당시 제가 경찰 인권교육을 많이 했어요. 모 경찰청에서는 1년 반 정도 인권교육을 했고요. 처음엔 큰 강당에 700명 정도 모아 놓고 했습니다.

첫째 날 강당에 들어서는 데 숨이 막히더군요. 경찰 정복을 한 사람들이 수백 명 앉아 있어요. 연단 중앙에 '경찰 인권의식 함양을 위한 정신교육' 이런 플래카드가 떡 하니 걸려 있습니다. 분위기 살벌하죠. (웃음) 그래서 제가 주최 측에 요구했습니다. 이렇게 딱딱한 분위기에서는 교육 효과가 별로다. 인원도 50여 명씩 해서 사복 입고 편안하게 교육받게 해달라고 말이에요. 요청이 받아들여졌죠. 그 후로는 자연스럽고 부드러운 분위기 속에서 교육이 진행됐습니다. 제가 드리고 싶은 말씀은 당시만 해도 국가 차원에서 인권에 지대한 관심을 쏟았다는 거예요.

노무현 정부 때도 그랬습니다. 정부 의견에 반대해도 대통령이 나서서 "인권위원회의 역할이란 원래 그런 것이다." 하며 편을 들어줬습니다. 권력이 힘을 실어준 거죠. 인권친화적인 정부에서 활발하게 논의되던 인권담론들이 이후 정권이 바뀌면서 달라졌어요. 이명박 정부와 뒤이은 박근혜 정부의 인권정책은 이전보다 후퇴하고 있다는 게 중론 아닙니까?

제가 드리고 싶은 말씀은, 장기적으로는 인권이 발전할 수밖에 없다는 겁니다. 국민들의 높아진 인권의식 때문이에요. 우리 사회에서는 지금도 다양한 인권 문제들이 관심을 얻고 있고 이슈화되고 있습니다. 일시적인 퇴보는 있을 수 있지만 크게 보면 발전하고 있다는 거예요. 바로 '인권 발전의 회로'입니다.

요즈음 인권이 퇴보하는 거 아니냐는 비판 자체가 우리 사회의 인권의식이 그만큼 높아졌다는 걸 증명하는 것입니다. 예를 들어서 생활고로 세 모녀가 자살한 사건으로 한동안 신문, 방송에 떠들썩했지요. 그거보고 많은 이들이 마음 아파했습니다. 국가의 사회복지 정책에 분노했습니다. 저는 이런 것들이 예전보다 높아진 인권의식이라고 생각해요. 그만큼 비판적으로 사회현상을 보게 된 거지요.

인권에 대한 기대치와 인권 공감능력이 높아진 거죠. 우리가 "이만하면 됐어. 군사독재 시절에 비하면 이 정도도 어디야." 이러기는커녕 과거보다 훨씬 엄격한 잣대를 들이대게 된 겁니다. 바로 인권 발전 회로의 역설이에요. 인권이 발전하면 평가 기준도 높아지고 그러면서 문제가 더 많이 보이는 거예요. "아는 게 병"이라고 할까요. 그러니 만족도가 떨어질 수도 있습니다.

제가 1960년대에 초등학교를 다닌 세대입니다. 당시 생각을 하면 참담하지요. 나라 전체가 가난했으니까요. 다들 힘들다 보니 아예 불평할 거리가 많지 않았어요. 그저 운 좋게 하루 세끼 챙겨 먹는 날이면 행복한 거고요. 학교에 다닐 수 있다는 것만 해도 감지덕지했죠. 전쟁 후 원조

물자로 먹고살던 시절 이야깁니다. 저에게도 흑백사진의 추억으로 남아 있지요. 당시 인권 상황은 매우 열악했습니다. 굶는 일은 다반사고, 교육 환경은 물론 의료, 주거시설조차 변변치 않았습니다. 지금 다시 그 생활을 하라면 아무도 못 하죠. 그런데 그때는 지금처럼 인권의식이 높지 않았고 기대치 자체도 높지 않았습니다. 지금은 어때요. 비교할 수 없을 정도로 경제 사정이 좋아졌습니다. 인권도 발전했고요. 그렇다면 이제 더 이상 인권을 말하는 건 의미가 없을까요? 그렇지 않습니다. 새로운 인권 문제가 계속해서 생기고 있지요. 그만큼 기대치가 높아졌으니까요.

인권이 잘 보장되는 사회는 굳이 인권을 강조하지 않아도 된다. 인권은 스스로 발전을 거듭한다. 여러분, 이 두 가지 역설이 우리에게 시사하는 바는 뭘까요. 그만큼 인권의 첫발을 내디디기가 어렵다는 얘기겠지요. 시작이 어렵지 일단 정착이 되면 되돌리기가 어렵다는 이야기이기도 합니다. 우리는 민주화를 통해 이미 첫 단추를 채운 나라입니다. 그러니 지금 당장 인권현실이 어둡다고 좌절하거나 절망할 필요가 없어요.

대통령의 명예냐 표현의 자유냐

자, 그럼 이제부터는 인권을 둘러싼 갈등에 대해서 이야기를 하겠습니다. 우리가 인권을 보장하려면 제도적인 장치도 마련하고 맥락에 맞게 이를 실천해야 합니다. 문제는 그래도 갈등이 일어나기 마련이라는 거예요. 가장 흔한 경우가 바로 권리가 충돌할 때입니다. 나만 인권이 있는 게 아니잖아요. 저 사람의 인권도 고려해야 합니다.

그래서 인권에서 항상 문제가 되는 게 소위 권리와 권리의 충돌입니다. 제가 강연 중에 가장 많이 듣는 질문 중 하나이기도 하지요. 왜 이런 질문들이 많을까 생각해보니 사람들이 인권이라는 것을 절대적인 걸로 생각하기 때문이 아닌가 싶었어요. 내 권리가 절대적이니까 상대에게 양보할 수가 없는 거예요. 문제는 상대방도 그렇게 생각한다는 겁니다. 두 사람 사이에 이해관계가 없으면 괜찮은데, 권리가 충돌하면 갈등이 생깁니다. 이건 내 권리다, 아니다, 하면서 싸우게 되는 거예요.

예컨대 경찰에서 집회를 막았다고 칩시다. 우리나라에는 집회와 시위의 자유가 있잖아요. 항의하면 경찰에서는 시민들의 보행권을 들고 나옵니다. 사람들이 지나다닐 수가 없지 않으냐는 거예요. 또 다른 이유도 있죠. 바로 영업권입니다. 사람들 장사하는 데 방해가 된다는 거예요. 권리와 권리가 부딪칩니다. 이때 두 가지를 다 절대적인 권리라고 보면 해결이 안 나죠. 싸움만 커집니다.

제가 직접 관찰한 일이 있었어요. 장애인 학교가 들어오려고 하는데 주민들이 반대해요. 혐오시설이라는 거예요. 집값이 내려가면 자기들이 손해를 보니까. 평소 얼굴도 모르던 분들이 주말마다 모여 집회를 하시더라고요. 손해 보는 일은 죽어도 못하겠다는 거죠. 그런데 장애인들이 다니는 학교를 혐오시설이라고 낙인찍는 것도 문제지만, 우리나라에는 거주·이동의 자유가 있잖아요. 동네가 어디든 합법적으로 자기가 땅 사서 건물 지으면 들어갈 수 있는 겁니다. 헌법이 보장한 권리예요. 내가 내 건물에 들어와서 조용히 살겠다는데 반대할 근거가 없거든요. 그런데도 자기들 주택가격 보존권리 같은 걸 내세우면서 반대시위를 해서 결국은 학교가 못 들어왔어요. 사람들이 못됐다고 생각하고 넘길 수도 있지만 좀 더 깊숙이 들여다보니 나름 그분들도 절박했습니다.

우리나라는 경제수준에 비해 복지가 안 되어 있잖아요. 죽을 때까지 일해야만 먹고살 수가 있어요. 모아놓은 재산 없이 은퇴하고 나면 노후가 불안합니다. 그런데 우리나라 사람들 재산에서 제일 비중이 높은 게 뭡니까. 바로 부동산이에요. 특히 나이 드신 분들은 땅도 없고 달랑 집 한 채가 전부인 경우가 많습니다. 이걸로 자식들 교육도 시켜야 하고 시집·장가 보내야 해요. 말년 생활도 집으로 해결해야 합니다. 그러니까 집값이라는 게 생존권이 걸린 문제인 거예요.

그 동네 사람들이 이기적이다, 님비(NIMBY) 현상이다, 하고 넘어갈 일이 아닙니다. 장애인들의 주거권리와 주택 소유자들의 생계권이랄까요, 그런 게 충돌하는 현장이었던 겁니다. 당연히 어느 한쪽도 양보할 수가 없는 거죠.

인권의 절대성만 따지면 이런 일을 피할 수가 없습니다. 따라서 각 권리의 범위를 따져야 해요. 아까 말한 영업권의 경우, 어느 범위까지 인정할 것이냐, 그 때문에 집회 자체를 못하게 하는 게 맞느냐 하는 것을 따져봐야죠. 그다음에 또 하나는, 형량이라고 해서 권리의 무게를 달아보는 거예요. 어느 쪽 권리가 더 중요한 건지 따져보는 것이죠.

예를 들면 집회와 결사의 자유를 가진 내가 A라는 장소에서 두 시간

동안 집회를 하기로 합니다. 그런데 근처에 슈퍼마켓이 하나 있어요. 이때 가게 사장이 집회를 반대할 수 있을까요? 어렵습니다. 헌법에서 보장한 집회의 자유가 훨씬 중요하거든요. 게다가 집회 때문에 사람들이 가게를 들락거리지 못할 만큼 영업에 어려움이 있는 것도 아니고요. 하지만 내가 슈퍼마켓 문 앞에 딱 붙어서 1년 내내 집회를 했다고 칩시다. 그럼 어때요, 단순한 영업권이 아니라 이 사람의 생존권 자체가 위협받겠죠. 그럴 땐 가게 주인의 권리도 인정을 해줘야 합니다. 부딪치는 권리와 그 양상에 따라서 판단을 해야 하는 거예요.

그 일을 누가 합니까? 바로 법학자나 법률가들이지요. 권리와 권리가 충돌할 때 어떻게 할 것이냐, 이것이 주된 고민입니다. 간혹 헌법재판소에서 어떤 법률을 두고 위헌 여부를 결정하고 그게 대문짝만 하게 신문에 나잖아요. 법률가들 사이에서도 결론이 안 나서 최고의 심의기관에 의뢰하는 거예요. 이번에도 위헌이라고 나오면 다음에 또 제청하고 해서 어떤 법은 재수, 삼수까지 합니다. 대표적인 게 간통법이죠. 수차례 위헌제청이 있었지만 지금까지는 그대로 유지되고 있어요. 다음번엔 위헌 결정이 유력하다고들 합니다. 시대가 바뀌어서 법률적 실익이 없다는 거예요.[25]

권리끼리 충돌할 때 또 하나 생각해봐야 할 것이 바로 법률적 맥락입니다. 예컨대 A라는 권리와 B라는 권리가 충돌했을 때는 무조건 A 권리

---

25 강연이 있고서 2015년 5월 26일 헌법재판소는 재판관 9명 중 7명의 찬성으로 간통죄를 처벌하도록 한 형법 조항에 대해 위헌 결정을 내렸다.

가 우선이다, 이렇게 명시할 수 없어요. 그때그때 상황을 살펴야 한다는 겁니다.

지난 대통령 선거 때, 어떤 화가가 박근혜 후보의 출산 장면이 들어간 그림[26]을 그린 적이 있어요. 선거관리위원회에서 후보자를 비방했다고 수사를 의뢰했지요. 나중에 검찰로부터 무혐의 처리가 되었지만 논란이 있었죠. 당시 여당에서는 예술을 가장해 후보자를 비방하고 있다고 비난했고 예술계에서는 정치 풍자를 법적인 잣대로 처벌할 수 없다고 주장했습니다. 그전에 이명박 정부 때는 G20정상회의 홍보 포스터에 쥐 그림을 그려넣은 대학강사가 공용물건 훼손으로 벌금형을 받은 사건도 있었죠.

표현의 자유냐 아니냐를 두고 논란이 있었습니다. 제가 볼 때는 두 작품 모두 전형적인 풍자입니다. 앞선 그림에서 풍자의 대상이 된 사람은 기분이 나쁠 수 있어요. 그 누구도 자기가 풍자되는 걸 원하지 않습니다. 하지만 정치인은 공인이잖아요. 선진국에서는 정치인 풍자로 법적 제재를 받지 않습니다. 표현의 자유가 훨씬 중요하다고 생각하기 때문이에요. 물론 한계도 있습니다. 무조건 모든 표현을 표현의 자유라고 옹호할 수는 없습니다. 특정 지역을 비하하거나 차별하는 발언을 표현의 자유로 보장해야 할까요? 맥락을 따져야 합니다. 이 경우에는 차별받지

---

26 화가 홍성담의 작품 '골든타임-닥터 최인혁, 갓 태어난 각하에게 거수경례를 하다'. 2012년 11월 평화박물관과 아트스페이스 풀이 유신 40년을 맞아 공동기획한 전시회에서 공개됐다. 그림은 박근혜 당시 새누리당 후보가 출산하는 장면을 담고 있다. 태어난 아기는 선글라스를 끼고 있어 박정희 전 대통령을 연상케 하고 있으며 수술실 의사가 경례를 하고 있다.

않을 권리가 훨씬 중요한 거예요.

또 하나, 권리가 충돌할 때 핵심적 권리냐 주변적 권리냐를 따질 수 있습니다. 사례를 하나 들어보지요. 실제로 캐나다에서 있었던 사건입니다. 공무원 A라는 사람이 공공기관에서 일하고 있었습니다. 그런데 어느 날 동성애자 커플이 혼인신고를 하려고 찾아왔어요. 서구에서는 동성애자들이 혼인신고를 하면 사회적 혜택을 받을 수 있는 경우가 많습니다. 성적 소수자에게도 의료보험이라든가 상속 같은 시민적 권리를 보장하겠다는 거지요. 그런데 담당 공무원인 A가 접수를 거부합니다. 그러면서 "나는 종교적 신념 때문에 혼인신고를 받을 수 없다. 대신 다른 직원을 불러주겠다"고 합니다. 그러자 동성애자 커플이 차별을 당했다며 법정에 제소해요. 같은 시민인데 왜 우리만 안 해주느냐는 거예요. 자, 그렇다면 이 사건은 어떤 판결이 났을까요? 법원은 공무원 A의 손을 들어줍니다. 동성애자의 시민적 권리와 종교적 신념 사이에서 뒤엣것에 좀 더 무게를 실어준 거예요. 공무원 A는 동성애자의 혼인신고 자체를 막은 게 아니거든요. 다른 직원이 처리할 수 있게 했으니까요.

이걸 다음 사건과 비교해 봅시다. 인쇄제본 가게를 하는 B라는 사람이 있습니다. 어느 날 동성애단체에서 책자 주문이 들어와요. 우리가 발행하는 뉴스레터를 찍어주십시오, 하고 말이죠. 그런데 하필 이 가게 주인은 동성애를 혐오하는 사람이었습니다. 그는 돈 안 벌어도 좋으니 주문을 거부하겠다고 합니다. 그러자 동성애 단체가 이 사람을 고소해요. 어떤 판결이 나왔을까요? 앞엣것과 정반대입니다. 인쇄제본 가게 주인이 졌어요. 비즈니스 관계에서 동성애가 싫다는 이유로 거부한 것은 신념의 자유에 해당하지 않는다는 겁니다. 어떤 종교를 갖든 어떤 정치적 입장을 갖든 이 경우에는 책을 찍어줘야 마땅하다고 한 거예요. 동성애 단체에서 그 책자를 주문할 수 있는 권리가 핵심권리가 되고, 신념 때문에 거래를 안 하겠다는 것은 주변적인 권리가 된 겁니다. 핵심권리와 주변권리가 딱 정해진 게 아니어서 그때그때 맥락을 따져야 하는 거예요. 상대적인 무게를 재는 거예요.

제가 서울시 인권위원으로 있는데, 얼마 전에 다산콜센터 노동자 인권침해 사례를 다룬 적이 있습니다. 콜센터에서 일하시는 분들이 무척 힘들잖아요. 감정노동으로 인한 스트레스가 이만저만이 아닙니다.

다산콜센터는 서울시에서 외부업체에 위탁해서 운영하고 있어요. 상담사들이 한 500분 정도 근무하십니다. 그런데 이분들 근무환경이 굉장히 열악해요. 컴퓨터 앞에 앉아서 쉴 틈 없이 전화를 받습니다. 그날 실적이 실시간으로 떠요. 화장실 갔다 오면 벌써 등수가 내려가 있어요. 물론 실적이 좋아야 재계약도 할 수 있고요. 그러니 죽기 살기로 전화를 받아야 하는 거예요. 문제는 상식 밖의 요구들이 많다는 거예요. 예를 들면 자기 동네 맛집 정보를 모조리 알려달라든가, 심지어 자신이 좋아하는 야구선수의 승률을 알려달라든가 하는 무리한 요구가 부지기수랍니다. 성희롱에 욕설을 듣는 건 다반사라고 해요. 그래도 무조건 "감사합니다, 고객님." 하고 응대해야 합니다.

서울시 인권위원회에서 상담사들의 방어권을 인정하자는 권고안을 냈습니다. 그래서 욕설이나 성희롱 등 상담사의 인권을 침해하는 일이 생기면 세 번까지는 경고를 하고, 그 후 또 그러면 바로 끊고, 최후에는 발신자를 추적해서 고소·고발까지 할 수 있도록 규정을 마련했어요. 악성 민원인이 어느 정도인지 아세요? 밤늦게 전화해서 속옷 색깔 물어보고 난리도 아니었는데, 잡히고 나서 이 사람이 하는 말이, "무엇이든 물어보라고 해서 그랬다. 뭐가 문제냐. 이건 시민으로서의 권리다." 이래요. 이 사람의 안중에는 상담 노동자의 인권은 전혀 없는 거죠.

정리를 하자면, '권리의 충돌은 언제 어디서나 일어날 수 있는 문제다. 어떤 권리가 우선시되어야 하느냐를 사례별로 맥락에 따라 판단해야 한다'로 요약할 수 있겠습니다.

로빈슨 크루소의 역설-권리의 사회성

여러분이 잘 아는 로빈슨 크루소 이야기를 해야겠습니다. 아시다시피 이 사람은 프라이데이를 만나기 전까지 무인도에서 혼자 지내요. 여러분, 이때 로빈슨 크루소에게 인권이 있겠습니까, 없겠습니까? 있다고 하시는 분도 계시고 없다는 분도 계시네요. 정답은 '무인도의 로빈슨 크루소도 인권이 있지만 의미는 없다'입니다. 사람인 이상 로빈슨 크루소도 인간답게 살 권리가 있어요. 하지만 누가 보장합니까. "하루 세 끼 꼬박꼬박 챙겨 먹고 싶다. 그게 내 인권이다." 허공에 대고 이렇게 얘기한들 무슨 소용이 있나요. 말 그대로 들어줄 사람 없는 권리는 의미가 없습니다. 이것을 '로빈슨 크루소의 역설'이라고 합니다. 어떤 권리가 보장되려면 이를 들어줄 의무를 가진 타자가 있어야 한다는 거예요.

제가 이런 얘기를 하니까 어떤 분이 하느님이 보고 계시잖습니까 해요. (웃음)

권리는 의무를 전제로 합니다. 내가 어떤 권리를 요구할 때는 보이지 않는 괄호 안에 그럴 의무를 가진 존재가 있다고 가정하는 겁니다. 그게 국가일 수도 있고 기업이나, 학교일 수도 있습니다. 재미있는 것은 이게 일방적이지 않다는 겁니다. 상호 권리를 주장할 수 있는 거고요. 때로는 방향을 바꿔 다른 대상과 권리-의무 관계를 맺을 수 있습니다.

예를 들어서 시민이 국가에 어떤 권리를 요구하잖아요. 당연히 국가에는 이걸 보장할 의무가 있다고 합시다. 마찬가지로 국가도 시민에게 요구하는 게 있죠. 우리나라에서는 국방, 납세, 이런 것들이잖아요.

학교를 볼까요. 학생들의 권리가 있고 학교에서 요구하는 의무가 있습니다. 여기서도 아까 말씀드린 권리 간의 충돌이 발생해요. 교직에 계시는 분들은 잘 아시겠지만, 학생인권을 말하면 반대 이유로 교권을 듭니다. 학생들을 제대로 통제하지 못하면 학교가 교육할 권리를 훼손당한다는 거예요. 예를 들어 체벌을 금지하면 선생님들이 애들을 어떻게 가르치느냐는 거죠. 지금은 아닙니다만, 예전엔 그런 반론이 만만치 않았죠. 과거에는 '사랑의 매'라고 교사가 학생들을 때리는 것이 하나도 이상한 일이 아니었으니까요.

저도 예전에 학교 다닐 때 남 부럽지 않게 맞아봤거든요. (웃음) 아직도 기억나는 게, 중학교 3학년 때인가 미술시간에 떠들다가 양쪽 뺨을 스무 대씩 맞았어요. 처음엔 얼얼하더니 쉬는 시간이 돼서 거울을 보니까 퉁퉁 부었어요. 제 인생의 암흑기였습니다. (웃음) 그렇다고 해서 선생님이 성품이 고약한 분도 아니었어요. 신경이 예민하긴 했지만. 그때 선생님은 아마도 그게 '사랑의 매'라고 생각했을 겁니다.

지금은 학생인권조례라는 것이 나오고 있지요. 시·도별로 차이가 있지만 공통적으로, 차별받지 않을 권리, 폭력으로부터 자유로울 권리, 두발·복장 자유화 등 개성을 실현할 권리 등을 내용으로 하고 있습니다. 학생들이 머리 좀 기르면 어떻습니까? 그동안은 강제로 이걸 단속해왔잖아요. 아이들이 알아서 하면 됩니다. 막으면 더 하고 싶잖아요.

그런데 여기에 한 가지 우리가 간과해서는 안 될 것이, 선생님도 권리가 있다는 겁니다. 학생들은 수업시간에 학생들로부터 존중받아야 할 권리가 있어요. 그것은 곧 학생의 의무이기도 합니다.

이것은 학생인권과 대립하지 않습니다. 서로의 권리는 존중하면 될 일이지요. 일부에서 자꾸 학생인권을 교사인권과 대비시켜 마치 한쪽을 보장하면 한쪽이 침해되는 것처럼 주장하는데요. 그렇지 않습니다. 학생 스스로 자신들의 권리를 이해하고 인식하면 상대방의 권리도 이해할 수 있게 되지요. 상대방의 권리란 곧 자기의 의무가 됩니다. 이걸 깨닫게 하는 것이 올바른 교육이지요. 어느 쪽 인권이 더 중요하냐가 문제가 아니라, 인권이 다 함께 존중되는 환경 자체가 중요한 것이지요. 이렇게 본다면 학생인권과 교권이 대립하는 게 아니고, 인권친화적 교육환경과 인권침해적 교육환경이 대립한다고 봐야 해요. 선생님과 학생들이 같이 손을 잡고 인권침해적 교육환경을 물리쳐야 하는 겁니다.

주권과 인권

오늘날 인권은 법을 통해 실현됩니다. 인권침해에 대해 국가를 상대로 소송을 제기하는 일이 많아지고 있지요. 나라가 법으로 정하게 하거나, 이미 있는 법을 지키도록 강제하는 것이 인권단체에서 하는 중요한 일이기도 하고요. 그래서 흔히 우리는 법에 호소해서 문제를 해결하면 된다고 생각합니다. 인권을 침해당한 사람 입장에서는 인권 관련 법이야 말로 가장 확실한 무기인 셈이지요. 억울한 일을 당해서 경찰서나 법원에 왔다 갔다 해보신 분들은 이게 무슨 뜻인지 잘 아실 거예요. 법적으로 근거가 있고 없고는 아주 큰 차이가 있거든요.

그런데 아이러니하게도 역사적으로 인권은 국가권력으로부터 개인의 자유를 지키기 위한 싸움을 통해 정립됩니다. 국왕은 내 재산을 함부로 뺏지 마라, 함부로 고문하지 마라, 표현의 자유 뺏지 마라, 하는 외침이 그 출발점이었거든요. 시민혁명이 일어나고 근대국가를 건설합니다. 그리고 나서도 절대권력에 대한 두려움은 여전했어요. 삼권분립을 통해 상호견제를 제도화합니다. 서양 사람들에게는 개인주의 전통이 있어요. 국가권력으로부터 자유롭고 싶어합니다. 웬만하면 내버려두라는 식입니다. 그러다 인권을 보호하려면 제대로 된 법이 있어야 한다는 인식이 생깁니다. 인권운동가들조차 국가라는 권력을 통해 인권을 실현해야 한다는 쪽으로 기운 겁니다. 20세기 이후 복지국가 사상이 등장하면서 국가의 권력은 더욱 강력해집니다. 예전 같으면 개인의 자유니 간섭하지 말라고 했을 텐데, 이제는 개인이 국가에 자신의 인간적인 삶을 보장해달라고 부탁하고 있는 셈이에요. 국가와 개인 사이에 딜레마가 생깁니다. 어떤 때에는 국가가 좀 멀찍이 떨어졌으면 좋겠고, 어떤 때는 가까이서 지켜줬으면 하는 거예요.

예컨대 서울 송파구에서 세 모녀가 생활고를 이유로 자살했을 때 국가가 나서야 한다는 여론이 들끓었잖아요. 그들의 사정을 미리 파악해서 차상위 계층이라 할지라도 생활을 보장해줬으면 좋지 않았겠느냐는 거예요. 국가의 적극적인 개입을 요구하는 겁니다. 그러면서 한편에서는 국가의 개인정보 수집을 제한하는 개인정보 보호법이 발효됩니다. 딱 붙어 있기도 뭐하고 완전히 떨어져 있기도 뭐한 그런 상태인 거예요.

인권을 둘러싼 이러한 딜레마는 비단 국가와 개인에게만 해당하지 않습니다. 국가끼리도 이런 상황에 부딪힐 때가 있지요. 한동안 중동지역에서 민주화 바람이 거셌지요. 오랜 독재에 수많은 시민들이 저항했습니다. 독재자들이 속속 권좌에서 내려왔고 민주주의가 실현되었습니다. 지금도 싸움이 계속되고 있는 지역이 많아요. 그 과정에서 엄청난 탄압이 있었지요. 온갖 불법적인 고문과 살인이 자행되었습니다. 그런데도 다른 나라들은 적극적으로 개입하기가 쉽지 않아요. 왜냐하면 나라마다 '주권'이라는 게 있잖아요. 원칙적으로 내정 간섭을 할 수 없게 되어 있는 겁니다. 외국 군대가 함부로 들어가서는 안 됩니다. 그런데 그 나라 통치자가 자기 나라 국민을 죽이고 있을 때 나 몰라라 해야 하는지, 군사력을 통해서라도 끌어내려야 하는지, 고민이 되는 거지요.

자, 이럴 때 과연 어떤 게 옳은 걸까요? 그 나라 국민들의 생존권이 우선일까요, 그 나라가 갖는 주권일까요? 정답은 없습니다. 그때그때 달라요. 국제사회는 거기에 대한 원칙을 세우려 하지만 아직 합의가 없습니다. '책임으로서의 주권'이라는 개념이 나와 있는 정도입니다. 자기 정부가 자국민 인권을 보장할 일차적 책임이 있는데 그것을 제대로 이행하지 못할 경우에 최후의 수단으로 국제사회가 그 나라 국민의 인권을 보호할 책임이 생긴다는 이론입니다. 국제정치에서는 힘의 논리가 개입하기 쉽습니다. 어떤 분쟁지역은 내정 간섭이라는 이유로 국제사회가 개입하기를 꺼리지만, 한편으론 그 나라 인권을 빌미로 한 불법적인 침공을 용인합니다. 과거 미국의 이라크 침략이 그랬지요.

리비아 경우에는 어떻게 됐습니까? 카다피가 40년 넘게 독재정치로 군림하다가 2011년 국민들의 강력한 저항에 부딪혔죠. 결국은 반군에 의해 실각했습니다. 이 과정에서 나토 연합군이 반군을 지원하는 등 내전에 개입합니다. 북한도 그렇지요. 얼마 전에 유엔에서 발표한 북한인권 보고서에는 국제사회의 개입을 촉구하는 내용이 들어 있습니다. 북한 정권이 계속해서 주민들의 인권을 탄압하면 조치를 취해야 한다는 겁니다.

어느 입장이 옳다고 일방적으로 말하기 어렵습니다. 이것도 각각의 사례를 살펴야 한다고밖에 할 수 없어요. 분명한 것은 국가의 주권도 중요하고 그 나라 국민의 인권도 중요하다는 겁니다. 이것이 충돌했을 때 무엇이 인간의 존엄성을 보장하는 것이냐를 놓고 면밀히 살펴야 합니다. 현실 타당성도 고려해야 합니다. 인권을 빌미로 전쟁을 일으킨다? 이것은 어불성설입니다. 인권과 평화보장의 관점에서 판단해야지, 어떤게 자기 나라에 유리한지 하는 정치적 역학관계로 판단해서는 안 돼요.

나와 인권

자, 이제 마지막으로 인권이라는 질문을 우리 자신에게 던질 시간입니다. 우리 모두는 인권이 중요하다고 생각합니다. 하지만 실제로 내가 무언가를 결정해야 할 때, 나와 이해관계가 얽혔을 때 우리는 정말 인권을 중심에 놓고 판단할 수 있는가, 하는 것입니다.

설문조사를 해보면 우리나라 시민들의 인권의식이 상당합니다. 그런데 질문을 좀 더 구체적으로 하면 결과가 달라져요. '인권'이라는 큰 당위에 대해선 아무도 이의를 제기하지 않지만 막상 나와 조금이라도 거리가 가까워지는 주제에 대해서는 자기도 모르게 선입견과 반감을 드러냅니다. 보수적인 사람들만 그런 게 아니에요. 일반적인 인식이 그 정도인 겁니다.

오랜만에 결혼식장에서 만난 친척분이 저를 자기 집으로 데려간 적이 있습니다. 이분은 자수성가하신 아주 훌륭한 분이세요. 차를 한잔 마시면서 이 얘기 저 얘기를 했습니다. 제가 교수인 걸 아니까, 무슨 연구를 하느냐고 묻습니다. 제가 인권을 공부한다고 하니까 갑자기 태도가 바뀌어요. 갑자기 김대중, 노무현 얘길 하면서 화를 냅니다. 이분은 정말 열심히 일해서 중소기업을 일군 분이거든요. 남에게 해코지 한 번 안 하고 정말 모범적으로 살아오신 분이란 걸 저는 잘 알고 있었습니다. 그래서 그 자리에서 싸울 수도 없고, 그냥 듣다가 나왔습니다. 보통 그렇습니다. 우리나라 사람들은 왜 이렇게 인권에 대해 이중적인 태도를 보이는 걸까요?

이와 관련해서 우리나라에서 여론조사를 한 것이 있습니다. 우선, "인권이 중요하다고 생각하십니까"라는 일반적인 질문에는 대다수가 "그렇습니다"라고 답한다고 해요. "귀하가 수사를 받을 일이 생겼다. 이 때 수사기관에서 고문이나 가혹행위를 해도 된다고 생각하십니까?" 이런 질문에도 역시 "절대 안 된다"고 답합니다. 그런데 "최근 학생인권조례를 두고 논란이 있습니다. 귀하는 여기에 찬성하십니까?" 이렇게 물으면 "말도 안 된다. 배부른 놈들이 쓸데없는 짓 하는 거다"는 식의 막말이 나와요. 일관성이 없습니다.

또 하나 예를 들죠. "우리나라가 복지국가로 가야 한다고 보십니까?" 하면 "그렇다"고 답합니다. "사회보장이 확대되는 것은 바람직하다고 생각하십니까?" 하면 이때도 대답은 "그렇다"입니다. 그런데 이어지는 질문 "복지국가를 위해 세금을 더 내실 의향이 있습니까?"에는 "절대 안 된다."

어때요. 앞뒤가 안 맞는 결과지요? 이처럼 인권을 대하는 태도가 모순적이고 이중적입니다. 그래서 법이나 제도보다 국민의식이 더욱 중요합니다. 차별금지법, 청소년인권조례, 이런 것들도 중요하지만 국민들의 의식이 받쳐주지 않으면 소용없어요. 힘이 실리기 어렵습니다. 그래서 인권운동가들은 어떻게 국민들을 설득할지, 인권운동에 대한 반감을 줄일지도 고민해야 해요. 법과 제도에 대한 강조를 커뮤니케이션에 대한 강조로 패러다임을 바꿔야 하는 겁니다.

그래서 지금까지는 법학이나 정치학에서 인권 이야기를 주로 해왔지만 최근에는 사회학이나 심리학에서 많이 다루고 있어요. 법이나 제도만으로는 안 된다, 사람들의 심리와 태도를 이해해야 한다는 겁니다. 상식적으로 생각해보면, 국민 모두가 일상적으로 다른 사람들을 존중하고 공감하는 분위기라면 인권법이나 국가인권위원회가 없어도 돼요. 물론 그런 유토피아가 있을 리 없겠지만, 그나마 괜찮다 싶은 나라가 있을 겁니다. 그런 나라들, 정말 우리보다 법과 제도가 잘 되어 있을까요? 물론 그럴 수도 있겠습니다만, 기본적으로 사회 분위기 자체가 인간적인 거예요. "닭이 먼저냐, 알이 먼저냐?"처럼 들리겠지만, 인권에서 법과 제도만큼이나 중요한 것이 우리의 인식과 태도라는 점을 강조하면서 강의를 마치도록 하겠습니다. 감사합니다.

청중: 강의 끝에 대중의 의식과 심리를 말씀하셨는데요. 인권에 대한 이중적인 태도가 어쩌면 사회 전반에 만연한 불신 때문은 아닐까요? 예컨대 내가 세금을 더 낸다고 해서 그 이익이 나에게 돌아오지 않을 거라는 생각인 거죠. 사회복지에 충분히 반영되고 인권을 강화하는 데 쓰인다는 확신이 들면 달라질 거로 봅니다. 이중심리보다는 사회적 신뢰의 문제가 아닌지, 선생님 생각은 어떠신가요?

조효제: 동의합니다. 나한테 도움이 된다는데 누가 반대하겠어요. 하지만 국가정책에 대한 신뢰가 쌓이려면 많은 시간이 필요합니다. 어쩌면 갈수록 실망할 수도 있고요. 그래서 저는 정서적으로 접근하는 것이 중요하다고 보는 거예요. 예컨대 우리가 '인권'이란 말을 쓰지 않고 인권을 이해시킬 수 있다는 거예요. 글자를 새길 때 음각과 양각, 두 가지 방식

이 있잖아요. 돌출시켜서 눈에 띄게 하는 것과 오히려 깊이 새겨 그 의미를 일깨우게 하는 방식이지요. 저는 두 가지 다 중요하다고 생각합니다.

그런데 정치에 대한 반감, 인권에 대한 반감을 품은 분들에게는 인권을 전면적으로 강조하는 게 역효과를 불러일으킬 수 있습니다. 그럴 때는 말을 앞세우지 말고 먼저 실천을 하는 겁니다.

저희 어머니는 정치적으로 매우 보수적인 분이세요. 그래서 웬만하면 얘기를 아예 안 꺼냅니다. 해봐야 싸움만 나니까요. (웃음) 그래서 이런 분들을 설득할 때는 인간적으로 쉽고 친절하게 해야 합니다. 그렇게 꾸준히 반복적으로 하다 보면 호감이 쌓이고 '교육 효과'라는 게 생기거든요. 머리가 아닌 가슴으로 접근하기, 이게 중요하다는 겁니다. 사람이 마음이 움직이면 뭐든 하게 됩니다. 한 번 더 신경 써서 관련 기사를 훑어본다든지 하다가, 후원을 조금씩 하게 되고, 그러다 적극적으로 1인 시위도 하고 그렇게 되는 거거든요. 그런데 마치 상대를 나무라듯이 바로 인권 어쩌고 하면서 들이대면 반감만 쌓이기 쉽습니다. 평균적인 눈높이에서 생각해야 해요. 우리부터 강박관념을 버리고 인권을 생활의 문제로 자연스럽게 받아들일 수 있었으면 좋겠습니다.

인권은 법보다 크고 넓다

청중: 아이들을 가르치는 교육현장에 있습니다. 간혹 문제를 일으키는 아이를 어떻게 해야 할지 고민스러울 때가 있는데요. 예컨대 친구들과 잘 어울리지 못하는 아이가 있습니다. 늘 아이들을 괴롭히고 해서 잘 놀

아주지 않는 거예요. 일종의 따돌림 비슷한 건데, 그 아이 입장에서 보면 인권침해잖아요. 이걸 어떻게 아이들에게 이해를 시켜야 하나 고민스러웠습니다. 억지로 아이들에게 같이 놀라고 말할 수도 없는 노릇이고요.

어떤 선생님은 또 이렇게도 말씀하십니다. 수업 시간에 힘들게 하는 아이가 있으면 아예 대꾸를 하지 말래요. 말려들면 수업 분위기만 나빠진다고요. 다수의 학습권을 위해서 그 아이의 인권이 희생되어야 하는 건지, 어떻게 해야 할지 지금도 숙제입니다.

조효제: 학교야말로 사회의 축소판이라고들 하죠. 문제가 끊이질 않습니다. 선생님이 말씀하시는 '문제 아동'도 결국은 그 뒤에 문제 부모와 문제 사회가 있는 거라고 생각해요. 그 아이의 문제만 초점을 맞출 게 아니라는 점을 우선 말씀드리고 싶고요. 그다음으로 문제 학생들이 사실은 마음에 상처가 하나씩 있다는 것을 감안하셔야 할 것 같습니다.

조사를 해보니까 왕따를 시키는 학생들이 다들 자아가 약한 거예요. 속으로는 '나도 왕따가 되면 어떡하지.' 하는 마음이었다는 거죠. 집단적으로 약자를 괴롭히는 심리에는 공포가 자리하고 있었던 겁니다. 왕따를 사회학에서는 '스티그마 효과'(stigma effect)라고 합니다. 스티그마가 우리말로 흉터 같은 거잖아요. 쟤는 이상해, 하고 딱 찍히면 그걸로 끝이에요. 아이들 사이에 인식이 한 번 그렇게 박히면 무슨 행동을 하든 좋게 안 보입니다. 이런 낙인 찍기는 천천히 가라앉는 늪 같은 거예요. 그래서 왕따를 막으려면 초기에 대응해야 합니다. 이러한 부분은 현장에 계신 분들이 더 잘 알고 계시리라 생각합니다. 전문가이시니까요. 문제행동의 이면을 보고 주위의 아이들과 함께 문제를 풀어가는 것, 정도가 제가 드릴 수 있는 말씀인 것 같습니다.

청중: 저는 개인정보와 관련해서 질문을 드리고 싶습니다. 정보통신기술이 발전하면서 일상적으로 개인정보가 노출되고 있고요. 기업에서는 빅데이터(big data)[27]를 활용하여 이익을 극대화하려고 온갖 수단을 동원하고 있습니다. 프로그램 하나를 다운받더라도 나이, 연령, 성별, 위치정보 이런 것들을 요구하잖아요. 나도 모르게 나와 관련한 정보들이 그쪽 서버에 저장됩니다. 정보통신업체에서는 이렇게 쌓인 데이터를 분리, 가공해서 팔고 있고요. 이런 것에 대한 인식이 아직 부족한 것 같습니다. 선생님 생각은 어떠신지요.

조효제: 본인 동의 없는 개인정보 수집은 명백한 불법입니다. 지난 대선 때 국정원 대선 개입 사건이 있었죠. 이때 국정원 직원이 댓글을 단 것만 문제시됐는데, 더 큰 문제는 권력기관이나 전문업체에서 빅데이터를 통해 국민들의 성향을 분석할 수 있다는 거예요.

어떤 사람이 구독하는 신문, 사보는 책, 방문하는 사이트, 댓글 다는 방식, 소비성향, 이런 걸 보면 대략 이 사람의 사고와 행동을 예측할 수 있습니다. 인간이 저마다 다르고 자유로운 존재처럼 여겨지지만, 패턴이

---

27 대량의 데이터 혹은 이를 분석하는 기술. 수많은 개인 정보의 집합으로 이루어진다.

라는 게 있습니다. 제한된 지역에서 반복적으로 하는 일이 있는 거예요.

미국의 영화산업은 규모로 보나 영향력으로 보나 타의 추종을 불허합니다. 그런데 여기서 영화를 만들 때 사람들의 취향을 분석한다고 해요. 성별, 나이, 교육수준, 주거지별로 나눠서, 수백 개의 카테고리로 만듭니다. 그런 다음 어떤 영화를 만들 때 반응이 어떨지 미리 예측하는 거예요. 누가 좋아할지 미리 알고 찍는다는 겁니다. 여러분, 엄밀하게 따지면 나만의 독특한 취향이란 없습니다. 다들 누군가의 취향인 거죠. 취향이 같은 사람은 있어도, 취향이 전혀 다른 사람은 적습니다. 수집한 자료를 통해 사람들의 심리를 읽는 겁니다. 보이지 않게 조종당하는 거죠. 우리 삶이 편리해질수록 한편에선 조지 오웰의 소설 『1984년』에 나오는 '빅브라더'가 현실화될 가능성이 더욱 커지는 겁니다.

이것은 인권의 문제이기도 합니다. 그렇다고 스마트폰이나 인터넷을 사용 안 할 수도 없는 일이에요. 스스로 엄격해지는 수밖에 없습니다. 한국학을 배우는 독일 학생들을 알고 있는데 이 친구들이 한국은 최고래요. 왜냐고 물었더니, 와이파이 잘 터지고, 어디서나 스마트폰 사용할 수 있고, 너무 좋다는 거예요. 말 그대로 정보통신 강국입니다. 그런데 마냥 좋아할 일이 아닌 게, 방금 말씀하신 개인정보 문제가 그렇죠. 모든 일에는 대가가 있는 겁니다. 지금 우리 국민 주민등록번호는 중국 해커가 다 가지고 있다고 하죠. 건당 1원도 안 된다고 하더군요. 우리가 '동의' 버튼을 누를 때 한 번 더 생각해야 합니다.

청중: 다산콜센터 상담원들의 인권침해 상황에 대해 말씀하셨는데요.

만약 해당 업체에서 인권위원회의 권고를 받아들이지 않으면 어떻게 되는지요. 서울시 조례를 보니까 인권위원회의 권고에는 강제력이 없더라고요. 업체에서 거절했을 때 어떤 대안이 있을지 궁금합니다.

조효제: 물론 법적으로 처벌규정을 만드는 게 가장 확실합니다. 당하는 입장에서는 고작 '권고라니….' 할 수 있어요. 인권 존중이라는 문화가 뿌리내릴 때까지 시간이 필요합니다. 말씀드렸듯이 인권을 법적인 의미로만 한정해서도 안 돼요. 인권의식이 낮은 상황에서 인권을 너무 법으로만 따지면 의도와는 정반대의 결과가 나오기 쉽습니다.

사회 분위기에 따라 '권고'의 무게도 달라져요. 과거보다 국가인권위원회의 권고가 채택되는 비율이 지금 현저하게 낮습니다. 특히 힘 있는 국가기관은 콧방귀도 안 뀝니다. 제대로 된 나라라면 합당한 권고를 안 받아들였을 때, 국민의 손가락질을 받겠지요. 그럼 법적인 제제가 없더라도 도덕적인 벌을 받게 될 겁니다.

제가 재작년에 스웨덴의 옴부즈맨 제도를 견학하러 갔었는데, 한 해 7000건의 사례 중 강제로 발동되는 경우는 100건이 채 안 돼요. 99퍼센트 정도가 권고로 다 해결되는 거예요. 정상적인 기관이라면 그 권고를 받아들이지 않을 수가 없어요. 문화가 그런 겁니다. 법적인 제도화가 중요하지 않다는 게 아닙니다. 하지만 모든 걸 법으로 규정할 수 없다는 거예요. 인권은 법보다 크고 넓은 개념입니다.

제가 지난주에 경찰교육원에서 인권교육을 했어요. 경찰서 유치인을 담당하는 분들이 하시는 말씀이 직무규정에 해당하지 않는 상황이 너무 많이 발생한다는 거예요. 유치장에 갇힌 어떤 사람이 커피를 시켜달라고 했대요. 참고로 유치장의 3대 악이라는 게 있는데, 라면, 커피, 통닭이랍니다. (웃음) 아무튼 유치장에서 커피를 마실 수 있는지 없는지에 대한 규정이 없습니다. 그래서 이 경찰이 커피를 시켜줬죠. 그랬더니 뜨거운 커피를 옆 사람한테 부어버려서 그 사람이 실명이 된 거예요. 그 후론 유치인들에게 커피를 제공하는 게 금지됐다고 해요. 경관들은 방어적일 수밖에 없어요. 잠시 눈을 팔면 유치인이 자해하거나 서로 싸워서 사고가 난다고 하더군요.

어렵더라도 천천히 한 걸음 한 걸음 나아가야 합니다.

5강

왜 빈곤층의 목소리가
들리지 않는 걸까?

안수찬

안
수
찬

1997년 한겨레신문사에 입사해 사회부, 정치부, 문화부, 여론
매체부 등을 거쳐 <한겨레21> 편집장으로 있다. 한국언론재단
저널리즘스쿨, 세명대 저널리즘스쿨, 한겨레교육문화센터 등
에서 강의를 해왔다. 공저 및 저서로는 『뉴스가 지겨운 기자』,
『4천원 인생』, 『기자, 그 매력적인 이름을 갖다』, 『리영희 프리
즘』, 『스트레이트를 넘어 내러티브로』 등이 있다.

안녕하세요. 저는 기자 생활 17년차의 안수찬입니다. 오늘 언론과 인권에 대해 말씀드리려 합니다. 언론을 잘 이해하면 인권을 보는 눈이 새로워질 수 있다는 이야기를 할 겁니다.

기사는 어떻게 만들어질까요? 제가 가상의 예를 하나 들어 설명하겠습니다.

우리는 언론을 통해 죽음과 관련한 소식을 접합니다. 그러나 모든 죽음이 세상에 알려지는 것은 아닙니다. 대도시 경찰서 한 곳에서 하루 24시간 동안 적어도 한 건, 많으면 세 건 정도의 변사사건이 발생합니다. 변사사건이란 사망 원인을 특정할 수 없는 시신이 발견되는 것을 말합니다. 그러니까 하룻밤 사이에 서울에서만 20~30구의 시신이 발견된다는 얘기예요. 살인 피해자 또는 자살한 사람들이 여기에 포함되지만, 대부분 보도되지 않습니다. 제가 지금부터 말씀드릴 가상의 사건도 그런 사건입니다.

같은 사건, 다른 기사

박 아무개가 죽은 채 발견됐습니다. 경찰 수사 결과, 김 아무개가 박 아무개를 죽인 것으로 드러났습니다. 이 자체로는 흔한 일입니다. 죽고 죽이는 일은 불행하게도 종종 발생합니다. 이것만으로는 기사를 쓸 수 없습니다.

그래서 기자가 좀 더 알아봤더니 살인자 김 아무개는 대기업을 다니다가 명예퇴직한 분이에요. 퇴직 후 작은 호프집을 운영하고 있었습니다. 그러다 장사가 안돼 망했어요. 한국에서 소규모 자영업자는 시장 진입 5년 이내에 절반 이상이 망합니다. 이분이 재기하려고 은행대출을 신청합니다. 그런데 쉽지가 않죠. 제1금융권에서는 어렵습니다. 이곳저곳 알아보다 안 되니까 사채를 씁니다. 그 돈으로 포장마차를 시작했는데 이 역시 시원찮아요. 빚도 못 갚고 독촉에 시달립니다. 결국 사채업자를 죽이게 됩니다.

여기까지가 사건의 개략적 내용입니다. 이 정도면 신문으로 칠 때 200자 원고지 4매 이내의 단신 기사로 쓸 수 있습니다. 방송으로 치면 20초 이내의 단신 리포트로 쓸 수 있습니다.

역시 가상의 상황입니다만, 이를 두고 세 명의 기자가 각각 기사를 쓰고자 합니다. 먼저 갑(甲)이라는 기자는 이 살인자 김 아무개가 붕괴하는 중산층의 전형이라고 생각합니다. 비슷한 사건이 더 있는지 파악해보고 통계를 모아 기사를 준비합니다. 신문으로 치면 200자 원고지 8~10매 분량의 사회면 머리기사가 되고, 방송으로 치면 1분 20초 안팎의 리포트가 하나 나옵니다.

을(乙)이라는 기자는 도대체 은행이 왜 김 아무개에게 돈을 안 빌려줬는지에 관심이 많습니다. 알아봤더니, 1997년 IMF 금융위기 이후 우리나라 은행은 개인은 물론이고 기업한테도 담보 없이는 좀처럼 돈을 빌려주지 않습니다. 이렇게 문턱이 높아진 은행 대출문제를 짚으면 경제기획기사가 됩니다.

다음으로, 병(丙)이라는 기자는 죽은 박 아무개에게 관심이 있습니다. 알아보니 박 아무개는 사채로 돈을 많이 벌었고, 이제 제도권 금융으로 진출하려 합니다. 정부 허가가 필요한 일이니까 평소에 정치인, 관료들을 만나 밥도 사고 술도 사고 로비를 해왔습니다. 병 기자는 박 아무개가 생전에 썼던 장부를 입수합니다. 돈을 준 정치인의 이름과 액수가 적혀 있습니다. 국회의원은 매년 선관위에 정치후원금 내역을 신고해야 합니다. 비밀장부에 적힌 금액과 비교해봤더니 선관위에 신고되지 않은 돈이 있습니다. 불법 정치자금인 거예요. 이제 병이 쓴 기사는 신문 1면 또는 방송뉴스의 첫 리포트에 올라갈 수 있는 정치 부패 특종 기사가 됩니다.

어때요? 세 기자가 쓴 기사가 각각 다르죠? 갑·을·병, 세 사람의 기사는 모두 사실에 근거한 보도입니다. 다만 각 기사가 드러내는 진실은 서로 다릅니다. 이렇게 기자들이 기사로 쓰는 것은 '진실'이 아니라 어떤 '특정한 진실'입니다. 사과로 치면 임의로 한 부분을 떼어내서 보여주는 겁니다. 어떤 기사는 사과 이파리를 떼어내 보여주고 또 어떤 기사는 안에 든 씨앗을 보여줍니다. 이것은 언론이 가지는 강력한 힘의 근원이 됩니다.

이런 언론의 힘을 불신하는 사람들이 있습니다. 그런 식으로 기사가 만들어진다는 것을 알고 있으므로 아예 기사를 보지 않는다고 말하는 경우입니다. 따라서 기사가 아니라 자신의 눈으로 세상을 본다고 자부합니다. 자신은 언론에 휘둘리지 않는다고 생각합니다. 과연 그럴까요?

언론과 담을 쌓은 사람들, 심지어 단 한 줄의 기사도 접하지 않는 사람들조차 언론이 설정한 '의제'로부터 자유롭지 못합니다. 언론은 사람들이 함께 고민해야 할 중요한 문제가 무엇인지 결정합니다. 지금 이 순간, 한국 사회에서 중요한 문제 또는 이슈가 무엇인지 떠올려 보세요. 누가 그것이 중요한 문제라고 정했을까요? 언론입니다. 그리고 언론은 이런 의제를 시기에 따라 변화시킵니다. 언론이 설정한 의제 안에서만 사람들은 고민합니다. 이를 언론의 '의제설정 기능'이라고 합니다.

그런 의제에 대해 어떤 태도나 관점을 갖는 것은 여전히 각자의 자유의지라고 생각하시나요? 꼭 그렇지는 않습니다. 사람들이 생각하는 해법은 언론이 제공한 선택지 가운데 하나입니다. 언론이 정답을 곧바로 제시하지는 않습니다. 다만 이러저러한 해법이 있다고 보도합니다. 그러면 사람들은 그 선택지 가운데 하나를 자신의 의견인 것처럼 자연스레 받아들이게 되는 거죠. 만일 언론이 하나의 선택지만 내놓는다면 여러분은 그 선택지를 받아들일지 말지에 대해서만 결정할 수 있습니다. 언론의 이런 역할 또는 효과를 '프레이밍'(framing)이라고 합니다. 사안을 바라보는 틀을 미리 정한다는 뜻입니다.

이것이 언론의 힘입니다. 그 힘으로 세상을 긍정적으로 변화시킬 수도 있고 세상을 망칠 수도 있지요. 몇 년 전, 용산참사를 기억하시나요. 철거에 반대하는 이들이 농성을 벌이다 경찰 진압 과정에서 세입자 네 명과 경찰 한 명이 사망했습니다. 당시 한국 언론의 보도는 크게 두 개의 프레임으로 나뉘었죠.

우선 당시 현장에 집중해 보도한 프레임이 있었습니다. 농성 망루에 몇 명이 있었는지, 화염병은 얼마나 있었는지, 주동자들이 전철연(전국철거민연합) 소속인지 아닌지, 누가 먼저 폭력을 휘둘렀는지 등등을 보도했습니다. 여기에 거짓이 하나라도 있나요. 없습니다. 모두 사실 보도입니다. 그런데 이런 기사를 반복적으로 접하면, '화염병은 위험하다. 폭력시위가 문제다. 그래서 사람들이 죽었다'는 식으로 생각하기 마련입니다.

또 다른 프레임이 있었습니다. 왜 그런 일이 벌어졌는지에 주목한 기사입니다. 사람들이 망루에 올라가 농성한 이유는 무엇인가를 집중적으로 보도했습니다. 한국의 재개발은 주거개선 사업이 아니라 대형 건설사들의 돈벌이로 변질됐습니다. 더구나 용산 같은 도심 재개발 사업은 수익성이 매우 좋죠. 그 노른자위 땅에다가 아파트를 지어서 비싼 값에 분양하려는데, 몇몇 세입자들이 버티자 지자체와 건설사, 그리고 중앙정부가 힘으로 밀어붙인 겁니다. 그 과정을 드러낸 기사를 읽고 나면, '이런 식의 재개발은 문제가 많다'는 생각을 하게 됩니다.

만약 어떤 기자가 "우리는 객관적으로 보도합니다"라고 말하면 둘 중 하나입니다. 거짓말하고 있거나 무식하거나. (웃음) 현실을 있는 그대로 보도한다는 의미에서의 객관보도는 원천적으로 불가능합니다. 사회 현상은 여러 가지 측면을 가지고 있어요. 그중 어느 쪽을 보여줄지는 전적으로 언론의 판단입니다.

마감은 생명이다—기자의 24시간

그렇다면 기자는 어떻게 사실을 파악할까요? 참사 현장을 보도할 때 시너가 몇 병이 있는지, 경찰이 몇 시에 진압을 시작했는지 등등의 사소하고 구체적인 사실 하나하나를 어떻게 알아낼까요? '취재원'이라는 말이 있습니다. 영어로는 'news source' 즉 뉴스의 원천이라고 하지요. 그런 취재원들을 많이 거느릴수록 유능한 기자입니다. 쉽게 말씀드리면, 청와대에도 취재원이 있고 검찰, 구청, 시민단체 등 사회 곳곳에 취재원이 있는 기자가 유능한 기자입니다.

용산 남일당 건물에서 불이 났어요. 새벽에 가서 봐요. 그렇게 가서 불구경만 하고 있으면 무능한 기자예요. 유능한 기자는 불이 났다는 소식을 접하는 순간 머릿속에 취재원들이 딱 떠오릅니다. 재개발 전문가, 경찰청, 건설사 부장…, 이런 식으로 줄줄이 나오는 거예요.

취재원을 확보하는 방법은 많습니다. 한국에선 그 대표적 방법이 출입처 제도입니다. 예컨대 청와대 출입기자가 있고, 검찰·교육청 출입기자가 있고 구청 담당기자가 있습니다. 여러분이 생각할 수 있는 모든 공공기관과 단체에는 담당 기자가 있다고 생각하시면 돼요.

제가 한나라당 담당이던 시절 당시 야당 국회의원하고는 말도 잘 안했습니다. 봐도 누군지 잘 몰라요. 오직 한나라당 국회의원과 보좌관들만 만납니다. 같이 밥 먹고 술 마시고 그렇게 1~2년 지내다 보면 친해질 수밖에 없어요. 기자들은 국회의원들에게 존칭을 붙이지 않습니다. '선배'라고 불러요. 빨리 친해져야 한다는 목적에서 비롯한 호칭이지요. 그러다 보면 착각에 빠지기도 해요. 나 진짜 한나라당 소속 정치인 아니야? (웃음) 야당 출입기자들도 마찬가지였을 겁니다.

사정이 이런데 청와대 출입기자는 어떻겠습니까? 모두 그런 것은 아니지만 상당수 청와대 출입기자들은 대통령을 비판하는 기사를 어지간해선 쓰지 않습니다. 심지어 대통령의 관점에서 기사를 쓰기도 합니다.

문제는 여기서 생깁니다. 아까 말씀드렸다시피 언론은 '진실의 어느 한 면'만 보여줍니다. 어떤 진실을 보여줄 것인지, 담당 기자가 먼저 판단하고, 이를 동료 기자들과 토론하겠지요. 그런 식으로 뉴스룸의 여러 기자들과 토론하면서 종합적·합리적으로 판단하면 정말 이상적이겠지요. 그러나 보통의 경우, 자기가 담당하는 출입처의 권력자나 명망가들의 의견에 치우치게 됩니다. 이것이 오늘날 한국에서 기사가 양산되는 방식입니다.

그러면 기자들은 왜 이런 식으로 기사를 쓰는 걸까요? 상식적으로 봐도 문제가 있고, 기자들도 나름 똑똑한 사람들일 텐데 말이죠. 이런 식으로 기사를 쓸 수밖에 없는 또 하나의 이유가 있습니다. 속보 중심의 마감 압박이 있습니다. 이해를 돕고자 잠시 기자의 하루를 소개하지요.

기자는 출퇴근 시간이 따로 없습니다. 몇 시까지 출근하거나 퇴근해야 한다는 규칙이 없습니다. 하지만 목숨보다 중요하게 지켜야 할 시간이 딱 두 개가 있어요. 보고 시간과 마감 시간입니다. 만약 제가 종로경찰서를 담당하는 기자라면, 출근 시간은 따로 없지만 매일 아침 9시까지 아침보고를 해야 합니다. 오늘 무슨 기사 쓰겠다, 밤새 무슨 사건·사고가 있었다, 중요한 집회는 어떤 것이다, 등을 요약해서 보고합니다.

보고 장소는 상관이 없습니다. 집에서 올려도 되고 경찰서에서 올려도 되고, 어디 멀리 여행 가서, 하와이에서 올려도 돼요. (웃음) 보통 8~10명의 사건팀 기자들이 서울 시내를 지역별로 분할해서 담당합니다. 이들의 보고는 각 팀장들이 취합해서 위로 올리죠. 이걸 두고 부장급 이상 간부들이 모여서 오전 10~11시경 편집회의를 합니다. 언론사에는 별의별 정보들이 다 들어옵니다. 회의를 통해 그 수많은 사안 중에 어떤 걸 다룰지 결정하는 겁니다. 편집회의가 끝나면 부장과 팀장을 거쳐 역순으로 저에게 연락이 옵니다. 다른 걸 취재하라거나 좀 더 구체적으로 사건을 파악해보라거나, 좋은 말로 할 때도 있고 욕을 먹을 때도 있습니다. (웃음)

그렇게 지시를 받고 점심취재를 합니다. 취재원을 만나 밥을 같이 먹어요. 하나라도 더 캐내야죠. 아무튼 그래서 오후에 다시 약식으로 보고를 올리면 그걸 바탕으로 오후 2시부터 편집회의가 열립니다. 이 회의는 매우 중요해요. 신문으로 치면 1면 머리기사부터 마지막 지면의 1단 기사까지, 방송으로 치면 9시 뉴스 첫 번째부터 마지막 꼭지의 담당 기자, 내용, 길이 또는 시간을 정합니다.

이게 왜 중요할까요. 이제부터 실수가 생기면 치명적이기 때문입니다. 신문 보다가 중간에 공백 있는 거 봤어요? 예정된 기사가 안 채워지면 다른 걸로 대체해야 해요. 방송에서는 앵커가 진행하다가 몇 초만 침묵이 흘러도 방송이 고르지 않았다며 사과를 합니다. 정말 한 치의 오차도 없이 정확하게 구성을 해야 합니다. 오후 편집회의가 그런 것들을 결정하는 중요한 자리입니다. 그렇게 지면이 확정되면 적어도 오후 4시 ~4시 30분에는 무조건 기사를 마감해서 보내야 합니다.

기자들에게 마감은 생명이에요. 이게 얼마나 중요한지 알려주는 에피소드가 하나 있습니다. 옛날이야기입니다만, 어느 사회부 기자에게 신문사에서 호출이 왔어요. 휴대전화가 없던 시절이죠. 바로 전화를 해야 하는데 공중전화가 길 건너편에 있어요. 정신없이 건너다가 차에 치였어요. 운전자가 깜짝 놀라서 뛰쳐나옵니다. 그런데 외려 기자는 운전자에게 '괜찮다, 그냥 가시라'고 합니다. 그렇게 운전자를 보내놓고 기자는 공중전화를 걸어 급하게 기사를 구두로 읽어 마감을 마칩니다. 그러고 나서 아래를 보니까 다리가 부러져 있더라, 뭐 그런 거짓말 같은 전설이 있습니다. (웃음)

그만큼 마감이 중요하다는 얘기지요. 마감 직전까지 전화기가 불이 납니다. 이거 맞느냐, 좀 더 알아봐라, 확인해라, 이러다가 편집이 끝나고 인쇄에 들어가요. 오후 5시 30분부터 한 시간 동안 윤전기가 돌아갑니다. 기자에겐 이 한 시간이 하루 중에 가장 행복한 때입니다. 윤전기가 돌아가는 동안은 기자를 괴롭힐 수가 없잖아요. 이제 어쩌겠어요. (웃음) 그동안 부족한 잠을 자거나 사우나에 가서 씻거나 쉽니다.

하지만 여기서 끝이 아니죠. 조간신문은 보통 전날 저녁 6시쯤 초판이 나옵니다. 그리곤 8시 30분, 10시 30분, 12시 30분, 새벽 2시 30분에 걸쳐서 총 5번을 찍어요. 여러분이 받아보는 신문은 밤 10시 30분에서 12시 30분 사이에 제작된 것입니다. 그러면서 이전 판에서 잘못된 내용이 있으면 바로잡습니다. 중대한 사안이면 대부분, 특히 정치부·사회부 이런 곳이라면 밤 10시 30분에 나오는 신문에 맞추어서 기사를 한 번 더 씁니다. 이걸 다 마치면 저녁 먹는 시간이 빨라야 8~9시예요. 방송으로 치면 9시 뉴스 끝났다고 노는 게 아니라 중간에 밤 10시 라디오 뉴스 리포팅하고 밤 12시 자정 뉴스 업데이트해야 합니다.

그다음 해야 할 것이 저녁 취재와 밤 취재입니다. 경찰 출입기자라면 형사들 만나서 얘기하고 사건이 있는지 알아봅니다. 정치부 기자라면 국회의원 만나서 술 한잔 마시면서 좋은 기삿거리 있나 알아봐야겠죠.

근데 다른 사람들은 몰라도 국회의원은 만만치가 않아요. 웬만해서는 말을 아낍니다. 실수할까봐 술도 잘 안 마시려고 해요. 그래서 우리가 안심을 시키려고 "오늘은 진짜 힘들어서 그래. 기자질 때려치우고 싶다고. 안 오면 나 혼자 그냥 술 마실게." 이런 식으로 밑밥을 깝니다. 그러면 국회의원은 '이 기자가 오늘은 정말 술만 마시려나 보다.' 하고 방심하고 취한 상태에서 한마디 합니다. 그럼 기자는 또 그걸 화장실 가서 적어요. 다음 날 술이 깨서 보면 도대체 뭘 적었는지 알 수도 없고⋯. (웃음)

제가 정치부 국회담당일 때는 새벽 1시 이전에 집에 들어간 날이 일주일 중 하루 정도였어요. 토요일 하루 쉬는데 종일 잠만 잡니다. 일요일도 일해야죠. 월요일자 신문이 나오니까. 그렇게 하다 보면 아, 이러다 내가 죽지 싶습니다. 그래서 기자들이 사회부 2년, 정치부 2년, 문화부 2년, 이렇게 돌아다니는 거예요. 한국에서 수명이 제일 짧은 직업 두 가지가 운동선수와 기자입니다. 젊었을 때 몸을 혹사하거든요. 저도 이제 얼마 안 남았어요. (웃음)

자, 기자의 정신없는 하루가 왜 중요할까요. 진실은 항상 복잡하고 중층적입니다. 이걸 온전히 파악하여 그 본질을 보도하려면 많은 노력이 필요합니다. 그런데 한국의 기자들은 분초 단위로 보고와 마감 시간을 지키느라 그 본질을 제대로 파악하지 못한 채, 기사를 쓰는 경우가 많습니다. 그러니 기왕의 의제설정과 프레임 형성에 편견, 이념, 왜곡 등이 개입할 여지가 많아지는 것이지요.

그렇게 입사해서 한 3년 동안은 아무 생각이 없습니다. 어떻게 하면 보고를 잘할까, 어떻게 하면 마감시간을 맞출까, 어떻게 하면 취재원들하고 열심히 술 잘 먹고 다음 날 아침 잽싸게 일어날까, 이런 고민만 하게 되어 있어요.

그러다가 5년 정도 지나면 그때부터 정신을 차리고 앞으로 어떤 기자가 될 것인가를 고민하기 시작합니다. 이것이 긍정적인 방향으로 흐르면 참 다행인데, 현실은 그렇지가 않습니다. 바로 경쟁 때문이에요.

한국에서 언론인으로 살아남기

언론인들이 겪어야 하는 경쟁은 크게 세 가지로 나뉩니다.

하나가 내부경쟁이에요. 밖에서 보는 것과 달리 언론사의 내부경쟁은 아주 치열합니다. 예를 들면 제가 워싱턴 특파원을 하고 싶어요. 그런데 자리는 한정되어 있어요. 딱 한 명만 그 역할을 할 수 있습니다. 워싱턴 특파원으로 열 명씩 보내는 언론사는 없습니다. 그런데 그 자리를 원하는 사람이 저 혼자뿐일까요? 유능하다고 인정받는 기자만이 자신이 맡고 싶은 분야에서 취재를 할 수 있습니다. 기자들은 위계가 있긴 하지만 기본적으로 아래위로 5년씩은 잠재적 경쟁자예요. 결국 같은 언론사 안에서 경쟁이 진행됩니다.

그런데 같은 언론사의 다른 동료 기자들보다 내가 더 유능하다는 것을 입증하려면 어떻게 해야 할까요. 예컨대 제가 국제부에서 일하고 있다고 칩시다. 워싱턴 특파원을 하고 싶습니다. 국장이나 부장한테 그저 아양을 떨어서는 안 됩니다. 제가 쓴 국제기사가 다른 언론사의 국제기사보다 더 낫다는 걸 입증해야 해요. 그러니 다른 언론사의 기자들과 경쟁을 벌이게 됩니다.

그런데 제가 조선일보의 국제부 기자보다 더 좋은 기사를 쓴다는 것을 누가 판단할까요? 기자들끼리 모여서 품평하는 게 아닙니다. 독자, 시청자, 즉 대중이 결정합니다. 단 한 번도 만나지 못한 불특정 다수가 제 기사를 평가하고 다른 매체의 비슷한 기사와 비교합니다.

이러한 삼중의 경쟁을 돌파해야 기자로서 살아남을 수 있습니다. 그렇게 해서 15년 정도 지나면 대략 기자 이력의 경로가 정해집니다. 승진해서 부장·국장이 될 사람, 전문기자 할 사람, 탐사보도 할 사람 등. 그런데 그 와중에 도태하는 기자들이 상당합니다.

물론 모든 직종이 대부분 그렇지만 언론 쪽은 특히 심합니다. 서른에 입사한 사람이 15년 있었으면 마흔다섯이죠. 그 나이에 할 일이 없어진다는 겁니다. 그러다 20년이 지나면 슬슬 은퇴 압력이 들어오죠. 언론사 편집·보도국장들이 나이가 보통 40대 후반에서 50대 초반입니다. 그렇게 소수만 살아남는 겁니다.

안타까운 건 정말 유능하고 똑똑한 사람이 살아남아 권력을 차지하는 게 아니라는 거죠. 어디나 마찬가지지만 언론사도 예외가 아닌 거예요. 위선에 눈감은 사람일수록 언론사에서 성공할 확률이 높습니다.

흔히 기자를 전문직이라고 하는데, 한국의 현실에선 좀 다릅니다. 기계적으로 소모당합니다. 미국과 비교해볼 수 있습니다. 미국은 주요 전문직을 '스쿨'(school)에서 길러냅니다. 대표적인 게 로스쿨, 법조인을 만들어내죠. 그다음에 메디컬스쿨, 의학대학원입니다. 세 번째가 비즈니스스쿨, 경영자를 배출하죠. 네 번째가 바로 언론인을 양산하는 저널리즘스쿨입니다. 과장하자면 이들 네 기관이 미국 사회를 떠받치고 있는 거나 다름없어요. 이 기관들의 공통점은 대학전공과 무관하다는 겁니다. 미국은 학부에서 의학, 법학 안 가르칩니다. 사회과학, 인문학적 교양을 충분히 쌓은 후에 대학원에 들어가서야 그걸 배우는 구조인 거죠.

미국의 저널리즘스쿨에선 이론과 함께 취재보도의 실기를 가르칩니다. 미국 미주리주립대 저널리즘스쿨은 학생이 60여 명, 교수가 40여 명입니다. 이들은 일간지, 방송, 라디오, 주간지 등 10개 정도의 매체를 직접 만듭니다. 한국 대학의 학보사 수준이 아닙니다. 이들의 일간지는 실제로 일반인들이 구독하는 신문입니다. 방송 채널은 미국 NBC의 지역 채널을 겸합니다. 라디오 채널은 미국 국립라디오 NPR의 지역채널입니다. 다시 말해, 프로페셔널한 매체를 만듭니다. 학생들은 실제 기사를 작성해 보도하고, 함량에 미달하는 기사를 쓰면 당연히 졸업을 할 수가 없습니다.

반면 한국에서는 4년제 대학 갓 졸업한 젊은이들이 언론사 시험 치고 기자가 됩니다. 그들은 언론에 대해서 아는 바가 거의 없고, 한국 대학 교육의 특성상 인문·사회과학 전반에 대한 교양도 매우 부족합니다. 오직 논술과 작문의 글쓰기만 집중적으로 연습하여 기자가 됩니다. 이제 그들은 사건팀에 배치되는데, 가장 먼저 경찰에서 사건·사고 취재를 시작합니다.

원론적으로 경찰서는 초년 기자들이 많은 것을 배울 수 있는 출입처입니다. 세상의 온갖 일들을 접할 수 있으니까요. 그런데 실제로 초년 기자들이 경찰서에서 만나는 것은 힘없는 사람들이 아닙니다. 출입처를 장악해야 한다는 이유로 경찰 간부들과 먼저 친밀감을 형성하게 됩니다. 경찰 간부들은 초년 기자들의 아버지뻘 되는 사람들입니다. 그들이 자신들에게 깍듯하게 대하는 모습을 보면서, 기자들은 자신의 지위와 역할을 자각하게 됩니다. 사회 상층에 편입되어 가고 있다는 착각에 빠집니다.

제가 입사했을 때가 1997년 외환위기 직후였습니다. 당시 교육 부총리하고 인사동 한정식집에서 밥을 먹었어요. 권력 서열로만 보면 대통령과 총리 다음의 자리죠. 그 사람을 만나서 한국 교육에 대해 이야기를 했어요. 새파랗게 어린 수습기자가 뭘 알겠어요. 그런데도 교육 부총리란 사람이 제 말에 고개를 끄덕입니다.

그 시절엔 인터넷이 막 유행할 때였는데, 제가 현직 국회의원들 홈페이지를 뒤져서 기사를 썼습니다. 잘못된 정보, 과장광고 등이 국회의원 홈페이지에 많다는 내용이었어요. 다음 날 엄청나게 전화가 오더군요. 정치부 시절을 포함해 지금까지 단 하루 만에 그렇게 많은 국회의원들한테 전화를 받아본 적이 없어요. 놀라웠어요. 별 반응이 있을 거라곤 기대하지 않았거든요. "기자님, 기사 잘 봤습니다. 지적하신 부분은 다 고쳤습니다." 이래요. 높으신 양반들이 왜 그러겠어요. 또 쓸까봐, 또 귀찮게 할까봐. (웃음)

의사나 법조인은 그만큼 시간과 노력이 듭니다. 열심히 공부해야죠. 수련 과정 거치거나 연수받아야죠. 웬만한 나이가 되어야 수술도 하고 판결도 내립니다. 그런데 유독 기자만 20대 중후반에 바로 최상층에 편입됩니다. 대학시절 배운 알량한 지식으로 운 좋게 시험에 붙는 순간, '높으신 분'들과 바로 '맞짱'을 뜹니다. 사회지도층, 권력가들을 만납니다. 한국에 그런 직업이 없어요. 일하다 보면 자기가 경찰서장이랑 동급인 줄 알고, 자기가 국회의원인 줄 알고, 재벌 총수들하고 어울리면서 한국경제를 이끄는 것처럼 생각해요. 그런 환상에 취해서 지냅니다.

이야기가 좀 길어졌지만, 이것이 바로 기자들이 대중에겐 큰 신경 쓰지 않고 자기만족적인 기사를 쓰게 되는 배경입니다. 우선 기사의 출발 자체가 출입처를 중심으로 한 권력자들입니다. 그리고 그 기사에 대한 반응도 그들 권력자입니다. 예컨대 제가 청와대 출입기자라고 칩시다. 제가 쓴 기사를 누가 볼까요? 일반 독자들은 제가 쓴 기사가 뭔지 기억도 못 해요. 대신 청와대 대변인실에서 반응이 오겠지요. 많은 이에게 세상 돌아가는 걸 알리는 게 원래 목적인데, 하다 보면 권력자에게 나 이거 썼다, 하면서 보여주는 글이 되고 말아요.

여러분은 궁금하실 겁니다. 도대체 왜 기자들은 저런 쓰레기 같은 기사를 쓰나, 누가 봐도 왜곡 편파 보도인데, 그런 기사를 왜 쓰나. 그들이 원래 나빠서 그런 걸까요? 아닙니다. 그들의 꿈도 처음에는 소박했을 거예요. 남들처럼 번듯하게 살고 싶다가, 또 보는 눈이 있으니까 웬만큼 살고 싶고, 권력도 쥐고 싶고…. 이러면서 점점 욕심을 키워가는 겁니다.

예컨대 갑이라는 기자가 있습니다. 이 친구의 꿈은 소박해요. 아침 9시에 출근해서 저녁 6시에 정시퇴근을 하고 싶어 합니다. 퇴근 뒤에는 취미활동도 하고 주말에는 토·일요일 꼬박 쉬면서 하이킹도 하고 캠핑도 가고 싶습니다. 1년이면 적어도 2주일은 휴가를 내서 해외여행 가고, 늦어도 40대 후반에는 은퇴해서 시골에 전원주택을 짓고 텃밭을 가꾸면서 조용히 글이나 쓰고 싶어 해요.

이 기자가 그 꿈을 이루려면 왜곡, 편파 보도를 해야 해요. 6시에 퇴근하려면 기사 확인은 어렵습니다. 청와대에서 브리핑하는 대로 받아 적어야 합니다. 주 5일만 근무하려면 추적기사도 쓰기 어렵죠. 그냥 보도자료 받아서 쓰고, 미심쩍은 게 있더라도 넘어가야 합니다. 은퇴 후에 안락한 삶을 보장받으려면 돈 있고 힘 있는 사람의 눈에 들어야 합니다. 그래서 수많은 언론인들이 변절하고 권력의 품에 안기는 거예요. 평범함을 넘어 우아하고 '폼 나게' 살고 싶은 강렬한 욕망이 그들을 망치는 겁니다.

언론인은 좀 달라야 합니다. 사명감이 있어야 해요. 장렬하게 과로사 해도 좋으니 살아 있는 동안 시대를 뒤흔드는 권력 고발 기사 한번 써야지, 하는 생각이 없으면 돌파하기 어렵습니다. (웃음) 자꾸 부정적인 이야기를 늘어놔서 죄송합니다만, 그렇다고 해서 희망이 없는 건 아닙니다. 바로 여러분 같은 독자들이 신문을 살릴 수 있으니까요.

세상은 원래 그래, 언론의 생리가 다 그렇지 뭐, 하고 생각하실 수 있어요. 신문·방송 안 믿고 안 보면 그만입니다. 말릴 사람 없어요. 개인의 선택이니까요. 하지만 그러기에는 언론의 역할이 너무 거대합니다. 우리 삶에 미치는 영향력이 엄청납니다. 예를 들어 말씀드릴게요.

정당(政堂) 위의 한국 언론

1990년대 중반까지만 해도 신문을 보는 사람이 많았어요. 신문에 났다는 게 곧 진실로 통하던 시절이었죠. 방송보다 신문을 믿었습니다. 방송은 뉴스도 하지만 드라마도 하고 코미디프로도 하잖아요. 방송은 기본적으로 오락 매체이지요. 사람들이 아침에 일어나서 조간신문을 찬찬히 구독하는 장면은 일상적이었어요. 특히 사회적으로 영향력을 미치는 인사들은 신문기사에 민감했습니다. 그러다 사회 분위기가 바뀌죠.

진지하게 세상 돌아가는 얘기를 하던 사람들이 TV 드라마나 오락프로그램을 봅니다. 먹고사는 게 힘들고 정치가 제 기능을 못하다 보니 사람들이 정치에 무관심해진 거예요. 그 결과 소수가 사회의 주요 문제를 결정하는 악순환이 되풀이됩니다. 신문의 구독률은 낮아지고 방송은 철저하게 대중의 취향과 구미에 맞춰 오락 기능을 강화합니다. 저는 이걸 '미디어의 양극화'라고 표현합니다.

요즘 방송을 보면요, 시사보도 설 자리가 없어요. 심지어는 뉴스까지도 쇼 오락프로그램처럼 만들고 있어요. 오락이 나쁘다는 게 아닙니다. 즐거운 게 죄는 아니지요. 하지만 사람이 진지하게 고민해야 할 때가 있잖아요. 즐거움을 추구해서는 안 되는 영역이란 게 있는 겁니다. 중대한 문제를 다룰 때에는 차분하고 면밀하게 검토해야 합니다. 시청률도 좋지만 지킬 건 지켜야 하는 거예요. 그러는 동안 신문은 독자 대중의 관점에서 벗어나 권력자의 관점에서 세상을 들여다보는 데 더 익숙해졌습니다.

그 결과, 이제 중요한 문제는 모두 '파워엘리트'들이 결정합니다. 기자들이 상대하는 권력자, 그들의 이야기를 싣는 기자, 그 기사를 읽는 권력자, 이런 식의 폐쇄적 순환고리가 고착되면서 그 내부에서 중요 문제를 결정해 버립니다. 대중은 그저 방송의 오락 프로그램만 보고 있지요.

예컨대 국정원 간첩조작 사건을 떠올려 봅시다. 애초 〈조선일보〉는 국정원을 옹호했습니다. 그러다가 간첩 조작이 명백해지니까 논조를 바꿉니다. 국정원장 경질되어야 한다고 사설을 씁니다. 그러니까 검찰이 움직여서 국정원을 압수수색합니다. 갑자기 국민 여론이 바뀐 걸까요? 아닙니다. 막강한 권력을 가진 언론사가 청와대까지 흔든 것이지요. 그런 식으로 한국의 정치가 움직입니다.

의회정치의 중심이랄 수 있는 정당이 제 기능을 못하기 때문에 벌어지는 일입니다. 이름이 자주 바뀌어서 혼란스럽긴 해도 상당히 오랫동안 한국의 양대 정당은 새누리당과 새정치민주연합이었지요. 그 흐름이야 비교적 오래됐지만 체계적인 정당의 꼴을 갖춰서 일사분란하게 움직인 것은 극히 최근의 일입니다. 새누리당만 해도 몇 년 전까지 한나라당이었고 그전에는 신한국당, 그전에는 민자당이었죠. 새정치민주연합도 몇 번이나 이름을 바꿨는지 기억도 잘 안 납니다. 그만큼 정당의 기반이 약하다는 거예요. 반면 〈조선일보〉는 유구한 역사를 갖고 있어요. 100년이 넘어가잖아요. 1988년에 창간한 〈한겨레〉도 현재의 새정치민주연합보다는 오래되었어요.

원래 정당의 역할이 뭡니까. 의제설정, 자원동원, 정치엘리트 육성 등입니다. 그런데 한국에서는 그 역할을 언론사가 대신해요. 우선 무엇이 중요한 사회적 문제인지 결정하는 과정을 볼까요.

지난 대선에서 〈한겨레〉는 국정원의 대선 개입 사건을 특종 보도했습니다. 경악할 만한 사건들이 양파 껍질처럼 하나둘 계속 나오는데, 처음에는 여론이 반응을 보이지 않았어요. 선거 끝나고 1월부터 석 달쯤 연달아 보도하니까 정국이 들끓기 시작해요. 야당도 움직이고 뭔가 중요한 문제인가보다 하는 인식이 국민 사이에 퍼집니다.

그러자 국정원에서 '이석기 내란음모' 사건을 발표했습니다. 국정원이 〈한겨레〉를 상대로 의제설정 게임을 벌인 거죠. 국정원 대선 개입 사건은 좀체 보도하지 않던 다른 언론사들이 모두 이 사안에 달려들었습니다. '종북주의자'들에 대한 기사를 쏟아냈습니다. 한국 사회에서 가장 중요한 문제가 국정원의 대선 개입이 아니라 종북주의자의 존재라는 '의제'가 설정됐습니다.

그다음에 일어난 사건이 바로 〈조선일보〉의 검찰총장 혼외아들 보도입니다. 당시 검찰은 국정원 대선 개입 사건을 나름 정력적으로 수사하고 있었습니다. 그런데 그 노력이 모두 물거품이 됐습니다. 결국 국정원 대선 개입 사건을 조사하던 검찰의 최고 책임자가 물러나는 초유의 사태가 일어납니다.

일련의 과정에서 정당이 한 일은 무엇입니까? 언론이 보도하면 이를 관망하다가 따라오는 일만 했습니다. 한국에선 정당보다 언론이 더 강합니다.

정당은 '정치적 실천'과 이 실천을 위해 필요한 '정치적 인재'를 모으는 일도 합니다. 사람을 모으고 돈을 모으고 시간을 모아야 합니다. 유능한 사람에게 국회의원 공천도 주고, 대통령 후보를 내야 합니다. 그런데 이 역할 역시 언론이 대신합니다.

예전에는 기자들이 직접 정치에 뛰어드는 식이었고 지금도 그런 일이 왕왕 있지만 지금은 일종의 '채홍사' 역할을 주로 합니다. 신문에 지면을 주거나 인용을 해요. 방송에서는 인터뷰를 잡거나 대담프로그램에 출연시키면서 지명도를 높입니다. 그래서 제법 많은 정치 지망생들이 언론 주변에 모여듭니다. 언론에 의해, '간택' 받고 싶어 하죠. 실제로 그렇게 칼럼 몇 번 쓰고, 토론 프로그램 나가다가 유명해져서 정치권으로 가요.

이처럼 우리나라는 언론이 정당보다 상대적으로 우위에 있기 때문에 청와대가 〈조선일보〉에 끌려 다니는 일이 벌어지는 겁니다. 비정상적이죠. 정당이 국민의 생각을 읽고 이걸 정치에 반영해야 하는데 외려 언론사 눈치만 봅니다.

세계 언론 보도의 흐름

그렇다면 '정상적' 언론은 어떠해야 할까요. 세계의 언론을 그 특징에 따라 크게 두 그룹으로 나눌 수 있는데요. 하나는 유럽식 언론이고, 다른 하나는 미국식 혹은 영미식 언론입니다.

유럽식 언론은 정치적 중립을 지키지 않아요. 특히 프랑스나 독일 같은 언론에서는 기자가 특정 후보를 공개적으로 지지합니다. 그 내용을 대문짝만 하게 써도 아무 문제가 안 돼요. 그래서 유럽의 언론을 '정파언론'이라고 합니다. 한국에서는 그게 비난이고 욕이지만 그쪽은 본연의 역할이에요. 그 뿌리에는 합리주의 전통이 있습니다.

언론이 처음 태어난 건 계몽주의 시대입니다. 프랑스 철학자 르네 데카르트의 유명한 말을 아시죠? "나는 생각한다. 고로 존재한다." 이 말은 인간 이성, 즉 합리성을 강조한 겁니다. 합리적 추론과 판단의 힘이 중요하다는 것인데 이를 언론에 적용하면 어떻게 될까요. 기자들이 해야 할 일은 스스로 잘 추론하여 판단한 다음, 그걸 대중에게 전달하는 것입니다. 유럽 언론에는 이렇게 합리주의에 기초해서 정치적 각성을 촉구하는 계몽주의의 전통이 있습니다. 다만 그 역할을 하려면 기자 스스로 명민해야겠지요. 독일 중앙언론사 기자들의 경우, 60~70퍼센트가 박사학위 소지자라고 합니다.

영국과 미국은 좀 다르죠. 영국은 경험주의가 지배했던 나라예요. 경험주의라는 것이 뭐냐 하면 무엇이 올바른 판단인지는 알 수 없고 오직 나는 내가 감각하는 것, 느끼는 것만 확실하다고 보는 거거든요. 경험주의 철학자인 데이비드 흄이라는 사람은 "1000번 공이 땅에 떨어졌다고 해서 1001번째 공도 떨어질 거라고 확신할 수 없다"는 말을 했어요. 이게 경험주의 방식이에요. 섣불리 판단하지 않겠다는 겁니다. 오직 보고 만지고 들은 것만 이야기할 수 있다는 겁니다. 그러니 '경험적 사실'을 전달하는 게 기자의 중요한 역할이 됩니다.

이게 미국으로 건너가면서 실용주의가 됩니다. 실용주의는 검증, 실험, 실천, 행동의 철학입니다. 공이 떨어지는지 아닌지 알 수 없다고 말하지만 말고, 실제로 떨어뜨려 보면 알 거 아니냐고 생각합니다. 행동하면 된다, 실천해보면 된다는 전통이 강합니다. 이걸 언론에 대입하면 어떻게 되겠습니까.

프랑스 기자들은 이렇게 이야기해요. "우리가 볼 때 가장 훌륭하고 탁월한 정치인은 ○○다. 그 사람이 대통령이 되어야 한다." 영국 기자들은 이렇게 이야기해요. "탁월한지 아닌지는 모르겠고, 내가 만나보니 ○○는 이런 이야기를 하더라." 그러자 미국 기자들이 말합니다. "그가 탁월한 정치인인지 아닌지 기자인 내가 시민을 대표해서 검증해보겠다."

한국은 외양상으로는 영미식 모델을 따릅니다. 불편부당하고 중립적이고 객관적이라고 강조합니다. 그 어떤 언론사도 대놓고 특정 정치집단을 지지하는 발언은 하지 않아요. 그러면서도 실제에 있어서는 철저하게 정치적입니다. 외양은 영미식인데 속내는 유럽식입니다. 이상한 잡종이 되어버린 거예요. 어느 쪽 모델이 좋다고 말하고자 하는 것은 아닙니다. 장점은 취하되, 단점은 버리자는 겁니다.

한국 언론이 미국식 모델을 따르겠다면 저는 그렇게 하면 된다고 생각합니다. 장점이 있거든요. 미국 언론의 가장 큰 장점은 철저하게 '대중 언론'을 지향한다는 겁니다. 기사를 쓰는 이유가 권력자가 아니라 대중에게 있다는 관념이 매우 강력합니다.

1830년대 미국에서 '페니페이퍼'(penny paper)가 처음 생깁니다. 값싼 '1전짜리 신문'을 만든 거예요. 이로 인해 매스미디어 즉, 대중언론 시대가 열렸습니다. 그전까지 신문은 엘리트들이 돌려 읽는 소식지에 불과했습니다. 요즘의 학술지 정도 되겠네요. 그 시대의 대중들은 신문은 구경도 못 하고 대신 소설을 읽었습니다. 읽을거리가 없던 시절 얘기죠.

그런 상황에서 페니페이퍼의 출현은 가히 혁명적이었습니다. 기자들이 앞장섰죠. "우리는 너희 엘리트들이 아니라 우리 모두를 위한 신문을 만들겠다"고 선언한 겁니다.

당시에는 이탈리아, 스페인 등 비영어권 이주자들이 미국에 몰려들 때였습니다. 이들 가난한 이주 노동자들도 미국인이고 표현의 자유와 알 권리가 있으니, 이들에게 세상의 이야기를 전해야 한다고 생각한 것입니다.

그러다가 1861년 남북전쟁을 계기로 또 하나의 흐름이 등장합니다. 미국은 그전까지 완전한 하나의 국가가 아니었어요. 그러다가 전쟁을 계기로 오늘날의 미국이 형성되지요. 이때 대중신문을 만들던 미국 기자들이 "지금부터 우리의 절대적인 임무는 권력 고발이다"라고 선언합니다. 왜? 거대한 연방정부가 생겼으니까! 이후 언론의 기본 임무가 권력 고발에 있다는 관념이 세계적으로도 굳어집니다.

1920년대가 되자 오늘날 한국 언론이 금과옥조로 삼는 '객관보도'라는 깃발이 미국에 등장합니다. 권력 고발을 하되, 근거 없이 함부로 소문과 의혹에 근거해서 하며 안 된다는 의미였어요. 신뢰할 만한 근거, 신뢰할 만한 취재원에 기초하자는 것이었습니다.

그래서 미국 기자들이 이때부터 르포를 쓰기 시작했어요. 르포는 긴박한 현장에 직접 가서 보고 듣고 겪고 체험한 것을 보도하는 것을 말합니다. 프랑스어 '르포르타주'(reportage)가 원어예요. 확실하게 보도하려면 직접 현장에 가봐야 하잖아요. 그래서 미국 기자들은 지금도 현장성을 최고의 미덕으로 알아요. 워낙 전쟁을 많이 하는 나라라서 그렇기도 하지만 그쪽 문화 자체가 그렇습니다. 전 세계 전쟁 현장에 제일 먼저 가 있는 게 미국 기자들이에요.

시간이 흘러 1950년대가 되지요. 그런데 이때 객관적 보도의 한계가 드러납니다. 매카시 선풍이 그 대표적인 예입니다. 당시 의회에서 매카시 상원의원이 미국 내에 공산주의자가 있다며 블랙리스트를 흔들어댑니다. 그리고 한차례 광풍이 붑니다. 정계, 문화계 할 것 없이 수많은 인사들이 잡혀 들어갔죠. 당시 미국 기자들은 상원의원 정도면 신뢰할 만한 취재원이라고 생각했습니다. 그래서 믿고 받아 적은 거죠. 후유증은 심각했습니다. 찰리 채플린 같은 사람은 공산주의가 뭔지도 모른다고 했지만, 아무도 그의 말에 귀 기울이지 않았습니다. 미국 사회의 근간인 표현의 자유가 결정적으로 후퇴한 겁니다.

미국 기자들은 고민 끝에 객관보도에서 한 단계 더 나아가기로 합니다. 1960년대부터 세 가지 흐름이 나타나는데요. 첫 번째가 '주창 저널리즘'(advocacy journalism)이에요. 사실만 전하는 게 아니라 그 의미를 분석하고 해설한다는 거예요. 유럽식 전통을 빌려온 겁니다. 신문에 보시면 독자 의견란이라는 게 있죠. 방송에도 시청자 의견을 보여주는 프로그램이 있습니다. 이런 것들이 어느 날 하늘에서 뚝 떨어진 게 아니라 미국기자들이 만든 거예요. 1971년에 세계 최초로 〈뉴욕타임스〉에 독자 여론면이 등장합니다. 기자들이 사실 보도를 한 다음, 그 의미를 설명하고 이에 대한 독자들의 의견도 받아서 같이 전하는 겁니다. 그러면서 칼럼니스트들이 늘어나요. 현상을 분석하고 해설하는 일이 기자의 중요한 역할이 된 겁니다. 부분적으로는 유럽 언론 모델에서 자극받았다고 할 수도 있지요. 한국에서는 기자들이 칼럼을 쓰려면 입사하고 20년쯤 지난 다음, 논설위원이 되어야 쓸 수 있어요. 미국은 그렇지 않아요. 평기자들도 칼럼을 씁니다.

두 번째 흐름이 '탐사저널리즘'(investigative journalism)입니다. 원어로 보면 탐사보다는 '수사'에 가깝죠. 수사보도의 기치는 보도의 근거로서의 권력을 더 이상 신뢰하지 않겠다는 선언입니다. 메카시는 상원의원이었고 상원의원은 신뢰할 만하다고 판단해서 그대로 보도했더니 온통 거짓보도가 됐잖아요. 그러니 더 이상 권력자의 발언을 그대로 받아쓰지 않겠다는 게 탐사보도의 정신입니다.

이 탐사보도의 꽃이 1971년 〈워싱턴포스트〉가 특종 보도한 '워터게이트 사건'입니다. 대통령이 권력기관을 동원해서 선거 공작을 펼친 거잖아요. 그 엄청난 사건을 수사한 건 경찰도 검찰도 아닌 기자 두 명이었어요. 이들이 직접 발품을 팔아서 기소에 필요한 증거까지 모아서 폭로한 거예요.

세 번째 흐름은 '뉴 저널리즘'(new journalism)이에요. 권력 고발도 중요하지만 이 시대에 사는 사람들이 무엇 때문에 고통받고 힘들어하는지에 집중하자는 거에요. 앞서 잠깐 소개했듯이 영미 언론계에는 전쟁, 혁명, 빈곤, 재난의 현장을 찾아다니며 기사를 쓰는 르포의 전통이 있습니다. 여기에 19세기 이후 20세기 초중반까지 진화해온 사실주의 문학의 전통이 더해져서 '뉴 저널리즘'이 태어납니다.

아까 19세기에 엘리트들이 자기들끼리 신문을 돌려볼 때 서민들은 소설을 읽었다고 했잖아요. 당시 소설은 현실 고발적인 내용이 많았습니다. 지금의 신문 역할을 한 거예요. 영국의 찰스 디킨스, 미국의 마크 트웨인이 초기 사실주의 문학을 대표하는 인물입니다. 이들의 공통점이 뭘까요. 바로 당대에 제일 가난하고 어려운 사람들 얘기를 썼다는 점, 또 하나는 둘 다 기자출신이었다는 거예요. 찰스 디킨스는 의회 출입기자였고 마크 트웨인은 수습기자로 출발해 나중에는 칼럼니스트가 됩니다. 취재를 했는데 기사로 내보내기에 분량이 많으니까 아예 소설로 쓴 거예요. 이 외에도 많습니다. 잭 런던, 조지 오웰, 헤밍웨이, 존 스타인벡…, 이런 사람들도 기자 일을 하면서 당대의 모순을 소설로 고발한 사람들이에요. 헤밍웨이는 스페인 내전을 취재하고 이 경험을 바탕으로 『누구를 위하여 종을 울리나』를 써서 노벨상까지 받았습니다. 그런 전통을 이어받아 당대의 문제에 천착하자고 하는 게 뉴 저널리즘이었던 겁니다. 오늘날 미국의 언론은 이렇게 세 가지 커다란 흐름 속에서 성장하고 있습니다.

현대에 들어와서도 미국 언론의 진화는 거듭됩니다. 우선 1980년대 이후부터는 사회과학적 기법이 도입돼요. 대표적인 게 여론조사지요. 이건 원래 사회학자들이 표본을 추출해서 연구 가설을 검증하는 방법이었는데, 이걸 기사에 적용해서 이렇게도 해보고 저렇게도 하면서 끊임없이 연구를 한 겁니다. 보다 많은 사람들에게 보다 정확한 진실을 알리자는 거죠.

시각적인 요소도 중요시됩니다. 바로 인포그라픽(infographics)[28]이라

---

28 인포메이션(information)과 그래픽(graphic)의 합성어. 정보, 자료, 지식을 시각적으로 표현하는 것으로 일반적인 그림, 사진과 구별된다. 표, 지도, 차트, 로고, 일러스트레이션, 순서도 등이 대표적이다.

는 건데요. 복잡하고 중요한 문제를 한눈에 알아볼 수 있도록 하자는 거예요. 미국 언론은 이게 굉장히 발달해 있어요. 구구절절 기사를 쓰는 대신 그래픽 하나로 딱 보여주는 겁니다.

크라우드소싱(crowdsourcing)[29]이라는 것도 있습니다. 이건 취재원이 다수의 대중인 거예요. 여러분이 저에게 계속 소스를 제공합니다. 우리 동네 술집에 정치인이 자주 오는데 이런 얘기를 했다, 어디 어디에서 무슨 일이 생겼는데 보도할 만하더라, 이런 식으로요. 요즘처럼 소셜네트워크서비스(SNS)가 발달한 시대에 적합한 방식이죠.

우리도 객관보도, 권력 고발 등 미국 언론인의 19세기 말 또는 20세기 초의 규준에 매몰되어 있을 게 아니라 새로운 흐름을 파악하고 우리 실정에 맞게 받아들여야 합니다. 기자 개개인들의 노력도 필요하겠죠.

여기서 잠깐 언론인에게 수여하는 상에 대해 말씀을 드리겠습니다. 이걸 통해서 그 나라의 언론이 중요시하는 가치가 무엇이냐를 알아보도록 하지요.

우리나라 기자들이 가장 받고 싶어 하는 상은 '한국기자상'[30]입니다. 연예인으로 치면 방송연예대상처럼 영예로운 상이죠. 지금은 사진보도 등 몇 가지 분야가 더 생겼지만 몇 년 전만 해도 취재보도와 기획보도, 이렇게 두 개 부문으로 나뉘어 있었지요. 취재보도는 특종했을 때 주는 거고요. 기획보도상은 연재 기획기사에 주는 상입니다.

---

29 대중(crowd)과 외부 발주(outsourcing)의 합성어.
30 한국기자협회가 1967년부터 매년 한 해 동안 한국의 신문, 방송, 통신에 게재된 기사를 대상으로 수여하는 상.

미국 기자들에게 최고의 상은 퓰리처상입니다. 언론 분야와 비언론 분야로 나뉘어 있지요. 여기서는 언론 분야만 몇 가지 골라서 살펴보겠습니다.

먼저 공공보도 부문(public service)이 있어요. 공공의 이익에 증진하는 데 복무한 기사에 주는 상입니다. 그리고 속보(breaking news)가 있습니다. 여기서 말하는 속보상은 그냥 먼저 보도했다고 주는 게 아니에요. 예컨대 이라크 전쟁이 터졌다, 그러면 모든 신문·방송사가 속보를 띄우잖아요. 그중에 어떤 기자가 현장에서 발 빠르고 충실하게 뉴스를 전했느냐를 따집니다.

그리고 피처라이팅(feature writing)이 있습니다. 이건 사건의 발생부터 진행 과정, 사건의 의미를 짚어주는 기사예요. 예컨대 비행기 추락 사건이 발생했다, 그러면 속보가 먼저 나가잖아요. 그 후에 승무원들이 승객들을 어떻게 대피시켰는지, 그 과정에 부상자는 없었는지. 이런 것들을 보도하는 게 피처라이팅이에요. 그다음 아까 말씀드린 탐사보도(investigative reporting)가 있습니다. 비행기가 왜 추락했는지 기자들이 스스로 취재하여 규명한 기사가 이런 상을 받겠지요.

해설보도(explanatory reporting)상도 있습니다. 비행기 사고를 예로 들면, 사고 1년 뒤에 항공안전국 등에서 사고 원인을 규명한 보고서가 나옵니다. 방대한 분량의 복잡한 정보일 텐데, 이걸 알기 쉽게 체계적으로 풀어서 설명하는 것이 바로 해설보도입니다. 얼마 전 세계 금융위기 터졌을 때, 미국의 어느 기자는 월스트리트의 CEO들이 그 와중에 어떻게 천문학적인 돈을 챙겼는지 기사로 써서 이 상을 받았어요.

국가보도(national reporting)는 연방정부나 의회를 고발하는 보도예요. 지역보도(local reporting)는 주 정부를 고발하는 보도이고요. 코멘터리(commentary)는 좋은 칼럼을 뽑아서 주는 상입니다. 이 밖에도 국제보도(international reporting), 사설(editorial writing), 비평(criticism), 사진(photography) 등 언론 부문만 총 14개예요. 비언론 8개 부문 중에서도 시, 소설, 드라마, 음악, 픽션을 제외한 제너럴논픽션(general nonfiction), 전기·자서전(biography or autobiography), 역사(history) 등의 영역은 기자들, 특히 프리랜서 기자들이 쓸 만한 것들이에요.

제가 퓰리처상을 받을 것도 아니고 왜 이런 얘기를 드리느냐 하면 그 나라의 언론상은 표지석 역할을 해요. 제정 목적, 역대 수상자의 면면을 보면 알 수 있잖아요. 퓰리처상의 수상 부문은 "기자들아 너희들은 공공을 위해 기사를 써야 해. 속보를 쓸 때도 충실하고 완벽해야 하고, 사건의 이면과 맥락을 충분히 분석할 수 있어야 해. 스스로 사건을 수사하고 비리와 모순을 알려야 해. 그러다 시간이 남으면 르포집도 내고, 자서전이나 역사책도 써봐…." 이런 메시지를 보내고 있는 거지요.

나의 기사 작성기-기획기사의 작성 과정

이렇게 말하면서도 기자인 제가 대단한 기사를 써온 것은 아닙니다. 다만 출입처 중심의 관행에서 벗어나 현실을 있는 그대로 들여다보려 애썼습니다. 그 가운데서도 빈곤과 소수자 문제에 집중했습니다. 이번 강좌의 주제인 인권과 연결되는 대목입니다.

〈한겨레21〉에 일할 때 '노동OTL'이라는 시리즈를 기획한 적이 있습니다. 저를 포함해 네 명이었는데 각자 한 달씩 범주별로 나눠서 빈곤노동 현장을 직접 경험하고 이를 기사로 썼습니다. 기자 신분을 숨기고 함께 일하고 먹고 자는 겁니다. 사전 취재를 하고 4주간 일하고 나와서, 3주 동안 3회에 걸쳐서 기사를 썼습니다. 이걸 5개월 동안 연재했습니다.[31]

첫 번째로 투입된 기자는 안산에 있는 난로공장에 들어가서 취재를 했는데 노동자들이 일 끝나면 지치니까 바로 집에 가버려요. 얘기도 못 붙여봅니다. 그런데 이 친구가 외모가 좀 받쳐주거든요, 여공을 공략했습니다. (웃음) 들어간 지 2주일째 되는 주말에 생일잔치 초대를 받아서 갑니다. 함께 일하는 여공들 예닐곱 명이 있는데, 남자는 자기 혼자고. (웃음) 여자들은요, 공장에서 벌어지는 모든 일을 알고 있습니다. 그때부터 취재의 물꼬를 텄다고 합니다. 두 번째는 여기자가 어느 감자탕집에 취업합니다. 거기서 식당 아줌마로 일해요. 그런데 이 경우에는 문제가 뭐였느냐면, 아주머니들이 노동 현실에 대해 얘기를 좀 해줬으면 좋겠는데, 항상 음담패설로 귀결되는 거예요. 너무 재미있지만 기사로 옮겨 쓸 수는 없잖아요. (웃음) 그런데 사정을 들어보니 나름대로 이유가 있는 거예요. 술만 마시는 무능하고 폭력적인 남편, 일은 엄청나게 시키면서 월급도 제대로 안 주는 사장, 맨날 치근거리는 손님, 가끔 와서 용돈이나 뜯어가는 아들, 전부 다 남자인 거예요. 그러니 적대감이 쌓이는 거죠.

세 번째는 남자 기자가 경기도 마석에 있는 가구공장에 들어갔습니

---

31 '노동OTL' 〈한겨레21〉 778호(2009년 9월 18일)~793호(2010년 1월 8일).

다. 공장 안 컨테이너에서 이주노동자들과 함께 갇혀서 지냈어요. 못 박는 기계에 손을 다치기도 했습니다. 이 친구는 유일하게 취재 초기에 기자 신분을 알렸습니다. 이주 노동자들의 경계심이 워낙 컸기 때문이에요. 웬 한국인이 들어와서는 계속 말을 걸어요, 월급은 얼마나 받느냐, 불편한 거 없느냐, 단속반원으로 오해할 수도 있잖아요. 이 기자도 고생을 많이 했습니다.

저는 대형마트에 들어갔습니다. 대형마트 가면 정육코너 있잖아요. 거기서 일을 했어요. 일단 모자 쓰고 치마 두르고 불판에 고기를 굽습니다. 냄새를 풍겨야 하니까요. 그렇게 시식용 고기를 마련해서 목청을 높여서 손님을 끌어들여요. 그런 다음 주문 들어오면 물건 담고 포장하고 태그 붙이고 근수를 잽니다. 그때 취재한 대상들이 정육코너에서 일하는 20대들이었습니다. 이 친구들은 절대로 고기를 먹지 않아요. 비싼 한우 사주겠다고 해도 싫대요. 지긋지긋한 거죠. 대신 회를 먹더라고요. 그것도 엄청나게 많이. 그런데 이 친구들이 술이 세요. 마시고 또 마시고…. 취재비가 많이 들어갔어요. (웃음)

그 기획이 끝난 다음에는 영구임대 아파트단지에 가서 한 동을 통틀어서 121가구를 일일이 전수조사 했어요. 석 달 동안 인구센서스 하듯이 할아버지, 할머니, 아버지, 엄마, 아들까지, 가족 전체의 나이, 학력, 직업, 소득, 병력 등을 훑었습니다. 이를 통해 우리나라에서 가난이 어떻게 대물림되는지를 보도한 겁니다.[32] 노동OTL 시리즈와 이 특집 기

---

[32] '대한민국 영구 빈곤 보고서' <한겨레21> 803호(2010년 3월 26일)~806호(2010년 4월 16일).

사로 2010년에 한국기자상과 민주언론상을 받았습니다.

다음으로 생각나는 것이 〈한겨레〉에 실린 4대강 기사[33]입니다. 기사를 쓰기 직전까지 공사 중에 모두 19명이 죽었습니다. 그런데 그 사실을 보도한 데가 없어요. 단신으로조차 알려지지 않았습니다. 저희가 사망자를 전수조사 했습니다. 죽은 자는 말이 없잖아요. 유족, 담당 경찰, 관리소장, 담당 변호사, 원청 건설사, 하청업체, 이렇게 사망자 1명당 대여섯 명 이상씩, 모두 150여 명을 만났습니다. 크게 세 가지 범주가 있더군요. 우선 막일꾼들이 죽었습니다. 특별한 기술이 없으니까 할 수 있는게 신호수밖에 없어요. 그러다가 덤프트럭에 깔려 죽고 포클레인에 깔려 죽습니다. 두 번째 범주는 중장비 기사들. 이분들도 돈이 없긴 마찬가지예요. 할부금, 수리비가 엄청납니다. 공사 중에 수시로 제방에 물이 새 들어 왔습니다. 사람은 몸만 피하면 되지만 이분들은 장비 못 빼내면 망해요. 그래서 기를 쓰고 끌고 나오려다가, 죽었어요. 세 번째 범주는 이들을 감독하는 사람들, 건설사 직원들이에요. 이 사람들은 공사일정 때문에 스트레스가 엄청나요. 이 사람들 사망 원인이 다 과로사, 실족사에요. 졸다가 떨어져서 죽고 심장마비로 죽습니다. 그렇게 4회에 걸쳐서 기사를 썼어요.

그다음 조선족 관련 기사도 썼습니다.[34] 우리나라에 조선족 많잖아요. 건설현장, 식당, 파출부, 어디서든 볼 수 있습니다. 어느 날 갑자기

---

33 '한겨레in: 돌아오지 않는 강-4대강 사망자 19명 전수조사' 〈한겨레〉 2011년 5월 31일~6월 6일.
34 '한겨레in: 조선족 대이주 100년' 〈한겨레〉 2011년 11월 3일~11월 22일.

우리 생활에 끼어든 것 같지만, 조선족에는 엄청난 우리 역사가 숨겨져 있습니다.

조선족의 유래는 일제강점기로 거슬러갑니다. 당시 굶주리던 농민들이 수탈을 견디다 못해 간도로 넘어갔지요. 1930년대에는 일제가 만주국 만든다면서 경상도, 전라도의 가난한 농민들을 강제 이주시켰습니다. 이분들이 가자마자 독립운동을 하면서 해외 독립운동 기지 역할을 했죠. 중국의 국공내전 당시에는 주로 공산당 쪽에 가담했습니다. 당시 강력하게 항일정책을 펼친 게 공산당이었기 때문이에요. 중국 내전에서 조선족들이 많이 희생됐습니다.

해방이 되자 임시정부를 포함해서 많은 인사들이 귀국했지만, 이분들은 그곳에 정착합니다. 그러다 분단이 되고 한국전쟁이 일어났을 때 북한군에 합류합니다. 중국 국공내전 때 전투 경험이 있는 사람들이었으니까요. 중공군이 개입해서 펼친 유명한 인해전술에서도 그들 상당수가 조선족이었습니다. 장교들은 중국 본토에서 왔지만 장병들은 북한에서 가까운 동북 3성에서 왔거든요. 조선족들이 자기 조국전쟁이라고 그렇게 왔다가 희생됐습니다.

전쟁이 끝나고 1960년대 중국에서 문화혁명이 시작됩니다. 안타깝게도 이때 조선족이 가장 먼저 숙청 대상이 되었어요. 소수 민족 가운데 가장 강력하게 민족문화를 유지하고 있었으니까요. 지금도 조선족은 문과 계통으로 자식 교육 안 시켜요. 정치 근처에도 가지 못하게 합니다. 그래서 조선족 자치구에는 연변 과기대를 포함해서 이공계 대학들이 그렇게 많아요. 기술이나 배우라는 거죠.

1980년대 중국이 개혁개방한 후에는 한국에 들어와 돈을 법니다. 그러다 가족이 흩어지면서 정작 조선족 학교와 마을은 해체되고 있습니다. 그렇게 100년 동안 정치·사회·경제적으로 격변을 겪은 민족 집단이 전 세계적으로 없어요. 그래서 저희가 서울, 중국 길림성·상해, 일본 도쿄, 미국 워싱턴 등지를 다니면서 기사를 썼습니다.

이런 기사들을 취재하면서 한국 사회의 서민과 빈민에 대해 알게 됐습니다. 가난은 개인의 불행이 아닙니다. 가난은 역사적입니다. 역사적으로 한국의 빈곤층이 증가한 계기가 있습니다. 세 가지 정도를 말씀드릴 수 있겠는데요, 첫 번째가 1970년대입니다. 많은 사람들이 이 시기 성공적인 경제성장이 있었다고 하지만 모두가 그 혜택을 본 건 아닙니다. 이때 중산층에 합류하지 못하고 소외된 사람들이 생겼지요. 그다음이 1997년에 외환위기 때입니다. 당시 임금생활자 상당수가 빈곤층으로 추락했습니다. 한국은 사회안전망이랄 게 없어요. 그나마 살아남은 사람들, 예컨대 퇴직금으로 자영업을 시작한 분들이 2002년도 카드 대란 직격탄을 맞고 빈곤층으로 전락했지요. 그리고 최근 벌어지고 있는 것이 바로 부동산 위기지요. 부채 얻어 집 산 가구들이 파산의 위기에 처해 있습니다.

한국 언론과 빈곤의 문제

그런데 한국에서는 왜 빈곤층의 목소리가 들리지 않는 걸까요? 그들은 남 탓을 하지 않습니다. 내가 공부 안 해서 그렇지, 내가 못나서, 게을러서, 술을 좋아해서, 노름을 좋아해서…, 이러면서 자기 탓을 합니다.

빈곤층 청소년들을 보면 그 이유를 알 수 있습니다. 가난한 아이들은 무기력하고 불성실합니다. 삶의 역할모델, 즉 보고 배울 사람이 없는 거예요. 자기에게 희망을 주고 전망을 줄 사람이, 주위를 둘러봐도 아무도 없습니다. 엄마는 병들어 누워 있고 아빠는 실직자인 상황이니까요. 실제로 이들은 아르바이트를 해도 금방 그만둬요. 끈기가 없습니다. 그런데 이 친구들 입장에서 보면 이해가 가요.

한 달에 100만 원을 번다고 해서 그 돈으로 뭘 할 수 있겠어요. 몇 년을 모아도 방 한 칸 마련 못 합니다. 왜 부지런하게 돈을 모으고 살아야 하는지, 동기가 주어지지 않습니다. 이 친구들은 인생을 통틀어서 제대로 된 도움을 받아본 적도 없습니다. 정부건 대통령이건 여당이건 야당이건 노동조합은 물론이고 언론까지 포함해서 그 어느 곳도 자신의 힘겨운 삶에 보탬을 준 게 없어요. 그런 기억이 없다는 겁니다.

국정원이 조직적으로 선거에 개입했다고 특종을 해도, 그런 일 자체를 자신과는 상관없는 일로 여깁니다. 정치건 언론이건 한 번도 그들에게 힘이 되어주지 못했기 때문에 아예 관심이 없습니다. 대신 사장님을 믿어요. 아르바이트하는 카페 사장님, 편의점 사장님. 자기가 본 사람 중에 제일 성공한 경우니까요. 우리 사장님 돈 많이 벌어야 내 월급 받지, 하고 생각합니다. 사장이 한 달에 10억 원을 벌어도 부당하다고 생각하지 않습니다. 그래야 나한테 100만 원이라도 오지, 하고 생각해요. 사장 다음으로 기대는 것은 친구입니다. 믿고 기댈 데가 없으니까 친구를 내세워요. 대학 들어간 친구, 경찰관이 된 친구들을 자랑합니다.

이들은 폭력에도 노출돼 있습니다. 가정폭력이 심각하죠. 부모는 쌓인 울분을 자녀에게 투사합니다. 아이들은 배신감, 고립감 속에서 자랍니다. 실패했다고 생각하니까 자존감도 바닥이죠. 그래서 어떤 일이 벌어지느냐면, 어린 나이에 연애를 합니다. 빠르면 중학교, 늦어도 고등학교 때부터 이성교제를 해서 조기에 동거하고 아이를 낳고 결혼하고 살아요. 이렇게 태어난 아이들은 가난에 대한 기억이 그들의 젊은 부모보다 심해질 겁니다. 젊은 부모의 직업이 편의점 아르바이트이니까요. 완벽한 빈곤세대의 등장입니다.

빈곤층 청년의 꿈은 자영업이에요. 빵가게 하고 싶고 피자집 열고 싶고 떡볶이집 차리고 싶어해요. 어차피 월급쟁이는 안 된다는 걸 아니까요. 대기업 공장들은 1997년 이후 정규직을 뽑질 않았어요. 전부 다 비정규직만 채용했기 때문에 지금은 옛날 말로 '공돌이·공순이' 되기도 어렵습니다. 그래서 가게라도 내야 하는데, 아시다시피 지금 우리나라 자영업 기반은 붕괴되어 있어요. 서울 변두리에 네 평짜리 점포를 차리려면 최소한 보증금 3000만 원에 권리금 1000만 원이 듭니다. 이게 가장 낮은 가격입니다. 이 돈을 어디서 구합니까. 운 좋게 돈을 구했다고 해도 3년 안에 도산할 확률이 70퍼센트입니다. 그나마 좋은 자리는 대기업 프랜차이즈가 장악을 했고요. 우리나라 빈곤층은 아르바이트, 계약직, 비정규직과 실업의 악순환을 벗어날 길이 없는 겁니다.

그러면 소위 말하는 중산층은 안전할까요? 지금 모든 대학생의 꿈이 공무원입니다. 9급, 7급, 행정고시까지 포함해서 시험을 준비하려면 학원에서 공부해야겠지요. 그런데 보통 생활비와 교육비 해서 월 200만

원 정도가 들어가요. 부모가 이 돈을 매달 2~3년 동안 지원해줘야 그나마 딴 일 안 하고 시험에 집중할 수 있습니다. 뒤집어 이야기하면 한 달에 200만 원 없으면 공무원 못 된다는 얘기예요.

눈을 좀 더 높여서 판검사, 변호사 준비를 한다고 합시다. 로스쿨 학비가 연간 2000만 원 이상입니다. 생활비를 포함하면 3년 동안 매달 300~400만 원은 있어야겠죠. 그렇게 뒷받침이 되어도 될까 말까 합니다.

공무원 시험 경쟁률 어마어마하죠. 100대 1입니다. 99명은 공무원이 되지 못합니다. 몇 년 동안 수천만 원을 들여도 성공가능성이 희박한 거예요. 그런데 부모님들은 그 돈이 어디서 나올까요. 바로 부동산입니다. 아파트를 담보로 돈을 빌리는 거예요. 한국의 중산층은 금융자산이 거의 없어요. 어렵게 장만한 집 한 채가 전부입니다. 그런데 집값이 내려가면 그마저도 허물어져 버리는 겁니다. 자식 세대가 안정적인 직업을 갖지 못하면, 그걸 버텨주지 못하면 중산층 대열에서 이탈할 수밖에 없어요. 모두가 그러지 않기를 바라지만, 부동산경기는 이미 바닥을 향해 가고 있다는 게 전문가들의 전망입니다.

정리를 해보겠습니다. 저는 이렇게 생각합니다. 제가 뾰족한 대책이 있는 것은 아닙니다만, 가난에 대해 우리는 좀 더 주의 깊게 이웃을 살펴야 합니다. 나는 저렇게 되지 말아야지, 동정해도 좋습니다. 불쌍하게 생각해도 좋으니까 제발 무관심해지지는 말자는 거예요. 들여다보고 살펴보고 그다음에 가능하다면, 국가에 복지를 요구할 수 있어야 합니다.

지금 한국은 부강한 나라입니다. 우리가 보기에는 문제가 많지만 객관적인 수치로 보면 부자나라예요. 그런데 국민은 가난합니다. 18세기 프랑스는 세계 최강국이었지만 프랑스 시민 대다수는 굶주렸습니다. 그래서 혁명이 일어났잖아요. 19~20세기 영국은 세계 초강대국이었지만 당시 영국 노동자들은 하루 한 끼도 못 먹었어요. 그래서 정치개혁이 일어났어요.

국가가 부강해진다고 해서 알아서 국민들의 가난을 해결해주지 않는다는 게 역사적 교훈입니다. 우리가 요구해야 해요. 복지야말로 유일한 해결책입니다. 최저생계비를 현실화해야 한다고 말해야 합니다. 적어도 우리 아버지, 어머니가 이 나라를 이렇게 부강하게 만들었으니 내가 이만큼은 받을 자격이 있지 않으냐고 떳떳하게 말할 수 있어야죠.

나는 중산층이니까 괜찮아, 라고 생각하지 마십시오. 언제든 빈곤층으로 전락할 수 있는 게 한국의 현실입니다. 그리고 복지는 그런 현실에 대한 최소한의 안전장치입니다. 나도 예외가 될 수 없다는 생각으로 적극적으로 복지에 대해 문제를 제기해야 합니다.

미래의 언론은 '나'에서 시작한다

이제 언론의 문제로 돌아와서, 이런 것들이 가능하려면 '언론'을 바로 세워야겠죠. 이런 현실이 제대로 공유되지 못하고, 정말로 중요한 문제가 사회 의제가 되지 못하는 배경에 바로 권력자 중심, 속보 중심으로 기사를 생산하는 언론의 문제가 있으니까요.

언론을 바로 세우는 방법에 대해 말씀드리겠습니다. 우선 '내가 언론이다'라고 생각하세요. 미니홈피건 블로그건 페이스북이나 트위터건 자신의 생각을 표현하세요. 평상시에 일상적인 만남에서도 여러분의 생각을 말하세요. 논쟁과 공론을 두려워하지 마십시오. 그게 스스로 언론사가 되는 것입니다.

만일 가능하다면 기자를 하십시오. 젊은 사람뿐만 아니라 약간 나이드신 분들도 시민기자든 뭐든 자기 주변에서 일어나는 일들을 세상 사람들에게 알릴 기회가 많습니다. 매체가 다양해져서 찾아보면 여러분의 의견을 전할 수단은 많이 있을 거예요. 그런 방식으로 자기 발언과 자기 생각과 관점을 표현하는 것을 두려워하지 마십시오.

마지막으로 부탁드릴 것은, 좋은 독자가 되어달라는 것입니다. 좋은 언론, 좋은 기자를 선택적으로 소비하면 그 언론과 그 기자가 잘될 겁니다. 우리가 좋은 상품을 택해서 많이 팔아주면 그 기업이 잘되잖아요. 좋은 언론사를 키워야 우리 언론환경이 밝아집니다. 그래야 저 같은 사람들도 활개를 치고 다니죠. (웃음)

여러분 스스로 희망을 키워가기를 바라며 강연을 마치도록 하겠습니다. 감사합니다.

청중: 대학을 졸업하고 대기업에 취업했을 때 일입니다. 그때 홍보업무를 하고 있었어요. 언론에 난 기사들을 분류하는 작업을 했는데 분명히 초판에는 우리 회사를 비판하는 기사가 나갔는데 다음 판에 기사가 사라지고 대신 회사 광고가 나간 거예요. 당시 굉장히 충격을 받았던 기억

이 있습니다. 자본에 휘둘리는 일이 많다고 하는데 요즘도 그렇게 노골적인 경우가 있는지 궁금하고요. 두 번째가, 요즘 언론사에 지조 있는 선배들이 별로 없다는 얘길 들은 것 같습니다. 과거에 비해 언론사 사정이 어떤지 알고 싶습니다.

안수찬: 뒤엣것부터 말씀드리면, 예전 같지 않습니다. 다만 여전히 올바른 기사를 쓰고자 노력하는 기자들이 많다는 점은 분명히 말씀드릴 수 있습니다. 여건이 좋지는 않지만 그런 기자들을 응원해주셨으면 합니다. 언론사가 많이 망가졌다고 해서 언론 자체를 불신하는 건 문제 해결에 도움이 되지 않는다는 생각이에요. 이어서 처음 질문에 답변을 드리자면, 지금도 여전히 기업들의 눈치를 보는 언론사가 많습니다. 하지만 아직까지는 정치권력이 문제입니다. 언론환경을 좌우하는 정책을 만드는 것은 정치이거든요. 예컨대 보수신문의 밥그릇을 챙겨주려고 종합편성채널을 허용한다든가 하는 일이지요. 이러한 정치적 특혜의 전통은 오래되었습니다. 1970~80년대 군부독재 시절에도 언론사에 특혜를 많이 주었습니다. 그러니 언론사는 정권에 잘보이려고 하는 거예요. 관계를 잘 맺으면 먹고살 길이 열리는 겁니다. 그 과정에서 왜곡 편파 보도가 나오는 거죠. 이 부분을 시민들이 잘 이해하고 견제해야 합니다.

6강

삶의 현장은 곧
인권의 현장

이상재

이
상
재

경남 통영에서 10대를 보내고 숙식을 해결해주신 친척의 도움
으로 대전에서 간신히 대학을 졸업했다. 1990년대 중반부터
대전 지역의 몇 개 시민단체에서 활동하다 약간은 지루하고 타
성에 젖은 단체생활에 변화를 모색해보고자 2008년 성공회대
학교 NGO대학원에 입학했다. 이 시기 접한 사람들, 책이 끼친
영향과 주변의 도움으로 '대전충남인권연대'라는 단체를 만들
어서 혼자 상근하고 있다.

안녕하세요. 이상재입니다. 오늘 제가 강의할 분야는 지역과 인권입니다. 인권의 특징 중엔 인권은 이것저것으로 나누어지지 않는다는 '인권의 불가분성'이 있습니다만 편의상으로 나누어보는 인권의 분야는 꽤 여러 갈래가 있죠. 세계인권선언문의 30개 조항도 기본적 권리, 시민적 권리, 정치적 권리, 경제·사회·문화적 권리 등으로 나눌 수 있는 것처럼 말입니다. 유엔에서 이야기하는 권리만 해도 60가지가 넘는다고 하죠. 하지만 '지역'이라는 관점에서 인권을 해석하는 일은 매우 낯설 겁니다. 꼭 필요한 일이기도 하고요. 지금부터 차근차근 풀어나가 보도록 하겠습니다. 강의 전에 양해를 구해야 할 것이 하나 있는데, 여기에 나오는 지역 사례는 거의 다 제가 활동하고 있는 대전과 충남 지역이라는 점입니다. 다른 지역도 사정은 거의 비슷할 거로 봅니다. 이를 통해 수도권 외 지역의 인권 상황을 유추해 보는 시간이 되었으면 좋겠습니다.

지역 인권의 낯선 풍경

다른 인권 분야도 비슷하겠지만, 지역의 인권을 설명할 때 핵심은 '지역 감수성'과 '평등'의 관점입니다. 오늘날 대한민국의 지역은 많은 문제를 안고 있습니다. 그런데 역설적으로 대한민국에서 일어나는 지역 문제 해결의 열쇠는 서울이 쥐고 있어요.

사회의 거의 모든 분야에서 서울·수도권이 나머지 절반 이상의 국민들이 사는 지역에 우선하기 때문입니다. 이런 불평등 구조와 이를 당연시하는 수도권과 정·관계의 시각이 현재의 지역문제와 지역인권 문제를 푸는 데 가장 큰 걸림돌입니다. 서울 역시 하나의 '지역'이라는 인식이 필요합니다. 요즘은 서울에도 풀뿌리단체들이 많이 생겨서 이러한 고민이 커졌을 거로 생각합니다만, 우리 사회에서 서울 중심적 사고는 여전히 위력을 발휘하고 있어요.

그리고 또 하나, 지역이라는 특수성을 이해해야 합니다. 예컨대 지역에서는 사회권이 훨씬 더 큰 이슈가 됩니다. 집회·결사의 자유, 양심의 자유와 같은 기본적, 정치적 권리보다 해당 지역의 경제와 복지 문제가 훨씬 크다는 것이에요. 물론 지역에도 집회·결사의 자유, 표현의 자유와 같은 권리에 대한 침해가 없는 것은 아닙니다. 정당한 집회를 방해받는 경우, 양심의 자유가 침해받는 경우, 심지어 경찰의 정보과 형사들이 시민단체 활동가의 뒤를 캐고 다니는 경우가 더러 있지요. 그래도 서울에 비해서는 잠잠한 편이에요. 우선은 지역 언론이 그런 사실을 잘 보도하지 않아요. 또 설령 기사화된다 해도 지역의 중요 이슈가 되기 어렵고 문제를 해결하기까지 관심을 유지시키는 데 한계가 있습니다.

제가 대전에서 한 인터넷신문사와 사무실을 같이 씁니다. 보니까 하루에도 팩스로 보도자료가 수없이 많이 들어와요. 노동, 인권 관련 내용도 많습니다. 그만큼 지역에도 뉴스거리가 많다는 거지요. 그런데 기자회견 현장에는 기자들이 많지 않습니다. 심지어 노동문제의 경우 당사자인 노동자들도 관심이 없는 경우가 많습니다. 그러다가 중앙언론사, 즉 전국 일간지나 지상파 방송에서 이슈화가 되면 지역 언론사에서 취재에 나섭니다. 서울과 수도권에서 의제가 내려오는 거예요. 이슈화되는 과정이 이렇다 보니 어려움이 많습니다. 그래서 싸움을 해도 서울에 가서 하게 되는 경우를 심심찮게 보게 됩니다.

제가 있는 대전·충청 지역만 해도 이정훈 유성기업 지회장이 고공농성을 한 적이 있습니다.[35] 그전에는 유성기업 근처에 있는 굴다리 터널 위에서도 농성을 했고요. 예전에 한진중공업도 김진숙 지도위원이 고공농성을 했었죠. 도대체 이분들이 계속 높은 곳으로 올라가는 이유가 뭘까요? 여러 가지 이유가 있겠지만, 우선 지역에서는 부당하고 억울한 일을 당해도 이슈화시키기가 어렵기 때문이에요. 도통 사람들이 관심을 보이지 않습니다. 그래서 그런 어려운 결정을 하게 되는 겁니다. 힘들고 어렵더라도 여론을 불러일으켜서 부당한 해고와 노조파괴 공작 사실을 알리고 싶은 거예요.

2008년도에 봄과 여름을 거쳐 전국적으로 촛불집회가 강렬하게 전개됐죠. 그때 제가 대학원에 다니느라 서울을 왔다 갔다 할 때라서 서울과 대전의 집회 과정을 자세히 볼 수 있었어요. 광화문에서 야간 집회에 참가했는데 지역 사람인 제가 보기에 참 낯선 광경이 펼쳐졌습니다. 저 앞에서는 사람들이 물대포를 맞고 전경들과 싸우고 있는데, 뒤에서는 가족들이 유모차를 끌고 나들이가 한창이에요. 둘러앉아 김밥 먹고 애들 장기자랑도 하고 그럽니다. 어떤 사람들은 뒤에서 시위대 깃발 내리

---

35 전국금속노조 이정훈 유성기업지회장은 충북 옥천 나들목 인근 22미터 높이 광고탑에서 2013년 10월 13일부터 이듬해 6월 25일 건강악화로 중단하기까지 노조파괴를 사주한 유시영 사장의 처벌을 촉구하며 256일간 고공농성을 벌인다. 유성기업은 자동차 엔진용 부품을 제조하여 현대자동차 등에 납품하는 회사로 2011년 노동조합을 파괴하기 위해 간부 등 조합원을 불법해고한 바 있다. 2014년 12월 대법원은 유성기업이 노조파괴 시나리오로 진행한 해고는 무효이며, 그 자체로 부당노동행위라고 확정 판결하였다.

라고 고함도 치고요. 처음 보는 집회 광경이라 여러모로 인상 깊었습니다. 당시 대전은 많은 단체들이 연대해서 시위를 조직했습니다. 일사불란하다고 해야 할까요. 노동조합에서 오신 분들은 줄도 맞춰서 앉고 그런 식으로 이뤄졌습니다. 기차를 타면 1시간 거리이지만 집회의 전개 양상은 서울과 여러모로 달랐습니다.

제가 쓴 석사논문 내용 중에 1987년 6월항쟁과 2008년 당시 집회를 비교하는 대목이 있습니다. 당시 활동했던 선배들이나 언론을 통해 자료를 수집했죠. 만나보니까 6월항쟁 때 대전·충남 지역에서 활동했던 분들은 엄청난 자부심을 가지고 있더라고요. 서울이 집회를 쉬고 있을 때도 우리는 계속했다는 겁니다. 안 그랬으면 항쟁의 흐름과 맥이 끊겼을 거라고 해요. 다른 지역 분들도 비슷한 얘기를 해요. 광주분이나 부산분도 서울 사람들 잘난 척할 것 없다, 우리가 부산, 대구, 마산, 광주에서 시위를 이어가지 않았더라면 6월항쟁은 성공 못 했을 거라는 말씀들을 합니다. 이건 무슨 얘기냐면, 당시만 해도 외연적인 모습이지만 커다란 사회적 이슈에 있어서 지역운동이 나름의 독자성을 가지고 활발하게 움직였다는 방증이에요. 1990년대까지만 해도 그랬습니다. 그런데 시간이 갈수록 시위 양상과 언론의 태도가 변해요.

최근 10여 년간 전국적인 큰 시위가 세 번 있었죠. 2002년 미선이·효순이 사건[36] 추모집회, 2004년에 대통령 탄핵[37] 반대집회가 있었고

---

36 2002년 6월 13일 경기도 양주에서 여중생 신효순, 심미선 양이 미군 장갑차에 치여 숨진 사건. 주한 미군지위협정(SOFA)에 따라 동두천 미군기지 내 군사법정에서 재판이 열렸으나 기소된 미군 2명 모두 무죄판결을 받는다.

요. 그 뒤 2008년에 미국산 쇠고기 수입반대 촛불시위[38]가 있었습니다. 이 세 집회가 이전과 다른 특징은 '서울 집중화'입니다. 지역에도 나름 열심히 집회를 하고 제법 사람들도 많이 모였지만 언론에서는 이를 부수적으로 취급해요. 언론 기사를 보면 먼저 서울집회 상황을 설명하고 맨 마지막에 "한편 대전, 대구, 부산, 광주에서도 많은 시민들이 집회에 참가했다." 정도로 마무리합니다.

2008년 미국산 쇠고기 수입반대 집회 당시 6·10항쟁 기념일을 맞아 대전에서도 수천 명이 모여 집회를 열었습니다. 집회 도중 심지어 대전 중부경찰서 정문에다가도 홍보 스티커를 덕지덕지 붙였어요. 집회 당일 도로의 양 차선을 점거하고 행진하는데, 경찰이 막질 않았어요. 왜 그랬을까요? 사실 막을 인력이 없었던 거예요. 논문 준비를 할 때 정보공개 요청을 통해 알게 됐는데, 당시 지역의 전투경찰 병력이 모조리 서울로 올라갑니다. 대신 경찰 정보과 형사들이나 교통순경들이 나와서 집회를 속수무책으로 지켜만 보고 있었습니다. 그런 일이 일어나서는 안 되지만, 만약에 시위가 과격해졌더라면 지역의 공안당국도 속수무책이었을 겁니다. 그만큼 사회 현안에 대해 지역의 목소리가 서울에 비해서는 반영되기 어렵고 주목을 받기 힘든 구조라는 말씀을 드리고자

---

37 2004년 3월 12일 제16대 국회는 당시 야당이던 한나라당, 자유민주연합, 새천년민주당의 주도하에 정치적 중립성을 위반했다는 이유로 대통령에 대한 탄핵소추안을 의결한다. 이후 광화문 일대에서 탄핵반대 촛불집회가 열리는 등 국민들의 강렬한 반발에 부딪히다 5월 14일 헌법재판소에서 소추안이 기각되면서 노무현 대통령은 직무에 복귀하게 된다.

38 2008년 5월 이명박 정부가 광우병 위험이 있는 미국산 쇠고기 수입을 결정하자 이에 반발하여 전국에서 수개월간 항의 집회가 이어진다. 그 과정에서 교육, 대운하, 공기업 민영화 등으로 이슈가 확산된다.

하는 거예요. 지금도 여전합니다. 서울에서 일어나는 일은 좋든 싫든 시시콜콜 알게 되지만, 정작 내 삶의 터전에서 일어나는 일은 제대로 알 수 없는 불합리한 현실이 계속되고 있습니다.

우리 안의 서울 중심주의

서울 중심주의는 오래전부터 비판의 대상이 되어왔습니다. 이는 지역을 무시하는 서울의 문제이기도 하지만 '서울만 바라보는' 지역의 문제이기도 합니다. 매년 입시결과가 나오면 지역 고등학교마다 현수막이 붙죠. 서울 및 수도권 대학에 몇 명이 합격했는지를 자랑스럽게 써 붙입니다. 지역 방송에 나오는 미용실, 예식장 광고에는 '청담동 스타일', '강남 스타일'이라는 문구가 빠지지 않습니다. 지역의 인재와 자원이 서울로 빨려드는 것을 걱정하기는커녕 오히려 자랑스럽게 생각해요. 지역의 '내부 식민지화 현상'이 광범위하게 일어나고 있는 것이지요.

많은 이들이 한국 사회의 문제점 중 하나로 대학 서열화를 꼽습니다. 치열한 경쟁 속에서 학생 인권이 침해당하는 것이 어제오늘 일이 아니지요. 학생들이 '명문 대학'에 가려고 제때 밥도 못 먹고 잠도 못 잡니다. 그런데 그런 '명문 대학'이 모두 어디에 있습니까. 바로 서울이죠. 지역에서 공부 좀 한다 싶은 아이들은 전부 다 서울로 갈 생각을 합니다. 지방 국립대는 그다음이고요. 하지만 운이 좋아 서울로 간 친구들은 대학을 졸업해도 지역으로 돌아오지 않습니다. 서울에서 자리 잡는 게 상식이에요.

지자체 중에는 '충북학사', '전북학사'처럼 서울에서 예산을 들여 기숙사를 운영하는 곳이 있습니다. 자기 지역 출신 서울 유학생들을 지원하자는 거예요. 몇 년 전에 충청남도에서도 서울에다 '충남학사'를 짓자는 사업계획을 수립했다는 내용이 보도된 적이 있습니다. 예산만 500억이었어요. 저는 어차피 돌아오지도 않을 인재들을 위해 왜 지역에서 그 많은 돈을 들여야 하는지 이해가 되지 않았습니다. 차라리 그 돈을 도립대학이나 지역 대학에 쓰면 훨씬 더 많은 우수한 인재를 지역에 들일 수 있을 텐데 말이죠. 하지만 이런 생각은 '소수'에 불과합니다. 대부분은 서울로 인재를 보내서 출세시키는 게 지역에도 도움이 된다고 굳게 믿고 있어요.

교육만 그런 것이 아닙니다. 오늘도 지역 신문 1면에 나왔는데, 대전에 있는 마트 열 몇 개의 연매출을 합치니까 수조 원이나 돼요. 반면에 지역에 대한 공헌은 매우 미비해서 겨우 몇천만 원 수준밖엔 안 된다고 합니다. 대전 사람들이 물건 사고 결재하면 그 돈이 다 어디로 갈까요? 서울에 있는 본사의 매출로 잡히겠지요. 그렇게 해서 벌어들인 돈으로 이러저러한 사업에 투자할 겁니다. 결국 지역경제와는 아무런 관련이 없는 곳에 쓰이겠지요.

만약 지역에서 이런 걸 문제 삼는다면 해당 기업의 태도는 얼마든지 달라질 수 있어요. 지역경제 활성화를 위해서 지역에서 번 돈의 일정 비율은 그 지역에 투자해야 한다는 식으로 조례를 제정할 수도 있겠죠. 이런 주장이 없었던 것도 아니에요. 그런데도 지방자치단체장 선거 때나 잠깐 입에 오를 뿐 금세 잊혀집니다. 재래시장 찾아가서 어묵 먹고 떡볶이 먹고 하다가 끝나요.

지역경제 활성화는 예컨대 해당 지역의 농부가 쌀을 팔아 생긴 돈으로 아이의 학용품을 사고, 학용품을 판 문방구가 다시 또 반찬을 사고 쌀을 사고 이런 식으로 돈이 돌아야 가능합니다. 그런데 대형마트가 들어서면 그게 안 되죠. 이쪽 돈을 싹 쓸어 모아서 서울로 보내는 시스템이니까요. 지역 시민들도 마찬가지예요. 다들 지역경제가 어렵다면서도, 당장 편하니까 대형마트를 찾습니다. 여론화가 안 되니 문제의식이 부족합니다.

여러분, 서울에서 일하다가 지치면 어때요. 공기 좋고 물 맑은 시골로 놀러 가죠. 그런데 막상 쉬러 간 지역의 바다 주변에 공장이 들어서고 아파트가 들어서면 짜증을 냅니다. 환경을 오염시키고 경치를 망쳐놨으니까요. 쉬러 와서까지 도시의 숨 막히는 풍경을 봐야 하니 당연히 그러겠죠. 하지만 지역민 입장에서 그런 비판이 마뜩잖은 거예요. 자기들은 서울에서 편하게 살면서 왜 우리는 그러면 안 되느냐는 거예요. 서울 사람들이야 놀러, 혹은 쉬러 오는 곳이지만 지역민들에겐 삶의 현장이잖아요.

서울·수도권에서 지역을 바라보는 시각이 그런 식으로 한정되어 있다는 거예요. 지역의 삶이 빠져 있다는 겁니다. 물론 환경을 지키는 것은 언제나 중요한 명제입니다. 하지만 제가 강조하고 싶은 것은 어떤 문제를 풀 때 당사자의 입장을 고려할 수 있는 감수성이 있어야 한다는 것입니다. 우리가 인권 문제를 풀어나갈 때도 마찬가지입니다.

성추행 사건이 일어났다고 합시다. 피해자라고 주장하는 여성은 성추행, 성희롱이라고 주장하지만, 당사자로 지목된 남성은 "그냥 장난이었다." 혹은 "술이 너무 취해서 실수했다. 기억이 잘 안 난다"고 하죠. 일부 몰지각한 남성들은 그런 주장에 동조하면서 "남자가 그럴 수도 있지." 합니다. 바로 성폭력, 여성인권에 대한 감수성의 차이인 겁니다. 인권 감수성을 기르려면 피해 당사자의 입장에 설 줄 알아야 합니다. 그것이 인권을 옹호하는 사람의 기본적인 태도입니다.

최근에 제가 신문기사를 하나 읽었는데요. 외국인 노동자들이 관련된 사건인데, 은근히 유색인종에 대한 차별적인 시선이 섞여 있더라고요. 백인이 사건을 저지르면 외국인으로 표기하는데 유색인종이 같은 사건을 저지르면 어김없이 꼭 집어 '흑인' '동남아인' 등으로 기사를 씁니다. 우리 안에는 백인과 서구 유럽인에 대한 동경만큼이나 제3세계에 대한 차별의식이 숨어 있습니다. 자기중심적인 사고와 힘 있는 사람에 대한 동경은 종종 소수자와 지역에 대한 반인권적 행동으로 이어집니다.

우리가 해마다 봄철이 되면 만나게 되는 기사가 있습니다. 바로 '벚꽃 개화 예상시기'인데요. 여기에도 사소하지만 서울 중심주의적인 시각이 있습니다. 무슨 말씀인가 하면, 언론에서 발표하는 개화 날짜를 보시면 서울에서부터 쭉 내려옵니다. 서울 몇 월 며칠, 청주 몇 월 며칠, 대전 몇 월 며칠, 포항, 대구, 전주, 광주…, 이런 식으로요. 제주도가 제일 마지막입니다. 그런데 봄꽃은 남도에서 먼저 피기 시작하잖아요. 제가 벚꽃 개화시기 도표를 만든다면 당연히 제주도를 제일 위에 둘 겁니다. 제일 먼저 피니까요. 언론에서는 '편의상' 서울 사람들 보기 좋으라고 맨 위에 놓는 겁니다.

이런 현상은 시민단체를 바라보는 시각에서도 발견됩니다. 오래전 얘기이긴 하지만 2000년대 초에 서울YMCA 이사장의 배임 및 횡령 사건이 있었습니다. 〈시사저널〉과 MBC의 〈시사매거진2580〉과 같은 매체에서 크게 다뤘죠. 결국 이사장이 물러나는데, 문제는 이 사람이 후임으로 자기와 친분이 있는 사람을 내세웠다는 거예요. 내부적으로 반발이 거셌죠. 구성원들이 계속 문제제기를 하자 중요 사안을 결정하는 총회자리에 여성 회원들을 총회원 자격이 없다고 못 오게 해요. 놀라운 것은 당시 회원의 60퍼센트, 상근자의 70퍼센트가 여성이었는데도 말이죠.

한심하기도 했지만, 이와는 별개로 지역 시민단체 관계자들의 반응이 인상 깊었습니다. 서울YMCA는 한국YMCA 전국연맹에 속한 지역 조직이잖아요. 그런데 마치 YMCA 전체가 그렇게 하고 있다는 식으로 보는 거예요. 제가 그때 지역 YMCA에서 일하고 있었는데, 지역 시민단체 관계자 한 분이 사무실로 전화해서 화를 내요. 당신들 어떻게 그럴 수가 있느냐고요. 그래서 제가 그건 서울YMCA의 문제이고 우리 단체는 그렇지 않다고 대답했습니다. 그런데 그분이 저한테 서울YMCA면 너희 단체 본부 아니냐고 해요. YMCA가 지역별로 독립적으로 움직인다는 사실을 몰랐던 겁니다. '서울' 하니까 '본부'라고 생각한 거예요.

그런데 생각해보면 서울에서 활동하는 단체는 앞에 지역명이 붙질 않아요. 다른 곳은 지역 이름이 붙는데 말입니다. 서울의 단체가 전국을 대표한다는 오해를 살 만합니다.

지역 이기주의라는 블랙홀

여러분도 잘 아시는 영화 〈도가니〉(2011년)에 여자 주인공의 직업이 인권센터 간사로 나옵니다. 보니까 주 무대가 시골의 작은 소도시예요. 그런데 실제로는 그렇게 작은 지역에 인권센터가 있기란 어렵습니다. 소도시에는 시민단체가 활동하기 어려워요. 자원이 워낙 한정되어 있기 때문입니다. 중앙의 지원을 받는다면 혹시 모르죠. 현실적으로 시골 소도시에서 시민단체를 독립적으로 운영하기란 어렵다는 말씀을 드리는 겁니다.

지역의 여건은 중앙에 비해 열악합니다. 환경을 오염시키는 기업이 마을에 들어올 거 같다며 걱정하시는 분들의 이야기가 있어 현장에 찾아갔더니 대부분 고령자입니다. 50대도 거의 없어요. 주로 70, 80대입니다. 방법을 물어오는데 저도 마땅한 답을 드릴 수가 없더라고요. 당장 항의를 하더라도 일단 사람이 많이 모여야 하잖아요. 지역의 형편은 보통 이렇습니다. 여러분 잘 아시는 밀양 송전탑 반대투쟁만 해도 그 싸움을 시작하신 게 연로하신 어르신들이었잖아요. 밀양 싸움은 한국 민중운동사에서 독특한 위치를 차지합니다. 작고 외떨어진 지역에서 이렇게 오랜 세월을 싸운 사례가 없어요.

지역에서 인권 문제는 지역감정과 섞여서 복잡한 측면도 있습니다. 단순하지가 않아요. 일반적인 시각으로 접근하기 어려울 때가 많습니다. 예를 하나 들어보지요. 예전에 5만 원권 지폐의 인물을 누구로 할 것인가를 두고 논쟁이 있었습니다. 장영실, 신사임당, 김구 등이 후보로 올랐다가 결국 신사임당으로 결정이 됐죠. 그런데 대전과 충청 지역 시민을 대상으로 여론조사를 했더니 유관순 열사가 압도적인 지지를 얻어요. 아마 천안 출신인 점이 반영된 것 같았습니다. 결과가 신사임당으로 나오자 지역민들은 이런 여론이 무시당했다며 강하게 반발했죠. 그때 여성단체에서도 신사임당 채택에 대해 반대 의견을 냈습니다. 신사임당은 율곡 이이라는 대학자를 키운 '어머니'잖아요. 가부장적인 체제하에서 전형적인 여성의 역할을 강조하려 한다는 겁니다. 아이 잘 키우고 남편 잘 보필하고 그런 여성의 역할이 사실 현대적이지는 않잖아요. 아무튼 그런 와중에 지역신문에 기사가 하나 나는데 그 제목이 이래요. "충청권 또 홀대하나?" 저는 그 기사를 보고 경악했습니다. 여성인권에 관한 사항을 지역주의로 환치시키는 겁니다. 신사임당으로 정한 건 강원도를 우대해서 그런 건가요? 아니잖아요. 지역에서는 모든 사안이 지역주의로 빨려 들어가는 경향이 있습니다.

문제는 이것이 지역 간 대결 양상으로 번질 때예요. 중앙부처와 싸우거나 협의해서 정하면 될 것이 지역끼리의 싸움으로 번집니다. 관점이 인권이나 환경에서 지역 세수확보 차원으로 옮겨가는 거예요.

이런 사례는 많죠. 지금은 방사성 폐기물 처리장이 경주에서 건설되고 있는데 처음에는 경주와 군산 등 몇 개 지역이 유치를 놓고 경합을 했습니다. 방폐장 건설지에 지원되는 여러 가지 자원과 3000억 원이 탐났던 거죠. 당시 전북 군산의 시민단체에서 활동하는 분을 알고 있었는데, 유치 반대운동을 하는데 찬성 단체의 협박 때문에 집에도 못 들어간다고 하더군요. 그분은 그 이후 서울로 아예 직장을 옮깁니다.

우리가 지역 분권 이야기를 많이 합니다. 모든 게 서울·수도권 위주다 보니까 시민단체도 이런 이슈에 적극적입니다. 그런데 정작 신행정수도처럼 현실적인 문제에 부딪히면 미묘한 입장 차이가 생깁니다. 당시 노무현 정부가 충청지역으로 행정수도 이전을 추진하고 있었지요. 이를 두고 위헌 논란까지 제기되는 등 혼란이 있었습니다. 여기에 대해 서울·경기 지역 단체들이 반응이 묘해요. 원칙적으로는 인정하지만 방법적으로 동의할 수 없다, 뭐 그런 이야기였죠. 이런 식의 모호한 태도에 이해 당사자인 충청지역 단체들이 강하게 반발합니다. 다들 자기 지역 여론을 무시할 수가 없는 거예요. 어쨌든 논란 끝에 결국 세종시로 정부부처가 이전했지만 갈등은 여기서 끝나지 않습니다. 호남선 KTX 세종역 신설을 두고 오송역이 있는 충청북도와 대전이 같은 지역권 안에서 갈등을 빚습니다.

지역의 인권 현안

인권은 모든 사람에게 적용된다는 보편성을 그 원리로 합니다. 어느 지역에 살건 차별이 있어선 안 되지요. 모두가 헌법적 권리와 인권을 보장받아야 마땅합니다. 하지만 일상까지 이러한 원리가 적용되려면 많은 노력이 필요합니다. 실제로 어떤 '억압'이 있는지 잘 살펴야 해요. 법이 잘 보장해주지 못할 수도 있고, 법이 미처 현실을 따라잡지 못할 수도 있으니까요.

그럼 지역에서 인권을 실천할 때 고려해야 할 부분들을 살펴보겠습니다.

첫 번째로 지역에서는 인권 문제를 여론화하기가 어렵습니다. 그래서 홍보활동이나 대응을 잘해서 지역 언론은 물론 중앙 언론에 의제화하는 게 중요합니다. 예컨대 몇 년 전에 지역의 대표적인 국립대학에서 성추행 사건이 있었습니다. 로스쿨 교수로 부임한 전직 부장판사가 학생들을 대상으로 성추행을 저지른 겁니다. 서울에선 아마 이런 뉴스 못 들어보셨을 겁니다. 부장판사 출신 교수가 임용된 지 1년도 되지 않아 성추행을 저지른 건 대단히 큰 사건이거든요. 로스쿨 학생들이 시위도 하고 저도 지지발언을 하고 했죠. 결국 해임되긴 했습니다만, 다른 사건에 비해 이슈화가 무척 힘들었습니다.

충남의 모 전문대학에서도 비슷한 사건이 있었죠. 이것도 언론에 소개된 계기가 한 학생이 인터넷 토론 사이트인 아고라에 글을 올리면서였습니다. 그전에는 주목을 받지 못했죠. 또 다른 국립대학의 사례도 여론화와 이슈화의 어려움을 단적으로 보여줍니다. 예술대학에서 교수에 의한 상습적인 성희롱, 성추행이 있었습니다. 해당 교수가 법원에서 유죄판결을 받고 벌금도 내고 사회봉사교육도 받습니다. 그런데 학교 측에서 이런 사람을 또다시 다음 학기에 수업하도록 한 거예요. 학생들이 아무리 반대를 해도 무시하다가 인권단체가 나서고 언론에 알려지니까 결국 직위해제를 합니다.

많은 사람들이 알게 되면 해결은 그만큼 쉽습니다. 문제는 사람들이 서울에서 벌어지는 사건에만 관심을 가진다는 거예요. 지역민들조차 그래요. 사정이 이렇다 보니 지역의 문제를 제기하고 해결 방안을 모색해야 할 시민단체들도 어렵습니다. 지역은 공공기관의 재정자립도뿐만 아니라 시민단체의 자립도도 떨어집니다.

인권교육도 미미합니다. 여기 이렇게 많은 분들이 모여서 인권수업을 받는 광경을 지역에서는 상상하기 어렵습니다. 광주 같은 경우는 지방자치단체에서 인권도시를 표방하기 때문에 재정적으로 뒷받침하고 관련 프로그램을 만들고 합니다만, 이는 예외적인 거죠. 주민들의 욕구는 있는데 채워줄 만한 기반이 부족합니다.

두 번째가 아까도 잠깐 말씀드렸습니다만, 지역에서는 자유권보다는 사회권에 관심이 많다는 겁니다. 좀 더 실생활에 밀접한 의제를 선호한다는 얘기입니다. 언론의 자유, 표현의 자유, 이런 의제들에 비해 사회복지 같은 데 대한 욕구가 훨씬 크다는 말씀을 다시 한 번 드리고요.

지역에는 고유의 인권 문제들이 있습니다. 여러분 형제복지원 사건[39] 아시죠. 장애인시설이나 요양원 등 최근 언론을 통해 인권의 사각지대로 비판받는 시설들이 지역에도 많이 있습니다.

작년에 해병대 캠프에 간 고등학생들이 사고로 죽었죠. 충남 태안에서 벌어진 사고였는데 그때도 안전요원이 제대로 배치되지 않는 등 문제가 많았지만, 왜 아이들을 군대식으로 가르치느냐는 비판도 있었죠. 과연 그 과정에서 학생들의 인권이 침해되지는 않았는지 의문도 있었고요. 그다음, 우리나라 학생들 자살률이 엄청나죠. 그중 대전지역의 학생

---

39 1987년 부산 주례동에 위치한 형제복지원에서 일어난 인권유린 사건. 12년 동안 원생들에 대한 감금, 폭행, 성폭력, 살인, 시신유기, 강제노역 등이 자행되었으며 이로 인해 531명에 이르는 원생이 사망한 것으로 알려졌다. 사건 이후 형제원은 폐쇄되고 원장이었던 박인근 등 주요 관련자들은 특수감금 및 횡령 등의 혐의로 기소된다. 주범 박인근은 2년 뒤인 1989년 출소했으며 그의 가족들이 재단의 이름을 바꿔가면서 계속 활동을 하고 있어 논란이 되고 있다.

자살률은 전국에서 손꼽힙니다. 이런 문제들에 대해서 학교에 대책을 요구하고 지방정부나 교육청에 재원 마련을 압박해야 합니다.

어떤 사회가 성숙한지 아닌지를 알려면 사고 자체보다 사고 처리 과정을 보아야 해요. 예컨대 학교폭력이 심각하다고 하죠. 어디든 학교폭력은 있습니다. 선진국이라고 예외는 아니겠죠. 한국 정부는 학교폭력에 대한 비판 여론이 거세지니까 상담사를 고용해서 배치했어요. 그런데 이분들은 10개월 비정규직이었어요. 고용이 보장되지 않습니다. 대전지역만 해도 초중고 학생위기상담서비스 전문상담가 116명이 계약해지를 당했어요. 아이들 파악할 때쯤 되면 그만둬야 하는 거예요. 뭔가 하기는 해야 하는데 안 할 수는 없고 그러니까 땜질식 처방을 남발하고 되풀이 하는 거죠.

다른 나라 얘기를 좀 하자면, 제가 외신을 통해서 알게 됐는데요. 몇 년 전 독일에서 육상경기의 한 종목인 창던지기 경기를 하는 도중 끔찍한 사고가 납니다. 경기 중에 심판이 선수가 던진 창에 맞아 숨져요. 그런데 저는 사건 자체도 놀라웠지만 이후의 대처가 더 인상적이었습니다. 주최 측은 당시 대회장에 있던 관중과 선수·스태프 전원에게 심리치료를 제공했다고 하더라고요. 선진국이니까 돈이 많아서 그렇겠지 생각할 수 있겠지만 근본적으로 사고 처리과정에서 '인간'을 제일 먼저 생각하는 시스템이니까 가능한 대응이 아니었나 생각됩니다.

인권 문제의 대책은 좀 더 장기적인 안목에서 섬세하게 이루어져야 합니다. 아까 말씀드린 해병대 캠프 사고는 지금도 진행 중이에요. 피해자 부모님이 얼마 전까지 교육청 앞에서 1인 시위를 했습니다. 도대체

사고 후에도 바뀐 게 없다는 겁니다. 교육당국은 제대로 된 대책도 없이 잊혀지기만 바라고 있다는 거예요. 시민사회가 힘을 보태야 합니다. 그러려면 인권에 대한 감수성을 길러야 해요. 그나마 학생들의 인권의식은 갈수록 높아지는데 기성세대들은 그렇지 못합니다.

대학교에서 벌어지는 잦은 성추행, 성폭력 사건도 이 때문이지요. 교수라는 기득권 집단의 인권의식이 정체되어 있기 때문에 그런 일이 반복되는 거예요. '나는 교수니까 이래도 돼.' '남자가 그럴 수도 있지.' 이런 생각이 남아 있는 겁니다. 사건 이후 조사 결과를 봤더니, 성희롱 예방 관련 교육을 받은 교수들의 비율이 전체의 30퍼센트도 안 돼요. 물론 교육을 받는다고 달라질 것이냐에 대해선 회의적입니다만, 그나마 지침은 줄 수 있지 않을까요. 제자들과의 신체접촉은 안 된다거나, 연구실 문은 열어둔다거나, 이런 지침이라도 있으면 달라지겠죠.

기득권을 가진 사람들일수록 인권감수성을 기르기가 어렵습니다. 불편할 게 없거든요. 권력을 가지고 있잖아요. 한 집안의 가장인 데다 학교에선 '슈퍼 갑'이잖아요. 상대의 인권을 생각할 여지가 없어요. 자기중심입니다. 인권감수성은 자기가 약자일 때, 소수일 때, 불편할 때 훨씬 더 발현이 잘 됩니다. 대체적으로 권력이 집중된 집단일수록 인권 관련 사고는 더 많습니다.

지방정부와 인권

그럼 이제 지역에서 인권과 관련되어 구체적인 행동을 펼쳐나갈 때 도움이 될 수 있는 것들에 대해 살펴보도록 하겠습니다.

김대중 정부가 들어서고 나서 2001년에 국가인권위원회가 설립되었습니다. 국가차원의 인권기구로서 국내의 크고 작은 인권 문제를 다루고 있지요. 그런데 설립된 지 13년이 지난 지금까지 서울 외에 지역사무소는 부산, 광주, 대구 세 곳만 있다가 2014년 10월에 대전인권사무소가 개소합니다.

우리나라 전체 인구가 2013년 4월을 기준으로 5100만 명 정도 되는데요. 부산사무소가 관할하는 인구가 800만 되고요, 광주사무소가 제주 포함해서 580만, 대구가 520만, 충청이 524만 정도 됩니다.

문제는 이런 다양한 업무와 많은 권역인구에 비해 일할 사람이 부족하다는 거예요. 각 지역 인권사무소마다 10명 내외의 직원이 일하는데 이분들이 상담도 하고 교육도 합니다. 500~800만이 사는 도시의 인권 현안을 책임지기에는 터무니없이 적은 수지요. 이명박 정부와 박근혜 정부를 거치면서 국가인권위원회의 역할과 위상이 많이 축소돼서, 지역사무소도 자연스레 그 영향을 받는 것 같습니다.

밀양 송전탑 싸움 같은 경우만 봐도 지역 인권사무소가 지역의 인권 상황에 그렇게 도움이 되지 않는다는 비판이 있기는 하지만 인권교육과 같은 분야에서는 실질적인 영향을 끼치고 있는 경우가 많습니다.

지역 인권사무소의 공식적인 업무는 다음과 같습니다.

- 상담 및 진정서 접수
- 긴급한 인권침해·차별행위에 대한 현장 기초조사 및 구제사항

- 면전 진정[40]의 교정시설 사건에 대한 조사
- 다수인 보호시설에 대한 조사
- 인권교육, 홍보 및 유관기관·단체와의 교류, 협력
- 그 밖에 지역사무소의 운영에 관한 사항

사무소가 있는 지역에서는 인권사무소와 연계된 교육프로그램도 수강할 수 있고 상담, 진정도 쉽게 할 수 있으니 참고하셔야 할 것 같습니다.

한편 인권조례를 제정하는 지방자치단체가 늘고 있습니다. 광역지방자치단체 인권조례는 2012년 1월 1일 광주 인권보장증진조례가 공포된 걸 기점으로, 2014년 8월 27일 세종특별자치시 인권조례까지 14개 지역에서 만들어집니다. 조례를 만든 시나 구 같은 기초 단위도 총 50개 지역에 이릅니다. 안타까운 점은 제도화에 비해 실천이 미비하다는 것입니다. 광주나 충남, 서울, 강원 정도를 제외하고는 만들어놓고 사장되는 분위기입니다. 조례에 의하면 인권센터도 만들 수 있고 공무원 교육도 의무적으로 해야 합니다. 시민 교육을 위한 물적 기반을 지원할 수 있다고 되어 있습니다. 어쨌든 이런 것들을 요구할 근거는 마련되었다는 거예요.

조례를 만들고 나면 인권기본계획을 만들어야 합니다. 5개년 계획을 짜는데 충남은 2014년 말에 계획을 완성했습니다. 그 과정이 1년 정도

---

40 시설수용자의 진정권을 보장하기 위하여 위원회 직원 앞에서 진정하는 것.

광역자치단체 인권조례 제정현황(2014. 8. 27 기준)

지역	조례 명	제정 및 공포 연도
광주광역시	광주광역시 인권보장 및 증진에 관한 조례	2007-05-15 (제정)
		2012-01-01 (2차 전부개정)
		2012-01-01 (공포)
		2013-04-01 (일부개정)
	광주광역시 인권보장 및 증진에 관한 조례 시행규칙	2013-09-01 (제정)
경상남도	경상남도 인권증진 조례	2010-03-25 (제정 및 공포)
		2013-12-12 (일부개정)
전라북도	전라북도 인권증진에 관한 조례	2010-07-09 (제정 및 공포)
부산광역시	부산광역시 인권보장 및 증진에 관한 조례	2012-02-22 (제정 및 공포)
		2013-07-10 (일부개정)
		2014-03-19 (일부개정)
충청남도	충청남도 도민 인권증진에 관한 조례	2012-05-10 (제정 및 공포)
전라남도	전라남도 인권보장 및 증진에 관한 조례	2012-07-05 (제정 및 공포)
서울특별시	서울특별시 인권 기본 조례	2012-09-10 (제정)
		2012-09-28 (공포)
울산광역시	울산광역시 인권보장 및 증진에 관한 조례	2012-10-11 (제정 및 공포)
대전광역시	대전광역시 인권보장 및 증진조례	2012-11-02 (제정)
		2013-07-10 (일부개정)
강원도	강원도 인권보장 및 증진에 관한 조례	2013-06-07 (제정)
경기도	경기도 인권보장 및 증진에 관한 조례	2013-08-05 (제정)
경상북도	경상북도 인권보장 및 증진에 관한 조례	2013-11-11 (제정)
충청북도	충청북도 인권보장 및 증진에 관한 조례	2013-12-27 (제정)
세종특별자치시	세종시 인권보장 및 증진에 관한 조례	2014-08-27 (제정)

걸렸습니다.

인권기본계획을 짜려면 실태조사를 해야 하는데, 시간과 비용이 상당히 들어갑니다. 예컨대 서울시 인권조례에 의하면 구별로 노인, 장애인, 이주 노동자가 얼마나 있는지 실태조사를 하게 되어 있습니다. 이를 통해 지역의 인권정책을 세우는 데 기본이 되는 자료를 수집합니다.

인권조례 같은 포괄적인 조례 외에 부문별 조례도 있습니다. 안산은 전국에서 외국인 노동자가 가장 많은 곳이라서 전국에서 처음으로 '외국인노동자 지원조례'가 만들어졌죠. 대전에는 장애인 인권조례, 여성 인권조례 등의 부문 조례가 있습니다.

학생인권조례는 2009년 경기도 교육감 보궐선거에서 당선된 김상곤 교육감을 필두로 2010년 지방선거에서 대거 당선된 진보성향의 교육감들이 제정했지요. 보수진영에서 비판적인 의견들도 있습니다만, 해당 지역에서 학생인권이 진일보한 것은 부정할 수 없죠. 야간 자율학습, 두발·복장 단속, 이런 것이 학생들의 인권침해라는 것 정도는 이제 상식이 된 상태 아닙니까.

얼마 전에 중학교 학부모인 선배 한 분이, 둘째 아이의 자퇴를 심각하게 고민하고 있다고 털어놓더라고요. 아이가 학교에서 교사한테 계속 맞는대요. 왜냐고 물었더니, 공부를 못해서 그런다고 합니다. 교사가 시험 치고 나서 틀린 갯수대로 때린다고 해요. 다른 잘못을 저지른 것도 아니고 공부 때문에 맞았다는 사실에 아이가 무척 힘들어한다는 얘길 들었습니다. 제가 학교 다닐 때도 많이 맞았습니다. 시험 못 본 건 물론이고 준비물 안 챙겨왔다고 얻어맞고 때로는 별 이유도 없이 맞았습니다.

그런데 거의 한 세대가 지난 지금까지도 반인권적인 체벌이 버젓이 남아 있는 사실이 안타까웠지요. 그러면서 그 선배가 하는 말이 자기 지역에 학생인권조례라도 제정되어 있었다면 좀 낫지 않았겠느냐는 거예요. 비록 지방의회에서 만든 조례에 불과하지만 그것이 한 사람의 인생을 바꿀 수도 있다고 생각해요. 그러니 여러분도 지역의 다양한 인권조례에 관심을 가져주셨으면 합니다.

개발이냐 인권이냐

다음으로 우리가 지역에서 인권운동을 할 때 가장 많이 부딪히게 되는 주제인 '개발'에 대해 생각해보도록 하겠습니다. 아까도 말씀드렸다시피 지역에서 개발논리는 강력한 힘을 가지고 있습니다. 여기에 대해 시민단체는 물론 여러분도 대안을 갖고 있어야 한다고 봐요.

2005년, 유엔 산하기관인 유네스코와 유엔−해비타트는 '도시에 대한 권리'를 선언합니다. 누구든 평등하게 도시의 혜택을 누려야 한다는 취지로 만들어진 이 선언의 내용은 다음과 같습니다.

정치적 차원의 권리(자유권적 권리)
- 모든 도시 거주자들이 국적에 따라 차별받지 않을 권리
- 도시 관리에 대한 민주적 참여
- 집회, 결사, 표현에 대한 권리와 공공 공간의 민주적 이용
- 공공 정보에 대한 접근

- 공공과 민간 부문의 협력

사회적·문화적·환경적 차원의 권리(사회권적 권리)

- 도시 빈민들이 점유한 토지의 양성화
- 물과 같은 필수 생존자원에 대한 권리
- 도시 거주자들의 집합적 쾌적성과 안전성
- 환경적·사회적으로 균형 잡힌 도시 계획 및 지속 가능하고 평등한
  도시 개발
- 적절하고 균형 잡힌 토지 이용 관리
- 기타 노동, 건강, 교통, 교육, 문화, 여가, 공공 공간,
  공공 서비스에 대한 권리

하나하나 살펴보도록 하겠습니다. 먼저 자유권적 권리입니다.

첫 번째 '모든 도시 거주자들이 국적에 따라 차별받지 않을 권리'는 외국인도 차별받지 않고 도시에서 생활할 수 있어야 한다는 거죠. 인권 차원에서 당연한 거고요. 최근 지방자치단체에서 만들어지는 인권헌장에도 이런 내용들이 들어가 있습니다.

두 번째 '도시 관리에 대한 민주적 참여'는 시민의 참정권 보장을 의미합니다. 정책 결정에 참여할 수 있어야 한다는 거예요. 대전의 예를 들면, 중앙정부에서 오는 돈이 적어서 자체적으로 쓸 수 있는 예산이 많지 않다고 하면서도 보면 낭비가 심해요. 예컨대 서대전시민공원 한쪽에 사계절 스케이트장을 만들었는데 여기에 예산이 3억 원가량 들었습

니다. 그런데 딱 두 달 열고는 문을 닫아요. 오는 사람이 없었던 겁니다. 유지비만 계속 들이다가 결국 몇 달 전 철거됐어요. 대표적인 민자유치 토목사업이었던 갑천고속화도로도 예산 낭비의 사례입니다. 해마다 시에서 80~90억가량의 손실분을 투자자인 외국자본에 보전해줍니다. 시민 입장에서 보면 이해가 안 가는 거예요. 이런 걸 막으려면 시민들이 나서야 합니다. 이런 게 도대체 인권과 무슨 관계냐 하고 생각할 수도 있어요. 하지만 돈은 인권과 밀접한 관계에 있습니다. 모든 문제가 결국은 '비용'으로 귀결되지 않습니까?

건설사 잇속만 차리게 해주는 토목사업에 수십억, 수백억을 쓰는 대신 어린이 도서관 같은 곳에 연 1억 원씩만 지원해도 아이들의 학습권은 물론 시민의 행복권 측면에서도 만족도가 훨씬 높아질 거예요. 지금 대전만 해도 풀뿌리단체가 운영하는 지역 도서관이 13곳이니 다 해서 1년에 13억 원의 예산이면 됩니다. 인권의 눈으로 보면 많은 것이 달라집니다.

예컨대 지난 지방자치선거에서 김상곤 경기도지사 예비후보가 무상 버스 공약을 꺼냈었죠. 반대가 심했던 걸로 아는데, 인권적 관점에서 보면 저는 의미 있는 접근이라고 생각합니다. 대전만 해도 자가용 이용 비율이 전국에서 가장 높거든요. 환경적으로도 대중교통 이용이 바람직하지만 인권 차원에서 보면, 이는 사회적 약자에 대한 배려일 수 있습니다. 사실 버스는 사회적 약자인 어르신이나 여성 분들이 가장 많이 이용하는 교통수단이잖아요.

다음으로, '집회·결사·표현의 자유와 공공 공간의 민주적 이용'입니다. 집회·결사·표현의 자유야 민주국가에서는 당연한 얘기고요. '공공공간의 민주적 이용'이란 뭘까요?

지금도 그렇지만 공공건물은 지역에서 특별한 의미가 있습니다. 위치가 어디냐에 따라 지역의 경제권이 달라져요. 시·도·군 청사가 있는 곳이 도심이 됩니다. 그러다 보니 이해관계가 엇갈립니다.

대전시청도 1999년에 둔산으로 옮기면서 지역의 중심과 상권이 완전히 바뀌었습니다. 충남도청은 작년에 홍성에 있는 내포 신도시로 옮겼고요. 옛 청사는 지금 시민대학으로 활용하고 있습니다. 이런 것들을 결정하는 단계에서 시민들의 의견과 인권적 관점이 반영되어야 한다는 겁니다. 어차피 시민의 재산이니까요.

'공공 정보에 대한 접근'은 시민들이 도시개발과 관련한 정보를 알 권리가 있다는 거지요. 세금이 어떤 식으로 어디에 쓰이는지 알아야 참여, 제어가 가능합니다. 그리고 '공공과 민간의 협력' 이건 우리가 좀 더 강조할 필요가 있어요. 시민사회의 선입견 중 하나가 공무원들은 일하기를 싫어한다는 건데요. 그렇지 않습니다. 굉장히 열심히 일하시는 분들이 많아요. 제가 만나본 분 중에서도 모든 공무원들이 저 정도로만 열심히 일해주면 우리 사회가 정말 제대로 발전하겠구나 싶은 경우가 많았습니다.

제가 공공기관을 상대로 인권교육을 가끔 하는데, 강의 마치고 나면 윗사람들도 교육 좀 시켜달라고 말하는 분들이 있습니다. 일반적으로 하위직일수록 인권감수성이 높습니다. 반면에 기관장 같은 분들은 잠깐 듣다가 그냥 가요. 열에 여덟, 아홉이 그렇습니다. 관심이 없는 거예요. 인권침해라는 게 보통 권력을 가진 자들이 소수자나 힘없는 사람들에게 행하는 것인데, 그런 의미에서 보자면 고위공직자야말로 인권교육이 절실한 사람들입니다.

지금까지 말씀드린 것이 지역인권조례 중에서 자유권적 권리와 연관된 부분이었고요. 다음으로 사회권을 짚어보겠습니다.

첫 번째가 '도시빈민들이 점유한 토지의 양성화.' 이건 갈 곳 없는 사람들이 거주하는 곳을 불법화해서 단속할 게 아니라 인권적 관점에서 대책을 마련해야 한다는 겁니다. 우리나라에서는 좀 생소한 개념이지만 외국에서는 빈집 점유운동 등으로 활발하게 전개되고 있습니다.

두 번째 '물과 같은 필수 생존자원에 대한 권리.' 사람이 살아가는 데 필수적인 자원을 민영화해서는 곤란하다는 취지입니다. 예컨대 외국 사례를 보면 물과 같은 기본재의 경우 민영화하면서 온갖 폐해가 벌어지지 않습니까? 우리도 이런 부분에 대해서 미리 대비해야 한다고 봅니다.

논산시는 수도관리사업본부를 따로 두고 있는데 사업 운영을 민간에 위탁했어요. 부분 민영화라고 할 수 있지요. 지금도 1년에 한 120억 정도를 위탁회사에 지원하고 있다고 하니 수돗물 값을 올릴 수밖에 없는 구조죠. 공공재에 대한 사회권적 접근이 필요하다 봅니다.

세 번째 '도시 거주자들의 집합적 쾌적성과 안전성.' 시민들의 안락하고 안전한 삶을 보장하는 건 국가의 의무라고 할 수 있습니다. 근래 강조되고 있는 권리 중의 하나가 도시 거주자들의 보행권인데요. 쾌적하고 편안한 거리에서 걸을 수 있어야 건강한 도시생활을 영위할 수 있다는 주장입니다.

네 번째 '환경적·사회적으로 균형 잡힌 도시 계획 및 지속 가능하고 평등한 도시 개발'은 설명이 필요합니다. 저희 충청지역을 예로 말씀드리지요. 논란이 있었지만, 결국 정부기관이 세종시로 이전하지 않았습니까? 당연한 듯이 세종시 곳곳에 아파트단지가 들어섰습니다. 저는 개인적으로 그 광경을 지켜보면서 우리나라는 아파트 없는 도시는 만들 수 없나 하는 생각을 했습니다. 땅은 넓은데 아파트나 오피스텔처럼 밀집 거주 공간만 계속 늘어요. 다른 도시에 비해 개선된 점도 있습니다. 자전거 도로가 잘 설치되어 있고 장애인의 접근성도 상대적으로 좋습니다.

제 고향인 통영만 해도 아파트가 들어서는 바람에 도시경관을 해치고 있습니다. 한 도시의 역사랄까 문화 같은 것들이 거대한 콘크리트 구조물 속에 갇혀버린 느낌이에요. 제가 초등학교 때만 해도 통영에는 아파트가 단 두 곳뿐이었습니다. 당시 선생님 한 분이 제게 아파트 몇 동 몇 호에서 물건을 가져와 달라는 심부름을 시켰는데 단지에 들어가서 나올 때 도저히 입구를 못 찾겠더라고요. (웃음) 그런데 지금은 곳곳에 아파트입니다. '한국의 나폴리'라는 미사여구가 무색할 지경이지요. 좋은 경관이 보이는 곳엔 어김없이 아파트가 들어섰어요. 정작 이탈리아 나폴리에는 이런 아파트가 없죠. 세계적인 관광지에는 고유의 문화를 담은 건축물들이 많습니다. 이를 위해 정부에서 규제도 하고요. 만약 통영도 경주처럼 건축물의 높이를 제한했다면 지금보다는 경관이 훨씬 좋았겠죠.

다섯 번째 '적절하고 균형 잡힌 토지 이용 관리.' 건축물만큼이나 토지 이용도 중요 관리 대상이죠. 1993년 대전엑스포를 개최하고 나서 남은 부지에 수목원을 지었습니다. 우리나라 도심 내 수목원 중에 가장 규모가 커요. 한가운데 커다란 광장이 있었는데 몇 년 전에 그곳에 철제 구조물을 지었습니다. 비 오는 날도 이용할 수 있게 하자면서 거대한 철제 가림막을 설치하는데 190억 원이나 되는 예산을 들였어요. 시민단체에서는 반대했죠. 가뜩이나 돈이 없다면서 그런 곳에 거액의 돈을 쓰는 건 낭비잖아요. 그런데도 시에서 밀어붙입니다. 역시나 이번에도 결과는 별로입니다. 수익성을 보자면 연 1억 원밖에 안 되는 수익으로 유지조차 어려운 상황이에요. 그냥 두는 것이 나았을 텐데 왜 그랬는지 지금도 이해가 가지 않아요. 우리나라는 중앙정부건 지방정부건 광장을 그냥 놔두질 못합니다. 외국의 유서 깊은 도시들은 대개 중앙의 광장을 중심으로 건물들이 균형 있게 배치되어 있는데 말이죠.

마지막으로 '기타 노동, 건강, 교통, 교육문화, 여가, 공공 공간·공공 서비스에 대한 권리.' 이건 지역에서 정말 중요한 문제입니다. 일단 서울·수도권에 비해 기반시설이 열악해요. 인구당 의료시설을 보면 서울이 적긴 합니다만, 도시는 접근성이 좋잖아요. 지역은 접근성이 떨어집니다. 충남의 경우도 큰 병원에 가려면 천안이나 대전까지는 나와야 해요. 그러는 사이 생명 유지를 위한 골든타임을 놓칠 수도 있습니다. 의료서비스야말로 가장 중요한 공공서비스예요. 지역의 의료기관 접근성을 개선해야 합니다.

더구나 지역주민의 고령화가 급속히 진행되는 상황에서 문제는 더욱 심각해질 수 있습니다. 제 고향인 통영의 섬 지역은 이제 젊은 사람이 없습니다. 다 도시로 나가고 섬에는 어르신들만 남아 계세요. 제 누나가 다

인구 천 명당 의료기관 병상 수

시도별	2008	2009	2010	2011
서울특별시	7.13	7.15	7.37	7.78
부산광역시	12.00	12.94	14.29	15.63
대구광역시	10.49	11.21	11.45	11.91
인천광역시	8.69	8.71	8.68	8.26
광주광역시	12.96	13.84	14.62	17.05
대전광역시	11.76	12.59	13.30	13.82
울산광역시	9.39	9.69	10.19	10.56
경기도	7.78	8.09	8.10	8.69
강원도	10.92	10.85	11.08	10.87
충청북도	10.19	10.56	10.92	11.85
충청남도	10.23	10.77	11.08	11.07
전라북도	12.70	13.72	14.90	16.03
전라남도	13.68	14.14	15.32	16.39
경상북도	11.70	11.83	12.40	13.77
경상남도	13.88	14.08	14.51	14.92
제주특별자치도	6.66	7.02	7.36	7.03

국가통계포탈 http://kosis.kr

니던 초등학교도 폐교되었고요. 사람이 살지 않는 지역은 황폐해집니다. 삶의 공간이 아닌, 도시인들이 쉬러 오는 공간쯤으로 남게 되는 거예요. 인권적 기준을 가지고 이런 지역에 대한 대책을 마련해야 합니다.

네, 이상으로 지역에서 당면한 인권 문제에 대해 말씀드렸고요. 마지막으로 지역의 인권 현장을 소재로 인권교육을 할 수 있는 사례를 소개하면서 강의를 마치고자 합니다.

삶의 현장은 곧 인권의 현장

우리나라 곳곳에는 한국전쟁 당시 유적지가 많습니다. 승전지나 치열한 전투를 벌인 곳에는 기념비나 기타의 유적물들이 보존되어 있지요. 말하자면 평화보다는 전쟁을 기념하는 장소인 겁니다. 반면 민주주의나 인권에 관한 유적지는 별로 없어요. 충남지역만 해도 독립운동 유적지가 많은데요. 이런 곳을 잘 보존하고 활용하는 것도 지역의 인권교육에서 중요한 하나의 방법이라고 생각합니다.

대전에서는 한국전쟁 당시 대전교도소에서 수감자와 전국에서 강제로 끌려와 억울하게 집단 학살된 보도연맹원 분들을 기리는 위령제가 매년 열립니다.[41] 집단학살 장소인 산내 지역에서는 지금도 조금만 땅을 파면 유골이 나옵니다. 참여정부 시절인 2005년 한 차례 유해 발굴 작업을 한 뒤 정부의 예산을 받아서 거기다 표지판을 세우려 했어요. 그러나 결국 좌절됐습니다. 해당 지역의 구청장이 부정적인 이미지라고 이걸 거부한 거예요. 국가폭력에 대한 생생한 인권교육장이 될 수 있었

---

41 1950년 6월 28일경~7월 17일 사이 대전형무소에 수감된 1800명 이상의 재소자와 보도연맹원들이 충남지구 CIC(육군특무부대)와 제2사단 헌병대, 경찰 등에 의해 집단 살해된 사건. 2010년 진실·화해를 위한 과거사정리위원회(진실화해위원회)는 이 사건을 '국가에 의한 명백한 불법행위'로 인정한다.

는데 아쉬울 따름입니다.

충북 영동에 가면 노근리평화공원이 있습니다. 노근리 학살[42]은 2차 세계대전 이후 미국이 민간인 학살을 인정한 몇 안 되는 사례 중 하나죠. 미군이 주민 200여 명을 학살한 사건인데, 지금은 기념관과 평화공원이 조성되어 있습니다. 전쟁의 참상과 평화의 소중함을 생생하게 느낄 수 있는 인권교육장이라고 할 수 있어요.

한국판 '쉰들러 리스트'라고 할 수 있는 사례도 있습니다. 충북 영동군 용화면사무소 앞에 가면 "지서주임 이섭진 영세불망비"라고 쓰여 있는 비석이 하나 있습니다. 이 비석에 나오는 이섭진 씨는 한국전쟁 당시 경찰관으로서 상부의 지시를 어기면서까지 민간인 집단학살을 막은 분이에요. 이것도 보도연맹 사건과 관련이 있습니다. 전쟁 전 남한 정부는 예전에 좌익 활동을 했거나 좌익으로 의심되는 사람들을 면 단위로 조사해서 명단을 작성합니다. 당시 영동은 인구도 적고 정말 산골 중의 산골이었어요. 거기서 좌익사상을 가진 사람이 얼마나 있었겠습니까. 비료배급권 같은 걸 준다고 하니까 별생각 없이 명단에 이름을 올렸다고 해요. 그런데 한국전쟁이 일어나고 인민군이 파죽지세로 밀고 내려와서 바로 근처인 대전도 함락될 위기에 처합니다. 경찰 상부에서는 영동군 내의 보도연맹원들을 한곳에 격리하라는 명령을 내립니다. 그때 이섭진 씨는 '이 사람들 다 죽겠구나!'라고 직감했다고 해요. 전부 동네 형

---

42 1950년 7월 25일~29일 사이 미군이 노근리 쌍굴 다리에서 기관총을 난사해 민간인을 학살한 사건. AP통신의 탐사보도를 통해 세상에 알려졌다. 2004년 노근리 사건 특별법이 국회를 통과하면서 진상규명과 명예회복이 이루어진다.

님이고 아우들인데 얼마나 안타까웠겠어요. 그들이 좌익이 아니란 걸 누구보다 더 잘 알잖아요. 아무리 경찰이래도 양심상 그들이 죽게 내버려둘 수는 없었던 겁니다.

결국 갇힌 사람 중 한 사람에게 탈출할 수 있는 농기구를 숨겨둔 곳을 알려주고는 "당신들, 내일 아침에 죽는다. 새벽이 오기 전에 탈출하라"고 당부하죠. 아니나 다를까 다음 날 면 단위로 보도연맹원에 대한 학살이 이루어져 영동에서만 300여 명이 죽습니다. 이섭진 씨 덕분에 용화면 주민들만 목숨을 건진 거예요. 이섭진 씨가 부산까지 후퇴했다가 다시 영동에 복귀하자 마을 사람들이 환영하면서 감사의 뜻을 모아 만든 것이 바로 '영세불망비'입니다. 이섭진 씨는 돌아가실 때까지 정부 당국으로부터 곤란한 일을 많이 당했는데, 그래도 당시의 일을 절대 후회하지 않는다고 했습니다. 잘못된 국가 폭력에 대해 저항한 예로 이보다 더 생생한 것은 없을 겁니다. 최근 들어 인권운동 진영에서 국가폭력과 악의 평범성을 얘기하면서 나치의 홀로코스트나 한나 아렌트의 사상을 예로 드는 경우를 많이 접합니다. 그런데 살펴보면 다른 지역에도 영동의 경우와 같은 유적지와 사건이 많이 있을 것입니다. 굳이 먼 이국, 이름도 친근하지 않은 외국학자보다는 우리 주변의 인권 현장들을 찾고 또 알리는 것이 더 중요하다고 생각합니다. 여러분이 사는 지역에도 인권을 기준으로 찾아본다면 이런 유적과 인물들을 발견할 수 있을 거라 생각합니다.

영화 〈그래비티〉(2013년)에서 주인공 샌드라 블록은 사고로 우주 공간에 홀로 남아 생과 사의 기로에 놓입니다. 그녀에겐 어린 딸을 사고로 잃은 기억이 있습니다. 지구에 돌아가도 자신을 따뜻하게 맞이할 사람이 아무도 없는 거예요. 그런 막막한 상황에서 어떤 선택을 할지 주목하면서 영화를 봤습니다. 저는 장렬한 죽음을 선택하지 않을까 했는데, 아니더군요. 순간순간의 고비마다 삶에 대한 욕구는 강렬했습니다. 영화를 보면서 생존에 대한 인간의 욕망이 너무나 자연스럽고 고귀하다고 생각했습니다. 지구로 돌아가야 할 이유가 '생존' 그 자체였던 거예요. 인권의 기본적인 출발은 그러한 생명을 지키는 일일 겁니다.

인권은 곧 여러분의 삶이에요. 인권을 찾으러 멀리 갈 필요가 없습니다. 영화에도 인권은 있고, 우리가 동네에서 매일 지나치는 장소가 인권의 현장일 수 있습니다. 주머니 속 스마트폰에도 있고 SNS의 공간에도 있습니다. 여러분 삶의 현장 어디에나 인권은 있습니다. 우리가 인권을 일상에서 실천할 수 있는 이유입니다. 예컨대 길을 걷다가 우리 동네에는 왜 이렇게 지하도, 육교가 많으냐고 문제제기를 할 수 있어요. 자동차 위주인 거잖아요. 보행자 중심으로 장애인들도 쉽게 이용할 수 있도록 도로를 설계해야 한다고 요구할 수 있습니다. 지금 지역에는 자치단체 인권조례도 있고 학생인권조례도 있습니다. 이런 자원들을 충분히 이용해주셨으면 합니다. 인권은 멀리에 있지 않습니다. 바로 우리가 사는 지역이 인권의 현장이라는 점을 다시 한 번 말씀드리면서 강의를 마무리하겠습니다. 감사합니다.

청중: 지역별로 인권조례가 만들어지고 있다고 말씀하셨는데요. 그런 건 국가 차원에서 이를테면 국가인권위원회 같은 곳에서 제정한 것을

일괄적으로 적용하면 되지 않을까요? 군이 지역별로 조례를 두어야 할 이유가 궁금합니다.

이상재: 그건 따로 하는 게 좋습니다. 지역에 따라 상황이 다르니까요. 예를 들면 자치단체에서 인권센터를 만든다고 했을 때, 어딘가에선 교육 위주의 업무를 정하고 어디에선 실제로 인권현장을 지도하기를 바랍니다. 어떤 지역은 인권센터에 조사권까지 부여했어요. 일반적으로는 상위법하고 충돌할 여지도 있는데 그 지역은 그게 필요하다고 판단한 겁니다. 말씀하신 대로 국가인권위원회에서 만든 표준 조례안을 보고 대강 만드는 곳도 있습니다. 하지만 조례를 잘 활용하려면, 지역에서 주민들에게 홍보도 많이 하고 공청회도 열고 하면서 주민의 욕구를 반영해야 한다고 생각해요. 지역의 인권 문제를 지역에서 논의하고 해결하는 겁니다. 그렇지 않으면 조례가 있어도 관심에서 멀어지고 활용도도 떨어집니다.

청중: 자치단체에서 인권조례가 만들어지는 과정이 궁금합니다. 시민들의 역할은 어느 정도 인지요.

이상재: 조례는 지역의 의회에서 만듭니다. 시의원이 의원입법을 하는 경우도 있고 시장이나 도지사가 의회에 상정하는 경우도 있습니다. 중요한 것은 만드는 과정에서 시민의 의견이 반영되거나 홍보를 통해서 인권조례에 대해 시민에게 알리는 과정이 필요한데 적지 않은 지역에서

이 과정이 생략되고 있어서 안타깝습니다. 그래서 시민의 요구와 동떨어질 때도 있고요. 대전 같은 경우는 인권조례에 인권센터 설립도 빠져 있고, 인권위원회의 역할도 상당히 제한적이에요. 나중에 재개정을 하던가 해야죠. 학생인권조례의 경우는 충북, 전북과 같이 범시민사회 차원에서 추진한 경우도 있습니다. 시민이 참여해야 하는 인권조례의 특성상 시민사회가 얼마나 하느냐에 따라 인권조례의 활용과 성과도 차이가 있을 거라고 생각합니다.

청중: 자치단체의 인권위원회는 어떤 일을 하나요?

이상재: 지역 인권조례를 보면 인권위원회에 대한 규정이 있습니다. 인권과 관련한 사항을 자치단체에 권고할 수가 있지요. 서울시 같은 경우는 권고 수용률이 꽤 높은 걸로 알고 있습니다. 그런데 대전시의 인권조례에는 인권위원회에 그런 기능이 없어요. "대전시의 인권정책을 심의하고 전문화할 수 있다." 정도로만 규정하고 있습니다. 추상적이죠. 그래서 좀 더 구체화하려고 여러모로 노력 중입니다.

충남의 인권증진위원회는 2014년 한 해에만 열 번 이상 회의를 하면서 인권기본계획을 추진하고 다듬었어요. 위원들 모두가 처음부터 인권조례와 인권기본계획에 대해 전문가는 아니었지만 회의가 계속될수록 책임감과 열의가 높아진 모범적인 사례라고 생각합니다.

청중: 우리나라의 국가인권위원회의 위상이 어느 정도인지요. 나라별로

다르긴 하겠지만, 요즘 같아선 유명무실한 상태에 있는 건 아닌지 궁금합니다.

이상재: 독립적인 기구이긴 하지만 다른 정부 부처와 비교했을 때 영향력과 권한이 약하죠. 정권이 바뀌면서 더욱 약해졌고요. 최근 들어 검찰이나 경찰 같은 권력기관들은 권고를 무시하기 일쑤입니다. 시민사회에서는 애초부터 위원회에 조사권도 주고 강력한 권한을 부여했어야 한다고 주장했지만 법무부에서 제동을 걸어서 지금처럼 꾸려진 겁니다. 어려움이 많아요. 우리나라만 그런 것은 아닙니다. 전 세계 국가인권기구가 있는 나라가 110개국 정도 되는데, 유럽이나 캐나다 빼고는 대부분 장식에 불과한 경우가 많습니다. 어쩌면 우리나라의 국가인권위원회가 그나마 다른 나라들보다는 사정이 나을 수도 있을 겁니다.

7강

법에서 보장하는 나의 권리를
어떻게 지킬까?

김희수

김
희
수

검사, 의문사진상규명위원회 상임위원, 전북대학교 법과대학 교수로 재직하였다. 현재 인권연대 운영위원이며 2009년 1월 중순부터 변호사로 활동하면서 한국 사회의 인권 현안에 적극적으로 대응하고 있다. 저서로 『법도 때로는 눈물을 흘린다』, 『군 인권법』, 『검찰공화국 대한민국』(공저) 등이 있다.

안녕하세요, 김희수입니다. 제가 말씀드릴 주제인 형사소송이라는 분야가 일반인들이 이해하기는 좀 어렵습니다. 저도 고시공부 할 적에 고생을 했습니다. 다른 법서는 네다섯 번 읽으면 이해가 되는데 이 형사소송법은 도저히 무슨 소린지를 모르겠더라고요. 강의도 제대로 들어본적도 없었죠. 제가 학교 다닐 때는 유신 말기에서 12·12 군사 쿠데타, 5·18 민주항쟁이 이어지던 시기라 수업이 제대로 안 됐습니다. 여러분께는 최대한 이해하기 쉽도록 강의할 예정이니 너무 걱정하지 마세요. (웃음) 그럼 지금부터 형사소송에 대해서 설명을 드리겠습니다.

"부정의한 실정법은 법이 아니다"

형사소송은 범죄혐의가 있다고 추정되는 사람을 상대로 하기 때문에 수사대상이 된 사람의 인권침해를 전제로 합니다. 그래서 모든 절차가 처음부터 끝까지 인권침해와 관련이 되어 있어요.

우리가 형법이라고 하면 범죄와 형벌을 정한 거죠. 예컨대 "사람을 살해한 자는 사형, 무기징역, 5년 이상의 징역에 처한다." 이런 식입니다. 무엇이 죄가 되는지 그럴 땐 어떻게 벌을 줘야 하는지를 규정한 거예요. 그래서 만약 형법이 정한 사안에 해당하는 사건이 발생하면 어떡합니까. 국가가 형벌권을 발동합니다. 그 과정이 바로 형사소송이고 형사절차라고 보시면 돼요. 이걸 규정한 것이 바로 형사소송법입니다.

형법은 성격상 굉장히 정적이고 추상적입니다. 이럴 땐 이렇게 한다, 그게 다예요. 반면 형사소송법은 굉장히 역동적이에요. 사건이 발생하면 수사당국에서 수사해서 증거를 수집하죠. 그런 다음 피의자를 잡아서 기소하면 법원에서 재판을 합니다. 유죄 판결이 나면 형을 집행하게 되죠. 그 과정에서 수많은 변수가 개입합니다. 증거 부족으로 무죄가 나거나 새로운 혐의가 드러나기도 하죠.

일단 이런 식으로 형법과 형사소송법을 구별해볼 수 있고요. 민사소송법은, 개인 간의 분쟁을 해결하는 절차를 규정했다는 점에서 형사소송법과 다릅니다. 민사소송은 대부분 소유권이 누구에게 있다, 돈 얼마 내놔라, 하는 내용입니다. 개인이 주체가 돼요. 반면 형사소송은 국가가 법률에 근거해서 형벌권을 발동하는 겁니다.

예전에는 어땠을까요? 봉건시대에는 왕이나 영주 마음이었죠. 사적 린치가 가해집니다. 죄가 있어도 벌을 받고 죄가 없어도 벌을 받았어요. 양반이 상놈들 잡아다가 두드려패고 심지어 죽이기도 했습니다. 그래도 별문제가 없었어요. 오히려 당연하게 받아들입니다. 그러다가 근대 국가가 등장하면서 사적인 처벌이 국가의 형벌권으로 대체됩니다.

형사소송과 민사소송의 차이에 대해 좀 더 말씀드리겠습니다. 학자들은 민사소송을 '평균적 정의'라고 합니다. 누구나 법 앞에서 평등해야 한다는 얘기지요. 누구든 재산권을 침해받지 말아야 하고 누구든 사유재산권을 처분할 자유가 있습니다. 소송을 통해 이걸 실현해야 하는 거고요. 반면에 형사소송은 '배분적 정의'라고 말합니다. 경우에 따라서 달리 적용해야 한다는 겁니다. 살인죄와 경범죄를 똑같이 벌줄 수는 없잖아요. 각각의 상황을 잘 살펴야 합니다.

오늘 뉴스에서 보니까 박근혜 대통령을 비하하는 낙서를 했다고 경찰에서 광주지역 기초생활수급자 3800명의 명단을 요구했다고 보도하는데요. 무슨 연쇄살인범을 잡는 것도 아니고, 과한 거예요. 배분적 정의에 반하는 것이죠. 같은 것은 같게, 다른 것은 다르게 취급하라는 내용입니다. 그게 형사소송법의 취지입니다.

근대 이후 모든 형벌은 법률에 기반하여 국가가 집행합니다. 감옥에 가두기도 하고, 심지어 사형도 시키죠. 자격을 박탈하기도 하고 벌금도 매깁니다. 최근에 이 벌금을 두고 이슈가 된 사건이 있었죠. 이른바 '황제노역'입니다. 대주그룹 회장이 벌금 대신 노역을 했는데 일당이 평균 5억 수준인 거예요. 대단하죠? 놀라운 건 이런 식으로 벌금을 노역으로 대체한 사람이 한둘이 아니라는 겁니다.[43]

벌금을 노역으로 대체하는 걸 '환형유치'라고 하는데요. 여기에 문제가 많습니다. 그래서 작년부터 저희가 인권연대를 중심으로 대안입법을 추진하고 있던 터에 이런 문제가 생긴 거예요.

아무튼 그런 식으로 국가가 형벌을 집행하는데, 여기서 우리가 주목해야 할 것은 인권의 제한과 관련한 부분입니다. 국가가 개인을 가두고, 일 시키고, 재산권을 제한하는 것이니까요. 그래서 이 형벌권은 반드시 법률로 엄격하게 정해집니다. 이게 우리가 말하는 '법치주의', '죄형법정주의'입니다. 형사소송법도 이와 같은 맥락에 있는 것이고요.

여기에 대해 우리 헌법은 다음과 같이 밝히고 있습니다. "누구든지 법률에 의하지 아니하고는 체포·구속·압수·수색 또는 심문을 받지 아

---

43 '허재호 말고도…황제노역 5년간 22명' <한겨레> 2014년 10월 1일자.

니하며, 법률과 적법한 절차에 의하지 아니하고는 처벌·보안처분 또는 강제노역을 받지 아니한다."(대한민국 헌법 제12조 1항)

법에 따라서 적합한 절차를 거쳐 벌을 받는다는 '형사절차 법정주의'입니다. 상당히 합리적이지요? 그렇다면 여러분, 법을 어기면 무조건 처벌받아야 할까요? 만약 법이 잘못 만들어지면 어떡하죠? 사실 오늘날 많은 인권 문제들이 이 지점에서 발생합니다.

근대 사법의 역사를 보면 형식적 법치주의가 성립되는 과정에서 불합리한 일들이 많이 있었어요. 국민을 대표한 의회에서 만든 법이라고는 믿을 수 없는 것들도 버젓이 법적 지위를 누렸지요. 예컨대 아돌프 히틀러가 유대인들을 학살했죠. 이걸 독재자가 자기 맘대로 저질렀다고 알고 계시지만 실제로는 그렇지 않습니다. 뉘른베르크법에 의해서 '합법적'으로 집행돼요.[44] 히틀러의 나치당 자체가 독일 국민의 전폭적인 지지를 받은 합법 정당이었습니다. 절차상 아무런 하자가 없는 거예요. 하지만 결과는 어땠죠? 참혹했습니다. 수백만 명이 학살되는 홀로코스트로 이어졌죠. 인류 역사상 전무후무한 범죄가 법의 이름으로 행해졌습니다.

2차대전 끝나고 전범재판을 하는데 피고들이 전가의 보도처럼 내세운 게 뭔지 아세요. 바로 '법'입니다. 자기들은 법대로 했다는 거예요. 하지만 국제사회는 그런 논리를 인정하지 않았습니다. 실제적으로 정의를 담보하지 않는 법은 무효라는 결론을 내립니다. 바로 "극도로 부정의

---

44 1935년 9월 15일 나치 전당대회에서 공포된 법률로 독일제국 시민법과 혈통보호법을 말한다. 이 법에 따라 유대인은 독일인과의 결혼이 금지되고 주거지는 격리된다. 이 '뉘른베르크법'은 2차 세계대전이 끝날 때까지 약 600만 명의 유대인을 학살하는 '법적 기반'이 된다.

한 실정법은 법이 아니다"라는 그 유명한 라드브루흐의 공식입니다. [45]

우리나라에도 이런 악법이 있지요. 대표적인 게 국가보안법입니다. 저는 그동안 국가보안법으로 기소된 사람들을 변호하기도 했지만 개인적으로 이 법을 한 번도 마음속에서 인정해본 적이 없어요. 저는 법이 아니라고 생각해요. 법적 정당성이 없기 때문입니다.

국가보안법은 역사적 기원을 봐도 그 성격을 알 수 있어요. 일제강점기 때 치안유지법을 그대로 가져다 베낀 겁니다. 치안유지법이라는 게 천왕에게 충성을 맹세하지 않는 자를 반역자로 처벌한다는 내용이에요. 그러니까 당시에 독립운동을 하거나 일제강점에 반대하는 사람은 죄다 범법자가 되는 거였어요. 일본이 패망하고 2차 세계대전이 끝난 뒤 정작 일본에서는 사라진 이 법이 우리나라에서 그대로 살아남은 셈입니다.

국가보안법은 '생각'을 벌주는 법이에요. 서양에서 중세 때 마녀재판이 횡행했죠? 해석이 다양할 수 있습니다만 기본적으로 '믿음'이 다른 사람을 죽인 거예요. 국가보안법도 본질적으로 이와 다르지 않습니다. 모든 사람의 생각을 하나로 만들려는 거예요. 근거도 없고 가능하지도 않아요. 하물며 21세기에 들어선 지도 한참 지난 오늘날 이런 전근대적인 법이 살아 있다는 사실 자체가 충격입니다.

우리나라 악법들의 뿌리는 깊습니다. 박정희 정권 때는 유신헌법이라는 게 있었죠. 이 법에 기초해서 긴급조치라는 것도 나옵니다. 한마디

---

45 독일의 법철학자 라드브루흐(Radbruchsche)가 제시한 법적 원칙.

로 대통령 마음대로죠. 말 안 들으면 무조건 처벌입니다. 재판도 제대로 못 받았어요. 최근 사법기관에서 긴급조치가 위헌·무효라는 판결이 잇달아 나왔습니다.[46] 한마디로 잘못된 악법이라는 거예요. 참고로 긴급조치 근거가 된 유신헌법을 만든 사람이 김기춘 전 대통령 비서실장입니다.

긴급조치가 위헌·무효로 결론났기 때문에 이제 긴급조치와 관련해 남은 쟁점은 손해배상과 관련한 겁니다. 국가가 잘못해서 피해를 줬으면 배상을 해야 하잖아요. 그런데 당시 사법부에 있던 검사와 판사들이 법률에 따라 수사하고 재판했다고 항변합니다. 법대로 했으니 우리는 죄가 없다는 거예요. 공교롭게도 유대인을 학살한 나치 전범들의 논리와 똑같습니다.

자, 이렇게 해서 형사소송법이 인권과 어떤 관계에 있는지를 말씀드렸고요. 다음에는 좀 더 구체적으로 국가가 죄를 가리고 형벌을 집행하는 과정인 형사절차를 살펴보도록 하겠습니다.

형사소송 절차와 인권

형사절차란 원래 공소제기 이후의 공판절차를 의미하는데, 일반적으로는 수사절차, 공판절차, 집행절차를 포괄하여 사용되고 있습니다.

---

46 2010년 12월 대법원 전원합의체는 긴급조치 1호와 9호가 위헌·무효임을, 2013년 5월에는 긴급조치 4호가 위헌·무효임을 확인한다. 헌법재판소도 2013년 3월 긴급조치 1·2·9호에 대해 위헌 결정을 내린다.

소송을 하려면 먼저 수사당국의 수사가 이뤄져야죠. 경찰과 검찰이 수사를 하면 결과가 나오겠죠. 죄가 없으면 없다, 있으면 처벌은 어떤 식으로 해야 한다, 이런 식으로요. 그렇게 해서 최종적으로 기소권을 가진 검사가 법원 재판에 회부합니다. 여기까지가 수사절차고요. 그다음에 공판절차로 이어지지요. 법관들이 수사기관에서 제출한 수사 및 증거자료와 변호인 측의 반론을 듣고 법률에 근거해 판결을 내립니다. 그러면 이제 집행이 남습니다. 공판 결과에 따라 무죄로 풀려나든, 벌금을 내든 징역을 살든 하겠죠. 형사절차는 이렇게 세 단계로 구성됩니다.

먼저 수사의 절차를 살펴볼까요.

형사소송법은 "검사는 범죄의 혐의 있다고 사료하는 때에는 범인, 범죄사실과 증거를 수사하여야 한다"고 규정하고 있습니다(제195조). 의무규정이에요. 죄가 있을 것 같으면 수사를 하란 얘깁니다. 그런데 여기서 '범죄의 혐의'라는 게 수사기관의 주관적 혐의로 충분합니다. 쉽게 얘기하면 '저 사람은 왠지 죄를 저지를 것 같다'고 생각하면 수사할 수 있다는 거예요.

그런데 경찰이나 검찰이 자기들 맘대로 수사하다 피해를 보면 어떻게 됩니까? 예컨대 제가 검사한테 밉보였다고 칩시다. 그 사람이 보기에 나는 죄가 많아. (웃음) 그렇다고 막 잡아서 심문하고 그럴 수 있습니까? 불법입니다. 아까 말씀드렸죠. 우리 헌법은 수사하려면 적법한 절차를 거치라고 명시되어 있어요. 그래서 이번엔 검사가 머리를 씁니다. 현행범으로 집어넣고 싶어요. 제가 가는 길목마다 잠복해서 무슨 죄를 저지르나 지켜봅니다. 그러다 어느 날 제가 술을 마시고 흥분해서 술병을 깼어요. 이 장면을 딱 찍어서는 폭력행위 등 처벌에 관한 법률로 기소합니다. 이건 합법인가요? 표적수사지만 우리나라에서는 이런 수사관행이 용인되고 있어요. 사실상 국가형벌권이 남용되고 있는 겁니다.

그래서 수사의 조건으로 필요성과 상당성이 문제가 됩니다. 필요성이라는 건 말 그대로 국가형벌권을 발동시키는 데 적정한 필요성이 인정되어야 한다는 겁니다. 상당성이란 공익상 필요의 정도와 균형을 유지해야 한다는 것이고요. 그래서 이 두 가지 조건을 충족했을 때 정당한 수사라고 할 수 있어요.

예컨대 수사기관에서 A라는 사람을 명예훼손죄로 기소했다고 합시다. 수사를 하려면 고소가 있어야 하잖아요. 그 후에 수사를 진행하는 게 정상입니다. 그런데 수사를 진행해놓고 고소를 유도했다면 부당한 수사입니다. 기본적으로 표적을 정해놓고 수사했으니까요. 혼내 주고 싶은 사람을 찍어놓고 어떻게든 형사처벌이라는 올가미를 씌우자는 거예요. 이런 관행들이 인권침해의 대표적인 사례입니다.

위법성을 피하려고 수사기관들이 잘하는 변명이 있습니다. 바로 '내사'(內査)라는 건데요. 범죄가 성립되는지를 확인하려고, 본격적인 수사에 들어가기 전에 하는 실체 규명 활동을 뜻합니다. 그런데 이 둘 사이에 구분이 굉장히 모호해요. 왜 표적수사했느냐고 항의하면 '내사'였다면서 빠져나갑니다. 차라리 정식으로 수사에 들어가면 변호사가 방어할 수가 있는데, 내사는 사건 자체가 성립이 안 된 상태라서 법적인 방어가 어렵습니다. 잡아 가두고는 내사 중이라고 하면 그만입니다. 당사자로

선 환장할 노릇이겠죠. 내사 역시 수사조건에 대해 법률로 규정이 되어야 하는데 방치되어 있어요. 법적인 사각지대인 거죠. 내사라면서 법원에서 영장을 발부받아서 압수수색 해버리는 사태까지 생기는 겁니다.

자, 그럼 원칙적으로 수사는 언제 시작하느냐. 형사소송법 등에 의하면 고소, 고발, 불심검문, 변사체 검시, 자수, 신고, 인지 등의 단서가 있을 때 수사를 개시합니다.

고소는 직접적인 이해관계자가 하는 거죠. 고발은 그런 거 없이 제삼자가 누구를 처벌해달라고 나서는 거고요. 가령 참여연대 같은 시민단체에서 삼성의 경영권 편법승계를 수사하라고 요구하는 겁니다. 둘이 직접적인 이해관계가 없잖아요.

불심검문은 지나가는 사람 불러서 물어볼 수 있는 권리고요. 이건 나중에 자세히 말씀드리겠습니다. 변사체 검시라는 건 발견된 시체를 통해 죽음의 원인을 밝히는 겁니다. 어느 날 한강에 시체가 한 구 떠올라요. 자살일 수도 있고 범죄사건일 수도 있으니 부검을 합니다. 강에 빠지기 전에 이미 죽은 상태였는지 확인합니다. 사람을 죽여서 물에 빠뜨리면 호흡기가 작동을 안 했기 때문에 플랑크톤이 뱃속까지 못 들어갑니다. 이걸로 살해 여부를 판단할 수 있죠.

자수나 신고도 당연히 수사개시의 단서가 되고요. 마지막으로, 수사기관이 독자적으로 인지하는 경우도 있습니다. 이건 주로 특수부에서 하는 일이에요. 범죄관련 첩보를 받아서 수사가 시작되기도 하죠.

수사에 협조하지 않을 권리

자, 이렇게 수사가 시작될 요건이 갖춰졌다면 이제 수사에 들어가야죠. 이때도 원칙이 있습니다.

첫 번째가 임의수사의 원칙이에요. 임의수사는 당사자의 동의와 승낙을 전제로 하는 겁니다. 강제로 하지 않는다는 거예요. 강제수사는 법률에 규정이 있는 경우에만 가능합니다. 체포영장을 발부받든가, 현행범으로 체포하든가, 압수수색 영장을 발부받는다든가 이런 식으로 법으로 정해진 절차를 거쳐야 해요. 임의수사가 원칙이고 강제수사는 예외입니다.

'임의동행'이라는 게 있습니다. 1990년대 초반까지 수사기관에서 마음대로 남발하며 휘둘렀던 수사방식입니다. 원래는 이건 당사자의 동의가 있어야 해요. 우리가 보통 알고 있듯이 그냥 끌려가는 거, 이건 임의동행이 아니라 '체포'입니다. 잠복해 있다가 불쑥 나타나 "잠깐 가시죠." 하면서 끌고 갑니다. 그래도 이건 양반이에요. 한밤중에 집에 쳐들어와서, 가족들 다 보는 앞에서 경관들이 신발을 신은 채 안방으로 밀고 들어옵니다. 그럼 무슨 일인지도 모르고 일단 나가요. 그래놓고선 당사자가 동의했다고 잡아뗍니다. 당사자의 동의와 승낙을 전제로 해야 하는 임의동행을 자기들 마음대로 해버리는 거예요. 대표적인 인권침해입니다. 여기에 대해 위법성을 인정한 판례도 있습니다. [47]

---

47 "수사관이 동행에 앞서 피의자에게 동행을 거부할 수 있음을 알려주었거나 동행한 피의자가 언제든

합당한 이유가 있고 법적 절차를 밟아 체포나 구속이 될 수도 있겠죠. 이때 알아야 할 것은, 변호인 접견교통권, 피의자 심문조서 증감 변경청구·이의제기권, 영장실질심사제도, 체포·구속적부 심사제도 등입니다.

변호사를 만나는 거야 당연한 권리고요. 특히 '피의자 심문조서 증감 변경청구·이의제기권'[48] 이건 매우 중요합니다. 꼭 기억하세요. 나중에 써먹을 데가 있을지 몰라요. 그런데 경험상 아무리 강요를 해도 당사자들이 변호사 말을 잘 안 들어요. 수사기관에 가면 무조건 협조해야 한다는 강박이 있습니다. 우리나라 사람들 너무 착해요. (웃음)

지금까지의 선입견은 버리고 잘 들으세요. 우선 피의자가 수사기관의 수사에 협조해야 할 의무는 전혀 없습니다. 오히려 거부할 수 있지요. 이건 법에 그렇게 나와 있어요. 수사관들도 그 사실을 잘 알고 있어요. 그래서 유능한 수사관일수록 꼼수를 씁니다. 심문 때 나온 얘기를 짜깁기해서 조서를 꾸며요. 얼핏 보면 '범행을 자백한' 것처럼 보이게요.

예컨대 가운데는 쏙 빼고 앞뒤를 대충 말이 되게 맞춰요. 그럴듯하단 말이죠. 그 과정에서 피의자에게 유리한 진술은 모조리 빠집니다. 그리고는 항의하면 나중에 검찰, 또는 법원에 가서 말하라고 해요. 저도 그런 사례 몇 번 봤어요. 이런 걸 막고자, 자신이 쓴 조서를 확인하고 수정

지 자유로이 동행과정에서 이탈 또는 동행장소로부터 퇴거할 수 있었음이 인정되는 등 오로지 피의자의 자발적인 의사에 의하여 수사관서 등에의 동행이 이루어졌음이 객관적인 사정에 의하여 명백하게 입증된 경우에 한하여, 그 적법성이 인정되는 것으로 봄이 상당하다."(대법원 2006.7.6. 선고 2005도6810)

48 "(…) 피의자가 증감 또는 변경의 청구 등 이의를 제기하거나 의견을 진술한 때에는 이를 조서에 추가로 기재하여야 한다. 이 경우 피의자가 이의를 제기하였던 부분은 읽을 수 있도록 남겨두어야 한다." (형사소송법 제244조 2항)

할 수 있게 한 겁니다.

사람이 심리적으로 위축되면 자기한테 불리한 진술도 하게 되어 있잖아요. 수사관들이 앞에 떡 버티고 서서 "너, 이랬지, 이랬잖아!" 호통이라도 치면 그냥 그렇다고 말해버리고 빨리 집에 가고 싶은 마음이 듭니다. 진술거부권을 행사할 수도 있지만, 경우에 따라 말을 하지 않는 것이 불리하게 작용할 수도 있고요. 인간의 기억은 상황에 따라 달라져요. 안 한 일도 꼭 자기가 한 것 같고, 못 본 일도 꼭 자기가 본 거 같아요. 교통사고 같은 것도 그 순간에 신호등을 못 봤는데 봤다고 해버려요. 그랬을 때 경찰·검찰 조서를 열람하고 "이건 사실과 다르다. 난 이런 말 한 적 없다. 빼달라." 이런 식으로 이의를 제기할 수 있다는 거예요. 그러면 조서에 이의제기 이유도 쓰게 되어 있습니다. 물론 경찰이나 검찰은 싫어합니다. 고생고생해가면서 끼워 맞췄는데 처음부터 다시 해야 하잖아요. (웃음) 하지만 피의자에겐 대단히 중요한 권리입니다.

조서 주면 꼼꼼히 읽어보세요. "경찰님이, 검사님이 알아서 잘 썼겠죠." 하다가는 큰코다칩니다. 열심히 읽고 있으면 바쁘다고 짜증을 낼 수도 있습니다. 다 전략이에요. 미안해하지 말고 문구 하나하나 짚어가며 읽어보세요.

만약 지적한 부분이 반영이 안 되면 서명을 거부하세요. 피의자 서명이 없는 진술조서나 피의자 신문조서는 무효입니다. 그런데 이걸 대충 찍어주고는 나중에 후회하는 분들 많이 봤습니다. 서명하는 순간 기회는 다시 오지 않아요. 그전에 모든 걸 꼼꼼히 확인해야 합니다.

영장실질심사제도, 체포·구속 적부심사제도, 이런 건 변호사의 도움을 받아야 합니다. 영장실질심사 관련해서는 법원이 구인영장을 발부했을 때 피의자를 소환해서 직접 물어보는 피의자 심문제도라는 게 있다는 것이고요. 체포·구속 적부심사제도라는 건 구속영장이나 체포영장이 발부된 뒤 피의자가 위법·부당하다고 심사를 제기하는 겁니다.

자, 여기까지 왔으면 이제 수사를 종결해야죠. 그런데 수사는 누가 시작합니까. 법률적으로 수사의 주체는 검사입니다. 경찰은 보조역이에요. 수사권을 두고 경찰과 검찰이 갈등하는 이유도 여기에 있습니다. 경찰의 수사권이 독립했다고 착각하시는 분들도 있는데, 사실이 아닙니다. 30~40년을 싸워서 겨우 수사를 개시할 권리 정도를 얻은 게 다예요.

어디까지나 수사의 주체는, 법률상으로는 수사의 주재자라는 표현을 씁니다만, 검사예요. 형사사건에서는 검사가 왕입니다. 형사사건의 최종적인 결정 권한을 가졌지요.

'검찰공화국' 대한민국

이렇게 수사를 마치면 검사가 공소를 제기합니다.

조서도 살펴보고 증거도 보니까 이 사람이 죄지은 게 맞다, 그런데 아주 사소하다, 이러면 벌금형으로 약식기소[49]합니다. 죄가 좀 무겁다 싶으면 법원에다 정식으로 기소하고요. 이때 도주 및 증거인멸의 우려가

---

49 죄가 가볍다고 판단하여 벌금형에 처할 것을 취지로 하는 기소. 약식기소된 사건은 공판을 열지 않고 서면 심리에 의해 재판이 이루어진다.

있다 싶으면 구속을 하고 아니면 불구속 상태에서 기소해요. 이렇게 공소제기가 이뤄지면 공은 법원으로 넘어갑니다.

또는 검사가 불기소 처분을 합니다. 그냥 그 상태에서 끝내는 거예요. 형사사건 중에 법원으로 넘어가는 즉, 정식 재판에 회부되는 경우는 극히 적습니다. 검찰이 수사한 사건 중에서 20퍼센트가 안 돼요. 80~90퍼센트는 검찰 손에서 거의 마무리됩니다. 나머지는 다 '혐의 없음'이에요. '증거 부족'이 주요 사유입니다. 범죄가 의심된다고 해도 이를 인정할 만한 증거가 없다는 이야기입니다. 증거가 없다는 건 무슨 뜻입니까. 범죄가 치밀해서일 수도 있지만 수사가 미진해서일 수도 있습니다. 수사기관의 역할이라는 게 범죄자 처벌만은 아닙니다. 시시비비를 가려 피해자를 보호하는 것도 수사기관이 해야 할 일이지요. 그런데 대부분의 사건이 고소해도 증거가 없어서 기소가 안 돼요. 피해자 입장에서는 안타까운 일이죠. 외려 고소인한테 증거 가져오라고 합니다. 법이 피해자의 편에 서려면 가야 할 길이 먼 거예요. 실제로 사기죄나 횡령죄, 이런 걸로 고소·고발된 사건들의 95~96퍼센트는 재판정 근처에도 못 가고 종결됩니다.

'죄 안 됨'도 불기소 처분의 이유입니다.

이건 말 그대로 위법성이나 책임을 묻지 못하는 경우예요. 여러분, 정당방위라고 들어보셨죠. 갑자기 강도가 지갑을 훔치려고 해요. 그래서 붙어서 싸웠는데 강도 이빨이 나갑니다. 이거 물어줘야 하나요? 정당방위죠. 설령 강도가 상해나 폭행으로 고소한다고 해도 '죄 안 됨'으로 불기소 처리될 게 확실합니다. 법률용어로는 '위법성 조각사유'가 있다고 말합니다. 그럴 만한 정당한 이유가 있다는 뜻이에요. 물론 목격자가 있어야겠죠. 어두컴컴한 데서 둘이 붙어 싸웠다. 그럼 그 사람이 정말 강도질을 하려고 했는지, 그냥 기분이 나빠서 주먹을 날린 건지 본인이 입증해야 합니다. 쉽지 않겠죠.

법에 의한 행위도 '위법성 조각사유'에 해당합니다. 안 좋은 사례이긴 합니다만, 최근에 제가 부산 형제복지원 입법공청회 때문에 관련 자료들을 훑어보았습니다. 사건재판 기록을 쭉 보니까, 당시 대법원에서 원생들에 대한 불법감금 혐의에 대해 무죄를 선고해요. 법령에 따라서 했기 때문에 정당행위라는 이유였습니다. 납득이 안 가죠.

어떤 행위가 정당하려면 목적이 정당해야 해요. 수단은 상당해야 하고요. 그 피해는 최소한에 그쳐야 하고, 침해되는 이익과 달성하려는 공익적 목적 사이에는 법적 균형성이 유지되어야 합니다. 우리가 '비례의 원칙' 또는 '과잉금지의 원칙'이라고 합니다. 헌법상의 대원칙으로 대단히 중요한 법적 원리예요. 그런데 위의 판결처럼 법령에 의하면 다 정당한 행위인가, 따져보면 아니라는 결론이 나옵니다. 수단이 상당하고 우리 사회 상규에 어긋나지 말아야 해요. 사회상규에 어긋나지 않는다는 말은 일반적이고 통상적인 감정이나 상식에 반하지 않는 걸 말하는 거예요.

그런데 형제복지원은 노숙자들을 잡아다가 강제 노역을 시켰거든요. 도망 못 가게 사냥개 풀어놓고, 밖에서 열쇠로 잠가 감금시킵니다. 그렇게 죽은 사람이 500명이 넘는데, 지금도 어떻게 죽었는지도 이유도 몰라요. 대한민국판 홀로코스트라고 할 만합니다. 아무튼, 이렇게 검찰이 '죄 안 됨'으로 사건을 종결시키는 경우도 있습니다.

또 하나 '죄 안 됨'의 이유로 '책임 조각사유'라는 게 있습니다. 당사자가 판단력이 없었을 경우에 해당하지요. 가령 심신상실 상태에 있다든가, 14세 미만의 형사 미성년자라든가, 이들의 행위는 죄로 처벌할 수 없어요. 법률적으로는 의사 변별능력이나 의사 결정능력이 없는 경우, 즉 자기의 의지로 뭔가 판단하고 결정할 수 없을 경우, 이를 심신상실 또는 심신미약으로 평가해서, 제한된 처분을 합니다.

불기소 처분의 또 다른 이유는 '공소권 없음'입니다. 이건 수사기관들이 처벌하지 못한다는 말이에요. 공소시효가 지났을 때가 대표적이죠. 재판권이 없다든가, 또는 피의자가 사망했다든가 하면 처벌을 할 수가 없잖아요.

다음으로 '기소유예'를 볼까요. 이건 죄는 인정이 되는데 처벌할 가치가 없다고 하는 겁니다. 특히 소년범의 경우가 여기에 해당하는 경우가 많죠. 어린 친구들에게는 기회를 한 번 줘야 하잖아요.

기소중지나 참고인중지는 수사를 중간에 하다가 마는 겁니다. 피의자에게 아무리 나오라고 해도 안 나와요. 지방에서 막노동하는 사람이라 통지도 제대로 못 받습니다. 지금은 어디에 있는지도 몰라, 그러면 기소를 중지하는 거예요. 물론 악용될 소지도 있습니다.

'참고인중지'는, 수사에 결정적인 단서가 될 만한 참고인을 만날 수 없을 때 합니다. 머리 좋은 범죄자들이 쓰는 수법이기도 해요. A는 B의 핑계를 대고 B는 C의 핑계를 대고 서로 다 엉뚱한 핑계를 대요. 가공인물을 내세우는 일도 있고요. 있지도 않은 사람을 만들어서 뒤집어씌우면 수사기관에서는 갑갑한 거예요. 그래서 그 사람 소재 파악될 때까지 기소중지, 이런 결정을 내립니다. 불가피한 측면도 있지만, 수사기관에서 잘 안 풀리는 사건을 이런 식으로 종결하기도 합니다. 해결해야 할 사건들이 늘 밀려 있잖아요.

이상의 내용을 요약하면 다음과 같습니다.

1. 공소제기: 구공판(구속, 불구속), 약식명령
2. 불기소 처분
    가. 혐의 없음(증거 없음, 피의사실이 범죄를 구성하지 않는 경우)
    나. 죄 안 됨(위법성, 책임성 저각사유)
    다. 공소권 없음(공소시효 완성, 친고죄, 재판권 없는 때)
    라. 기소유예
    마. 기소중지, 참고인 중지
3. 불복: 검찰 항고, 헌법소원, 재정신청

우리나라는 기소독점주의와 기소편의주의를 택하고 있어요. 기소독점주의라는 것은 국가만이 죄를 물을 수 있고 그중에서도 검사만이 할 수 있다는 것이죠. 기소편의주의라는 건 검사 마음대로 할 수 있다는 것입니다. '재량'이라는 표현을 씁니다. 합리적 재량이고 합목적적 재량이라는 표현을 씁니다만, 어쨌든 검사가 결정하는 거예요.

참고로 제가 『검찰공화국, 대한민국』[50]이라는 책에서도 언급했지만, 전 세계에서 대한민국 검사만큼 강력한 권한을 가진 집단도 드물어요.

---

50 하태훈·김희수·오창익·서보학 지음, 삼인출판사(2011년 2월).

독일 나치시대 때 검사보다 더 셉니다. 그러다 보니 국민들을 별로 안 무서워해요.

일례로 김영삼 정부 때 12 · 12 군사 쿠데타, 5 · 18 광주민주화운동과 관련해서 전두환, 노태우 두 전직 대통령에 대한 고소 · 고발이 줄을 이었습니다. 그런데도 검찰에서는 이러저러한 이유를 들어서 기소유예, 혹은 공소권 없음 판단을 내려요.[51] 결국 특별법에 의해 두 사람 모두 중형을 선고받습니다만, 그 과정에서 보여준 검찰의 태도는 공분을 일으켰습니다. 신군부가 내란을 목적으로 군인들을 동원해서 총칼로 헌법을 짓밟고 국민을 죽이고 권력을 탈취했지만, 이걸 무마할 수 있는 어마어마한 권력을 검찰이 가지고 있다는 것을 확인해준 거예요.

공판절차와 재판의 원칙

기소절차가 마무리되면 공소장을 법원에 보냅니다. 여기서 '공소장 일본주의'라는 원칙이 적용되는데요, 이게 일본식 표현입니다만, 공소장을 관할 법원에 제출할 때 다른 부가 서류는 내지 말라는 겁니다. 판사의 예단이나 편견을 불러일으킬 수 있는 일체의 서류는 빼고 달랑 공소장

---

51 1993년 7월 19일, 신군부 세력에 의해 지휘권을 강탈당한 정승화 당시 육군참모총장과 장태완 수경사령관 등 22명은 전두환·노태우 등 34명을 군 형법상의 반란 및 내란 목적 살인 혐의로 검찰에 고소한다. 이듬해인 1994년 5월 13일에는 5·18 피해자 322명이 전두환·노태우 등 5·18 관련 책임자 35명을 내란 및 내란 목적 살인 혐의로 서울지검에 고소한다. 검찰은 군 형법상의 반란죄에 대해 12·12가 명백한 군사반란 행위임을 확인했으나, 불필요한 국력 소모 우려가 있다는 이유로 기소유예 처분을 내린다. 또한 5·18과 관련해서는 신군부의 범죄행위를 인정하면서도 "성공한 쿠데타는 처벌할 수 없다"며 불기소 처분한다.

한 장만 내라는 거예요. 가령 공소장에 잔인한 살해현장을 찍은 사진을 첨부했다고 합시다. 그럼 판사도 인간인데 나쁜 사람이라는 생각이 들겠죠. 자기도 모르게 유죄라는 선입견을 갖게 됩니다. 일단 이런 편견이 생기면 재판을 아무리 공정하게 진행하려고 해도 어렵다는 거예요.

또 하나, '불고불리(不告不理)의 원칙'이라는 게 있습니다. 이건 검사가 공소제기한 사실에 대해서만 법원이 판단할 수 있다는 겁니다. 관련 없는 사항에 대해서는 아무리 판사라도 왈가왈부할 수 없습니다. 제가 형제복지원 사건을 또 예로 들어야겠는데요. 앞서 재판에서 업무상 횡령죄, 초지법 위반, 외환관리법만 유죄판결을 받아요. 살인 같은 건 아예 검찰에서 기소조차 안 된 겁니다. 당시 수사를 맡았던 검사의 말에 의하면 엄청난 압력이 있었다고 해요. 제대로 수사할 수 없을 정도로 주변에서 난리를 쳤답니다. 그래서 법원에서도 어쩔 수가 없었겠죠. 불고불리의 원칙은 "법원이 심판할 수 있는 심리의 대상과 재판의 대상은 검사가 공소제기한 범위로 제한된다"는 것이에요.

이렇게 된 데에는 이유가 있습니다. 만약, 검사가 공소제기하지 않은 사실을 법원이 유죄로 판단하면 피의자는 불이익을 받게 될 테니까요. 그래서 피의자를 보호하고자 확립된 근대법의 대원칙이기도 합니다.

공판절차를 계속 진행해볼까요. 검사가 공소장을 법원에 제출하면 피의자에게 공판 기일을 알립니다. 날짜 맞춰 가면 재판이 진행되는 거고, 이때 판사가 진술거부권을 고지합니다. 불리한 진술 안 해도 되고, 그럼으로써 형사상 불리한 처분을 받지 않는다는 사실을 알려주는 거예요. 그리고 피의자가 본인인지 아닌지 확인합니다. 인정심문이라고 해서 성명, 주민등록번호, 주소 이런 걸 확인해요. 그런 다음 검사가 모두 진술을 하죠. 피고인이 몇 년 며칠 어디에서 무슨 범죄를 저질렀다, 그래서 이런 형벌이 필요하다, 이렇게 요약을 합니다.

피고인의 모두진술이 이어지고요. 그런 다음 증거조사를 합니다. 검사가 증거를 제시하면 피고인이나 변호인이 받아들일 수 있는지 없는지 확인을 하겠죠? 그럼 증인을 부르거나 증거를 검증하는 절차를 밟게 됩니다. 증거에 대한 검증절차가 끝나면 이제 마지막으로 피고인 심문을 하죠. 그다음 최종적으로 재판 결론을 냅니다. 판결 선고가 이루어지죠.

공판절차에는 몇 가지 원칙들이 있어요.

첫째가 구두심리주의입니다. 말로 해야 해요. 반대말은 서면심리주의겠죠. 약식명령, 벌금에 처하는 이것은 서류상으로만 판사가 보고 판단합니다. 그래서 약식공판에서는 판사가 정식재판청구권이 있다고 고지를 해요. 억울하면 정식으로 청구하라는 거예요.

그리고 직접주의와 공개주의입니다. 판사가 직접, 공개적으로 피고인을 두고 이야기합니다. 예전에는 비공개주의가 많았죠. 특히 시국사건에는 경찰력을 동원해서 다른 사람들 공판 참석 못 하게 막습니다. 실질적으로 비공개주의가 되어버린 거예요.

증거와 관련해서 알려드릴 원칙은 바로 증거재판주의입니다. 그냥은 죄를 못 묻는다는 거예요. 특히 형사재판에서 검사는 증거를 입증해야 할 의무가 있습니다. 재판은 피고인의 무고함을 밝히는 과정이 아닙니다. 검사가 저 사람이 죄가 있다는 사실을 밝혀야 하는 것이죠. 이렇게 해서 재판이 끝나면 판사는 '자유심증주의'에 입각해서 판단합니다. 이건 법률과 양심에 따라서 '자유롭게 독립해서' 판단할 수 있다는 거예요. 독일에서는 법정증거주의라고 해서 일정한 증거가 있으면 유죄를 선고하게 되어 있지만, 우리는 판사의 재량이 있습니다. 물론 이때의 '재량'이라는 것이 '자기 마음대로'라는 의미는 아니에요. 상식이나 논리, 경험칙 등에서 벗어나지 않는 범위에서 판사가 판단하는 겁니다. 또한 판사가 판단할 때 감안해야 할 것으로 '자백보강의 원칙'이 있습니다. 증거가 '자백'뿐이라면 유죄를 선고할 수 없어요. 이를 보강할 다른 증거가 있어야 합니다. 시체도 없고 칼도 없는 상황에서 자백했다고 살인죄로 판단할 수는 없다는 얘기죠. 예외는 있습니다. 예컨대 검사 심문과정에서가 아니라 법정에서 자백하는 겁니다. 강압이 없는 공개된 법정 상황이기 때문에 이때의 자백은 증거력을 인정합니다. 그러니 공판장에서 한 번 자백을 해버리면 유죄를 벗어나기 어려워요.

자, 이렇게 해서 판결이 나면 이제 집행절차에 들어갑니다.

먼저 징역이나 금고 같은 자유형을 받을 수 있고, 벌금 같은 재산형, 투표권이나 피선거권을 박탈하는 자격형, 목숨을 빼앗는 사형 같은 게 있습니다. 그런데 이걸 집행하는 데가 어디냐, 바로 검사입니다. 전 세계에서 유일하다시피해요. 외국 같은 경우는 독립된 기관이 맡아서 해요. 우리나라는 검사가 다 합니다. 가령 징역 10년을 선고받았다 하더라도 3분의 1만 살면 가석방 요건이 충족된단 말이에요. 그럼 검사한테 잘 부탁하면 바로 출소할 수도 있어요.

집행정지 관련해서 형사소송법 470조 1항이 규정하고 있는바, 심신장애로 의사 능력이 없는 상태에서는 필요적으로 집행정지를 할 수 있습니다. 형사소송법 470조에는 인위적 집행정지라고, 현저히 건강을 해하거나 생명을 보전할 수 없는 염려가 있을 때, 연령 70대 이상일 때 등등, 해놓고서는 전부 검사가 결정하게 해놨습니다.

여러분 TV에서 권력층들이 재판받을 때 마스크 쓰고 휠체어 타고 나오는 거 많이 봤죠? 그 사람들은 교도소 나올 때도 그렇게 하고 나와요. 법원에서 유죄판결을 선고해도 검사가 마음먹으면 풀려납니다. 집행정지해주면 돼요. 사법절차 자체가 무력해지는 거예요. 이런 문제를 우리가 앞으로 해결해야 합니다.

지금까지 우리가 수사—재판—집행과정을 순서대로 살펴보았습니다. 이제 그 안에서 벌어지는 인권침해에 대해 짚어보도록 하지요.

"유전무죄 무전유죄"

형사소송의 과정에서는 피해자의 인권과 피의자의 인권이 충돌하는 경우가 많습니다. 사형제도를 두고 말이 많은 것도 그런 이유지요. 저런 범죄를 저지른 사람은 죽어도 싸다는 사람이 있고 그래도 어떻게 인간이 인간을 죽이느냐, 그것은 '사법살인'이다, 라는 주장도 있습니다.

사형을 지지하는 사람들은, 피해자의 인권을 보호하려면 가해자의 생명권을 박탈해야 한다는 논리를 내세웁니다. 또한 사람들이 안전하게 살아갈 권리를 지키기 위해, 범죄 예방 차원에서 강력한 처벌을 해야 한다고 주장하지요. 하지만 여기에는 허점이 많아요. 다른 건 몰라도 범죄예방과 관련해서는 소용이 없다는 것이 통계적으로 입증되었습니다.

그래서 전 세계 많은 나라에서 사형제도를 없앴어요. 유독 미국 등이 이 제도를 고집하고 있습니다. 북유럽의 노르웨이 등 스칸디나비아반도 3국 같은 곳은 감옥도 일반 가정과 다를 바가 없이 해놨습니다. 그런 식으로 사회적응을 돕는 거예요. 물론 이런 곳도 흉악범죄는 예외입니다만.

CCTV도 범죄예방과 프라이버시 보호 사이에서 팽팽한 찬반의견이 있지요. 취지는 좋지만 불특정 다수를 범죄자로 취급하는 CCTV야말로 인권침해라는 겁니다. 소위 흉악범의 얼굴 공개를 두고도 찬반 문제가 있습니다. 국민의 알 권리냐, 무죄추정의 원칙이냐를 두고 부딪치는 거예요. 만에 하나 그 사람이 범인이 아니면 어떡합니까? 재판과정에서 무죄가 나올 수도 있고요.

그런데 우리가 피의자, 혹은 피고인의 인권을 보호해야 한다고 하면 반발이 많지 않습니까? 나쁜 짓을 저지른 사람한테 무슨 인권이 있느냐는 거예요. 하지만 여기에서 말하는 인권은 최소한의 것입니다. 그 사람을 과잉보호하자는 게 아니에요. 죄는 저질렀을망정 인간으로서 최소한의 조건은 지켜줘야 한다는 거지요. 형사사법절차에서 인권은 우리가 증오하는 자들의 인권을 이야기하는 것이지 우리가 사랑하는 사람의 인권을 이야기하는 게 아니에요. 범죄자를 누가 좋아합니까? 살인, 폭행, 강간…, 범죄 자체는 우리가 혐오하는 것들입니다. 그 사람들 예뻐서 봐주자는 게 아니에요. 그들도 우리와 같은 인간이라는 점을 인정하자는 겁니다. 모든 인간은 인간으로서 존엄성을 가지잖아요. 그걸 최소한 보호해주자는 거예요.

편파수사나 수사권 남용도 문제입니다. 예컨대 과거 이명박 정권 때 미국산 쇠고기 수입에 반대하는 대규모 시위가 있었지 않습니까? 그때 경찰의 과잉진압이 공분을 산 적이 있습니다. 여학생이 군홧발로 짓밟히는 장면이 동영상으로 퍼지기도 했지요. 촛불시위 관련해서 시민단체에서 40건 정도 고소를 했는데 기소된 것은 방금 말씀드린 군홧발 사건 딱 한 건이에요. 나머지는 전부 불기소 처리됐어요. 경찰의 인권침해에 대해 검찰이 아주 관대했던 거지요. 반면 시민에게는 기소가 남발됩니다. 2008년 10월에 64명이 구속되고 1500명이 체포됐어요. 어마어마하죠. 죄 없는 시민은 기소하고, 과잉 대응한 경찰은 봐줍니다. 헌법이 보장하는 집회·시위의 자유가 이런 식으로 짓밟힌 거예요.

용산참사 때도 마찬가지였어요. 불행한 사건임에는 분명하지만 수사를 할 때, 경찰이 공권력을 행사하는 데 있어 비례의 원칙, 과잉금지의 원칙을 준수했는가에 대해서는 전혀 수사가 이루어지지 않았습니다. 단지 사건의 피해자인 상인들이 경찰관을 살해했다며 특수공무집행 방해치사 혐의로 기소되지요. 수사과정에서는 그런 것들이 문제시되고요.

재판과정에서도 인권침해가 발생합니다. 재판이 공정하게 진행되지 않는 경우예요. 우선 돈 있는 사람과 그렇지 못한 사람 간의 차별이 존재합니다. 한때 미국을 떠들썩하게 했던 오제이 심슨 사건[52]을 예로 들어보겠습니다. DNA가 일치하는 사람이 둘일 확률은 20만분의 1입니다.

---

52 미국의 유명한 미식축구 선수인 오제이 심슨은 1994년 6월 12일 발생한 살인사건의 용의자로 기소된다. 피해자는 그의 부인과 그녀의 애인이었다. 경찰은 살인현장에서 나온 증거물의 DNA분석 자료를 제시했으나 변호인단에서 인종차별 논리로 방어함으로써 배심원들로부터 무죄판결을 받고 풀려

따라서 DNA가 증거물과 일치한다면 그 사람이 범인이라고 봐야 해요. 그래서 DNA 검사 결과는 법정에서도 강력한 증거능력을 가집니다. 그런데 이걸 피해간 사람이 있어요. 바로 살인죄로 기소된 전직 미식축구 선수 오제이 심슨입니다.

살해현장에서 오제이 심슨의 혈흔이 발견됐고 심슨의 집에서 피해자의 혈흔이 묻은 장갑이 발견됐습니다. DNA 검사결과 모두 일치했고요. 이만큼 완벽한 증거를 가지기도 힘들죠. 빠져나갈 길이 없어 보였습니다. 그런데 변호인단에서 뭐라고 주장했느냐면, 증거들을 획득하는 과정이 적법하지 않았고 따라서 증거능력이 없다는 거였습니다. 또한 수사에 참여했던 경찰관이 인종차별 발언을 한 사실이 있다는 점도 강조했지요. 사건의 본질을 인종차별로 몰아간 겁니다. 그러자 여기에 동조한 배심원들이 무죄판결을 내린 거예요. 그러자 언론에서는 난리가 났지요. 미국 사법 역사상 가장 치욕적인 판결이라느니, 배심원제도의 문제점을 드러냈다느니 판결을 비판하는 목소리가 높았습니다. 그도 그럴 것이, 당시 오제이 심슨은 미국에서 엄청난 유명인이었고 돈도 많았거든요. 최강의 '드림팀' 변호인단을 꾸렸습니다. 이 과정에서 거액의 재산을 쏟아부은 것으로 알려져 있습니다. 보통 사람이었다면 어땠을까요. 당연히 살인죄를 선고받고 수십 년을 감옥에서 보내야 했겠지요. 그만큼 미국의 사법제도가 돈에 취약하다는 말입니다.

난다. 그러나 유족들이 제기한 민사소송에서는 유죄가 인정되면서 거액의 배상금을 물게 된다. 이후 심슨은 2007년 9월 라스베이거스의 한 호텔에서 무장강도행각을 벌이다가 붙잡혀 33년 형을 선고받는다.

우리나라는 어떨까요? 미국처럼 노골적이지는 않지만 '전관예우'라는 게 있습니다. 우리 언론에도 자주 등장하는 문제지요. 전직 고위급 법조인들이 퇴임 후 변호사 사무실을 차리잖아요. 이분들 승소율이 상당히 높습니다. 자기들끼리 '예우'를 지켜주는 거예요. 그래서 이런 분들은 변호사 수임비가 상상을 초월하게 높습니다. 돈만 있으면 이런 사람들에게 사건을 맡겨서 얼마든지 자신들에게 유리한 판결을 끌어낼 수 있는 거예요. 자유를 돈으로 사는 것과 마찬가지죠.

이런 상황에서 사법정의가 가능할지 의문입니다. 법원이 검찰보다는 권력에서 자유롭지만 돈 앞에서는 약해지는 게 현실이에요. 노동자들을 상대로 기업들이 소송을 남발하는 이유입니다. 법 자체도 그렇고 법원이 재벌이나 고용주들의 편을 드는 사례가 많기 때문이에요.

제가 법조인 생활을 한 지 25년 가까이 지났는데요, 한참 지난 후에야 깨달은 게 있어요. 우리가 법을 배우면서 법의 이념을 이야기하거든요. 학생 때는 그런가 보다 하고 지나갔는데, 시간이 지날수록 법의 이념이란 것이 얼마나 중요한지 알겠더라고요. 그래서 저는 법이 정의라는 것을 어떻게 현실 속에서 구현할 것인가 하는 문제들에 좀 더 천착해야 한다고 봅니다.

형사소송의 이념과 원칙

형사소송의 이념은 무엇일까요? 바로 정의의 구현입니다. 이러한 이념을 실현하기 위해 다음의 몇 가지 원칙을 가지고 있지요.

첫 번째가 '실체적 진실주의'입니다. 사건의 진상을 파악하고 범죄 유무를 정확히 따져서 실체적 진실을 밝히는 거예요. 사건을 수사하고 범인을 잡아내고 증거를 확보하고 재판하는 모든 과정이 결국은 '실체적 진실'에 접근하고자 하는 노력이잖아요. 하지만 한계가 있을 수밖에 없습니다. 이때의 진실은 제한된 것이에요.

살인사건이 일어났다고 합시다. 죽은 사람은 말이 없어요. 진실은 오직 죽은 사람과 범인만이 알고 있습니다. 법은 그 '진실'에 최대한 가까이 가고자 노력할 수 있을 뿐이에요. 항상 오류의 가능성이 남습니다.

그래서 '실체적 진실주의'는 적극적 개념과 소극적 개념으로 나뉩니다. 적극적 실체적 진실주의는 범죄를 저지른 자는 반드시 처벌해야 한다는 거예요. 소극적 실체적 진실주의는 억울한 사람을 처벌하면 안 된다는 겁니다. 너무 당연한 이야기죠. 열 명의 범인을 놓치는 한이 있더라도 한 명의 무고한 사람을 처벌해서는 안 된다, 의심스러울 때는 피고인의 이익이 되도록 판단하라는 겁니다. 무죄추정의 원칙이 여기에서 나오게 되지요. 저는 우리나라가 독재권력에 인권을 유린당한 경험이 있기에 소극적·실체적 진실주의가 더 강조되어야 한다고 봅니다.

인혁당 사건[53]을 예로 들어봅시다. 무려 7명이 부도덕한 정권에 의해 죽음을 맞지 않았습니까. 법의 이름으로 무고한 생명을 빼앗은 이른바

---

53 1964년 8월 중앙정보부(현 국정원)는 언론인, 교수, 학생 등 47명이 북괴의 지령을 받아 대규모 지하 조직인 '인민혁명당'을 결성했다고 발표한다(1차 인혁당 사건). 그러나 수사과정에서 불법적인 고문이 자행된 사실이 알려지면서 정치적 쟁점으로 비화하고 결국 재수사를 통해 공소취하되거나 형량이 줄어든다. 10년 뒤 1974년 4월 중앙정보부는 또다시 민청학련의 배후에 과거 인민혁명당 조직이

'사법 살인'이지요. 그 과정에서 고문을 당했다고 주장했지만 무시당했습니다. 민청학련 사건 피해자 중 한 명인 김근태는 고문으로 뽑힌 손톱을 팬티 속에 숨겨서 갖고 나와요. 나중에 변호사를 통해서 제출했는데도 인정받지 못합니다.

극단적인 사례이긴 합니다만, 이처럼 법적 진실이란 늘 오류의 가능성에 노출되어 있어요. 이걸 맹신하면 안 됩니다. 우리가 사회 현상을 볼 때도 마찬가지예요. 법적으로 타당하다고 해서 누구도 부정할 수 없는 진실이라고 생각하면 안 돼요. 법을 불신하라는 게 아닙니다. 우리는 진실을 밝히고 실현하기 위해 최선을 다할 뿐입니다. 법적 진실 자체가 목적이어서는 안 된다는 말씀을 드리는 거예요.

흉악한 범죄를 저지른 사람이 있어요. 이 사람이 죄를 지은 게 확실해 보입니다. 어쩌면 그것이 '실체적 진실'에 가까울 수 있겠지요. 하지만 아닐 수도 있어요. 추정일 뿐입니다. 이 추정을 확실하게 하려고 범인을 고문한다? 그렇게라도 해서 진실을 밝히고 싶은 욕망은 인정합니다, 하지만 그런 식으로 밝혀진 진실이 과연 진실일까요? 우리 법에서 절차적

있다고 발표한다(2차 인혁당 사건). 1년 후 비상군법회의에서 사형판결이 확정되고 다음 날인 1975년 4월 9일 사형이 집행된다. 수사와 재판 과정에서 고문과 가혹행위는 물론 공판조서까지 변조되는 등 온갖 불법이 자행되었으나 이러한 주장은 받아들여지지 않는다. 이에 국제법학자협회가 이날을 '사법 암흑의 날'로 선포하는 등 유신정권의 폭력성을 규탄하는 목소리가 높아진다. 이후 민주정권이 들어서면서 인혁당 사건에 대한 진실 규명 작업이 활발하게 이루어진다. 2002년 의문사진상규명위원회는 2차 인혁당 사건을 중앙정보부의 조작사건으로 규정하고 2005년 국정원 진실위는 박정희정권이 반대세력을 반국가단체로 몰고 간 대형 공안사건이라고 발표한다. 결국 사형이 집행된 지 32년 만인 2007년 법원은 재심을 통해 무죄판결을 내린다. 1차 인혁당 사건도 재심이 진행되어 2013년 11월 재심에서 전원 무죄판결을 받았으며 검찰이 불복해 상고한 상태다.

정당성을 규정하는 이유입니다. 반드시 적법한 절차를 거쳐서 체포해야 하고 심문해야 합니다. 바로 형사소송의 두 번째 원칙인 '적정절차의 원칙'입니다. 우리의 헌법적 가치는 법치주의예요. 법률에 따라야 하고 그중에서도 적법한 절차를 반드시 거치라는 거예요. 재판을 받는 피고인이 소송의 객체가 아니라 주체라는 겁니다.

우리 헌법 10조에서 인간의 존엄성을 이야기합니다. 따라서 죄를 의심받는 사람도 떳떳하게 방어할 기회를 줘야 합니다. 재판과정에서 방어권이 철저하게 지켜져야 하는 이유입니다. 이런 권리들이 보장이 안 되면 재판이 불공정하게 진행됩니다. 특히 우리나라에서는 전 세계에서 가장 강력한 권한을 가진 검사와 싸울 수가 없어요. 그래서 국선변호인 제도도 두고 검사한테 객관의무[54]도 부여하는 거잖아요.

검사는 공익을 대표하는 사람이에요. 피고인을 처벌하려고 그에게 불리한 자료들만 모아서 증거로 낼 거 아닙니까? 그래서는 안 된다는 거예요. 피고한테 유리한 증거도 내놓아야 해요. 이게 검사의 객관의무입니다. 피고인은 불리한 증거는 물론 유리한 증거를 함께 두고 공정하게 재판받을 권리가 있는 거예요.

과거에 나치 전범을 변호할 것이냐 말 것이냐를 두고 논쟁이 있었습니다. 나쁜 놈들인데 왜 변호를 해주느냐는 주장이 있었지만, 그들도 공

---

54 공익의 대표자로서 진실과 정의의 원칙에 따라 검찰권을 행사해야 한다는 것. 대법원은 판례를 통해 "검사는 공익의 대표자로서 실체적 진실에 입각한 국가 형벌권의 실현을 위하여 공소제기와 유지를 할 의무뿐만 아니라 그 과정에서 피고인의 정당한 이익을 옹호하여야 할 의무를 진다고 할 것이고, 따라서 검사가 수사 및 공판과정에서 피고인에게 유리한 증거를 발견하게 되었다면 피고인의 이익을 위하여 이를 법원에 제출하여야 한다"고 명시하고 있다(판례 2001다23447).

정하게 재판을 받을 권리가 있다는 주장도 있었죠. 그래야 민주주의가 성숙한다는 논리였습니다.

세 번째가 '신속한 재판의 원칙'입니다.

남조선해방전략당 사건[55]이라는 게 있습니다. 수사 과정에서 고문이 있었고 이걸로 기소를 했는데 1심, 2심에서 무죄를 선고받았고 여기서 대법원까지 가는 데 3년이 걸렸어요. 그 과정에서 유일한 생존자였던 이일재 선생님이 숙환으로 돌아가셨습니다. 진실이 밝혀지면 뭐합니까. 살아생전에 명예를 회복하지도 못하고 제대로 배상도 받지 못하잖아요. 구속되고 기소되어 법원에서 최종적으로 무죄가 나기까지, 그 많은 시간은 누가 보상해줄 수 있겠어요. 억울한 사람들의 피해를 최소화하려면 빠른 판단이 필요합니다. 헌법재판소는 판례를 통해 이렇게 말합니다. "신속한 재판을 받을 권리는 주로 피고인의 이익을 보호하기 위하여 인정된 기본권이지만 동시에 실체적 진실발견, 소송경제, 재판에 대한 국민의 신뢰와 형벌목적 달성과 같은 공공의 이익에도 근거가 있다."[56]

지금까지 형사소송의 몇 가지 원칙을 인권과 관련하여 말씀드렸고

---

55 1968년 박정희 정권이 3선 개헌안을 통과시킨 후 중앙정보부가 발표한 대규모 간첩단 사건 중 하나. 중앙정보부는 '통일혁명당' 사건을 수사하던 중 재야의 노동운동가인 권재혁과 이일재, 이강복 등 13명이 남조선해방전략당이라는 반국가단체를 조직했다고 발표했다. 이들은 불법 구금과 고문을 통해 자백을 받아낸 뒤 피의자들에게 사형 및 무기징역을 선고한다. 2009년 진실·화해를 위한 과거사 정리위원회는 "중앙정보부가 권재혁 등 13명을 불법 구금하고 가혹행위로 거짓 자백을 받아내 조작한 것으로 확인됐다"고 조사 결과를 발표한다. 법원의 재심 결정으로 서울고법이 무죄를 선고했으나 검찰이 항고하면서 3년간 계류 끝에 2014년 5월 무죄 선고가 내려졌다.

56 헌법재판소 1995. 11. 30. 92헌마44.

요. 다음으로 인권과 관련하여 일상에서 부딪히는 문제를 살펴보겠습니다.

공권력과 나의 권리

먼저, 불심검문입니다. 인권에 관심이 있는 분이라면 이 문제를 꼭 짚어보셔야 해요. 불심검문이 뭡니까? 경찰들이 수상한 사람을 조사하는 거죠? 그럼 어떤 사람이 수상한 사람일까요? 겉모습이죠. 딱 봐서 우락부락하고 흉악하게 생겼다 싶으면 이리 오라고 해서 신분증을 검사합니다.

과거에는 독재정권을 유지하기 위한 수단으로 악용되었지요. 시민을 괴롭히고. 폭력과 공포를 조장하는 데 사용되었습니다. 오늘날 불심검문은 경찰관 직무집행법[57]으로 규정되어 있습니다. 검문을 할 때 경찰은 자신의 신분과 목적, 이유를 밝혀야 합니다. 시민의 동의를 받지 않고 가방을 열거나 할 수도 없고 파출소나 경찰서로 가자고 할 때 거부할

---

57 제3조 (불심검문)

　① 경찰관은 다음 각 호의 어느 하나에 해당하는 사람을 정지시켜 질문할 수 있다.
　　1. 수상한 행동이나 그 밖의 주위 사정을 합리적으로 판단하여 볼 때 어떠한 죄를 범하였거나 범하려 하고 있다고 의심할 만한 상당한 이유가 있는 사람
　　2. 이미 행하여진 범죄나 행하여지려고 하는 범죄행위에 관한 사실을 안다고 인정되는 사람
　② 경찰관은 제1항에 따라 같은 항 각 호의 사람을 정지시킨 장소에서 질문을 하는 것이 그 사람에게 불리하거나 교통에 방해가 된다고 인정될 때에는 질문을 하기 위하여 가까운 경찰서·지구대·파출소 또는 출장소(지방해양경비안전관서를 포함하며, 이하 "경찰관서"라 한다)로 동행할 것을 요구할 수 있다. 이 경우 동행을 요구받은 사람은 그 요구를 거절할 수 있다. [개정 2014.11.19 제 12844호(정부조직법)]
　③ 경찰관은 제1항 각 호의 어느 하나에 해당하는 사람에게 질문을 할 때에 그 사람이 흉기를 가지고 있는지를 조사할 수 있다.

수 있습니다. 이건 명확한 거죠. 그 자리에서 심문하는 것이 시민에게 불리하거나 교통에 방해될 때만 가능해요. 그런데 우리가 과거 불법적으로 자행된 불심검문의 안 좋은 추억이 있기에 경찰이 가자고 하면 그냥 따라가요. 괜히 맞서봐야 좋을 게 없다는 생각이 드는 거예요. 시민에겐 거부할 권리가 있다는 사실을 꼭 아셔야 합니다.

다음으로 문제되는 것이 소지품 검사예요. 이건 '외표검사'라는 표현을 쓰는데, 예전엔 무조건 가방 열어봤지만, 지금은 그렇게 못 해요. 흉기가 있는지 없는지 정도만 검사할 수 있을 뿐이죠. 외부에서 만져보고 검사할 수 있다는 정도예요. 따라서 불심검문으로 내가 가진 가방을 열거나 할 수 없다는 걸 아셔야 합니다.

도로교통법에도 일시정지권이라는 게 있습니다. 경찰관이 지나가는 차를 세워서 질문할 수 있어요. 하지만 무차별적으로 그럴 수는 없습니다. 법적 근거가 없으니까요. 법원으로부터 영장을 받아야 합니다. 어떤 이들은 그래서야 어떻게 범인을 잡겠느냐며 경찰활동의 효용성을 위해서라도 폭넓게 허용해야 한다고 합니다. 하지만 이것은 시민들의 신체

---

④ 경찰관은 제1항이나 제2항에 따라 질문을 하거나 동행을 요구할 경우 자신의 신분을 표시하는 증표를 제시하면서 소속과 성명을 밝히고 질문이나 동행의 목적과 이유를 설명하여야 하며, 동행을 요구하는 경우에는 동행 장소를 밝혀야 한다.

⑤ 경찰관은 제2항에 따라 동행한 사람의 가족이나 친지 등에게 동행한 경찰관의 신분, 동행 장소, 동행 목적과 이유를 알리거나 본인으로 하여금 즉시 연락할 수 있는 기회를 주어야 하며, 변호인의 도움을 받을 권리가 있음을 알려야 한다.

⑥ 경찰관은 제2항에 따라 동행한 사람을 6시간을 초과하여 경찰관서에 머물게 할 수 없다.

⑦ 제1항부터 제3항까지의 규정에 따라 질문을 받거나 동행을 요구받은 사람은 형사소송에 관한 법률에 따르지 아니하고는 신체를 구속당하지 아니하며, 그 의사에 반하여 답변을 강요당하지 아니한다.

의 자유 권리와 상충할 수밖에 없는 문제고요. 인권적 차원에서 옳지 않습니다. 경찰은 다른 방법을 사용해서, 예컨대 과학수사를 한다거나 해서 충분히 목적을 달성할 수 있어야 해요.

그다음으로 우리가 부딪히는 문제가 검찰의 공소권 남용이에요. 공소권 남용에는 차별적 선별기소와 누락기소 등이 문제가 됩니다.

차별적 선별기소는 자의적으로 공소권을 행사하는 거예요. 정치검찰들이 정권의 눈치를 보면서 취하는 행동들이죠. 이명박 정권이 들어서고 자행된 KBS 정연주 사장 해임 사건을 보십시오. 당시 정연주 사장을 검찰에서 배임 혐의로 기소합니다. 법인세부과 처분취소 소송에서 정연주 사장이 법원의 권고를 받아들였다는 게 이유예요. 소도 웃을 일이지요. 그럼 법원이 배임교사를 한 게 되는 거잖아요. 이런 말도 안 되는 이유로 검찰은 기소하고 정연주는 KBS 사장직에서 해임됩니다. 결국 무죄판결을 받습니다만 이미 사장직에서는 밀려난 상황입니다. 정권으로서는 목적을 달성한 거예요. 당시 기소를 담당한 검사는 승진을 거듭합니다.

이런 사례는 많습니다. 기소를 남발하다가 결국 무죄판결이 나요. 하지만 그러는 사이 피의자로 지목된 사람은 엄청난 고통을 받습니다. 광우병 사태를 보도한 MBC 〈PD수첩〉이 그랬고 경제정책을 비판한 온라인 논객 미네르바가 그랬습니다. 무죄라는 게 옛날로 돌아가는 게 아니거든요. 원상회복이 안 됩니다.

누락기소란 뭡니까? 해야 하는 데 안 하는 거예요. 예컨대 어떤 사람이 자동차를 훔쳐서 무면허로 운전을 합니다. 그런데 훨씬 죄가 가벼운

무면허 건만 기소해요. 절도는 그냥 넘어가는 겁니다. 그렇게 무면허로 징역 6개월을 살았어요. 그런데 나오는 날 경찰관이 대기하고 있다가 다시 잡아가요. 그리고는 자동차 절도 혐의로 또다시 기소합니다. 형식적으로는 적합하지만 이 사람한테는 막대한 불이익을 준 거예요. 한꺼번에 재판을 받을 수도 있었잖아요. 당사자로선 황당한 거죠.

국가권력은 한 번 남용될 때 막대한 피해, 돌이킬 수 없는 재앙들을 불러옵니다. 그런 의미에서 공소권 남용이야말로 심각한 문제예요. 자기들이 수사하고 싶은 것만 하고 기소하고 싶은 것만 합니다. 이건 헌법에서 이야기하는 평등 원칙에도 어긋나요. 우리 법에서 이런 공소권 남용에 관한 규정들이 대폭 보강되어야 합니다. 검사들의 권한 남용에 제어장치가 마련되어야 하는 거예요.

형사소송과 관련해서 세 번째로 살펴볼 것이 진술거부권입니다.

진술거부권은 형사소송법에서 가장 중요합니다. 아무리 강조해도 지나치지 않아요. 그러나 불행하게도 시국사범, 국가보안법과 관련한 사건을 제외하고 이 권리를 주장하는 피의자들이 많지가 않아요. 왠지 판사나 검사가 물어보면 대답을 해야 할 것 같아서 그러는 거예요. 미란다 원칙에서도 진술거부권을 고지하도록 되어 있잖아요. 그만큼 중요한 권리라는 겁니다. 미란다가 누굽니까? 18살 소녀를 강간한 흉악범이죠. 그런데 경찰들이 이 사람에게 진술거부권을 고지하지 않았다는 이유로 석방됩니다. 물론 그 후에 다시 기소가 되어 유죄판결을 받지만 '미란다 원칙'이 생긴 계기가 됩니다. 미국의 형사 사법절차상 이정표와도 같은 판결로 인정받고 있지요. 요지는 진술거부권을 고지하지 않으면 증거능력이 없다는 겁니다. 우리 형사소송법은 피의자의 진술거부권을 보장합니다. 대답 안 한다고 해서 어떠한 불이익도 받아서는 안 돼요.

그다음 네 번째가 접견교통권입니다. 이 역시 매우 중요한 권리지요. 누군가 억울한 일을 당했을 때 변호사나 주변의 도움을 받을 수 있어야 해요. 보통 사람을 만나는 것은 제한이 있으나, 변호사를 만날 수 있는 권리는 절대적이에요. 어떠한 경우에도 제한할 수 없고 그 비밀도 유지되어야 합니다. 옛날에는 안 그랬죠. 독재정권 시절에는 변호사들이 피의자와 하는 말을 교도관들이 옆에 서서 다 적었어요. 신경 쓰여서 말 못하죠. 괜히 잘못되면 피의자가 고통을 당할 수도 있으니까요.

민주화가 되면서 이런 사례들이 많이 줄어들었죠. 접견교통권을 침해하면 적법절차에 어긋나서 증거로 쓸 수 없다는 확고한 판례들이 나옵니다. 그래서 요즘은 어떻게 하느냐면, 시간을 끌어요. 예를 들어 간첩증거 조작사건이 있었을 때 장경욱 변호사가 계속 접견신청을 하는데 시간을 질질 끌더라는 거예요. 이것도 접견교통권 침해에 해당합니다.

만약 접견교통권이나 진술거부권 등을 침해하면 어떻게 될까요? 외국이었다면 언론이고 뭐고 난리가 나겠지만 우리나라는 돈 몇백만 원 배상이면 끝나요. 그 정도로 법원에서도 인식이 미비한 거예요.

다섯 번째가 '자백 배제의 법칙'입니다. 우리나라 형사소송법은 "피고인의 자백이 고문, 폭행, 협박, 신체구속의 부당한 장기화 또는 기망 기타의 방법으로 임의로 진술한 것이 아니라고 의심할 만한 이유가 있는 때에는 이를 유죄의 증거로 하지 못한다"[58]라고 하고 있습니다.

자백만으로 유죄 증거가 된다면 세상에 경찰이나 검찰만큼 쉬운 직업이 어디 있겠어요. 정말 쉬운 수사죠. 그래서 예전에는 자백에 의존하는 일이 많았습니다. 역사적으로 봐도 피의자 신문의 역사는 자백의 역사였어요. 이는 곧 고문의 역사로 이어졌지요. 자백은 '증거의 왕'이었습니다. 아무런 증거도 없이 고문해서 자백받아서 간첩단 사건으로 엮는 일이 비일비재했어요. 이런 일이 더 이상은 벌어져서는 안 됩니다. 그게 우리나라 형사소송법의 이념이에요.

그런데 요즘은 고문의 양상이 달라지고 있어요. 옛날처럼 무지막지하게 두드려 패지는 않아요. 영화에서처럼 CCTV를 다른 곳으로 돌려놓고 패는 경우는 있겠지만, 노골적인 가혹행위는 안 된다는 게 우리 사회의 상식이 됐습니다. 대신 고문 수법이 교묘해지지요. 협박을 한다거나 불안을 조장한다거나 해요. '기망'에 의한 자백, 약속에 의한 자백 등이 그렇습니다. 거짓말로 꾀거나 자백하면 감형을 해주겠다거나 하는 식으로 거래하는 겁니다. 밤에 잠도 안 재우고 심문을 계속하는 야간심문이나 철야심문도 인권을 침해하는 중대한 사안입니다.

그럼 내가 수사과정에서 고문을 당했다는 걸 어떻게 입증할 수 있을까요? 과거 판례를 보면 자백의 임의성은 추정된다고 봅니다.[59] 무슨 말이냐 하면 일단은 고문 없이 자백했다고 보는 거예요. 국가공무원인 경찰이나 검사가 가혹행위를 할 리가 없다는 거예요. 이런 식으로 임의성

---

58 형사소송법 제309조(강제 등 자백의 증거능력 <개정 1963.12.13>)
59 대법원 1984. 8. 14. 선고 84도1139 판결.

을 추정해버리면서 당한 사람이 증명하라는 겁니다. 그런데 그걸 어떻게 증명합니까? 얼굴도 모르는 사람들이 어딘지도 모르는 데 데려가서 두드려 패고 '통닭구이'하고 물고문하고 하는데.

그러다가 판례가 살짝 바뀌어요. '자유심증주의'로 판단한다고 합니다.[60] 피의자가 가혹행위를 당했다고 주장하면 판사가 여러 정황을 고려해서 판단한다는 거예요. 이것도 웃기는 거죠. 그러다가 검사의 입증책임이라는 판례가 나와요.[61] 피의자가 고문이나 가혹행위를 당했다는 주장을 하면, 검사가 그것이 사실이 아니라는 걸 입증하라는 거죠. 이게 옳지요. 증거재판주의에서는 검사가 모든 증거를 입증해야 합니다. 피의자의 자백이 가혹행위에 의한 것이 아니라는 것 역시 마찬가지예요.

마지막으로 형사소송에서 중요한 것이 위법수집증거 배제의 원칙입니다. 형사소송법에도 "적법한 절차에 따르지 아니하고 수집한 증거는 증거로 할 수 없다"고 명시되어 있지요.[62]

그럼에도 전통적인 판례는 이걸 증거로 쓸 수 있다고 인정하고 있어요.[63] 예컨대 누군가를 고문했어요. 그래서 자기가 범행에 사용한 흉기가 어디에 있다고 자백을 해요. 수사관이 가보니 정말 그 자리에 흉기가 있습니다. 자, 그럼 이걸 증거로 쓸 수 있느냐는 거예요. 우리나라 대법원 판례에 의하면 쓸 수 있습니다. 미국 같은 데서는 결코 쓸 수 없죠. 법

60 대법원 1994. 12. 22. 선고 94도2316 판결.
61 대법원 1998. 4. 10. 선고 97도 3234 판결.
62 제308조의2(위법수집증거의 배제)-본조신설 2007.6.1.
63 대법원 1987. 6. 23. 선고 87도 705 판결, 1994. 2. 8. 선고 93도3318 판결 등.

정에 낼 수가 없어요, 배제해버리니까. 그런데 안타깝게도 이런 원칙이 재벌을 변호하는 데는 적용됩니다.

소위 삼성의 X파일을 공개한 노회찬 의원이 유죄선고를 받았지요. 대신 삼성에 대한 혐의는 기소조차 안 됐습니다. 국가정보기관이 불법하게 취득한 증거라는 게 이유였습니다. 맞는 말이죠. 하지만 아까도 말씀드렸듯이 우리 대법원 판례는 그런 증거도 인정해요. 삼성을 기소할 수 있었다는 겁니다. 그런 식으로 법의 원칙이 선별적으로 적용되는 겁니다.

어떤 것이 정의라는 대원칙에 적합한지는 여러분이 더 잘 아실 수 있으리라 생각합니다. 이상으로 형사소송법과 관련해 일상에서 부딪힐 수 있는 인권침해 내용을 살펴보았습니다.

수사 잘 받는 법−자기 방어 매뉴얼

그럼 마지막으로 수사를 잘 받는 법에 대해서 말씀드리겠습니다. '수사를 잘 받는 법'이라고 하면 오해의 소지가 있는 것 같습니다. 죄를 지은 사람한테 반성도 않고 무조건 오리발 내밀라고 말하려는 것은 아닙니다. 사람이 살다 보면 부지불식간에 법을 어길 수도 있고, 억울하게 죄인으로 몰려 수사를 받고, 재판을 받을 수도 있지요. 그래서 억울한 일을 당하지 않으려면 어떻게 할 것이냐, 법에서 보장하는 나의 권리를 지키려면 어떻게 해야 하느냐 하는 문제라고 생각하시면 될 것입니다.

첫째로 말씀드릴 것이 **침착하게 소환에 대응하기**입니다. 경찰이든 검찰이든 수사가 시작되면, 수사기관으로 나오라고 출석 요구를 합니다. 이때 어떻게 대처하는 것이 현명한지 말씀드리겠습니다. 수사기관에서 정식으로 소환장을 보내기도 하지만, 요즘에는 보통 전화로 소환을 고지합니다. 이때 다음과 같이 대응하면 됩니다.

① 소환 이유 물어보기

전화 등으로 소환을 요구받았는데 "예 알겠습니다." 하고 무조건 수긍해야할까요? 그렇지 않습니다. 전화한 경찰이나 검찰에 무슨 일인지 반드시 묻고 또 물어야 합니다. 소환장에 연락처가 적혀 있으니 참고하시면 됩니다. 질문하기가 껄끄럽다고 주저하지 마세요. 물론 저쪽에서 귀찮아할 수 있습니다. 그렇더라도 최대한 능글능글하게 굴면서 가급적 자세히 물어야 합니다. 많이 질문할수록 정보를 많이 얻게 되어 있습니다. 그렇게 얻은 정보는 나의 권리를 보호하는 데 도움이 됩니다. 결코 손해볼 일이 없어요.

② 방어할 시간 확보하기

직장일로 바쁘거나 중요한 약속이 있을 때, 아파서 병원에 갈 일이 있으면 사실대로 말하고 시간을 벌어야 합니다. 자기를 방어할 시간을 확보하는 것은 매우 중요하기 때문입니다. 경찰이나 검찰은 사전 수사도 없이, 이유나 증거도 없이 무조건 나오라고 하지는 않습니다. 일반인들이 생각하는 것 이상으로 많은 정보와 법률 검토를 마치고 소환을 요구한다는 사실을 명심해야 합니다. 그러니 이쪽도 준비해야 해요. 나오라고 곧바로 "예" 하고 달려가는 건 패배의 지름길입니다.

③ 지위 및 신분 확인하기

어떤 신분으로 나오라는 것인지 알아야 합니다. 피의자 신분인지 참고인 신분인지 반드시 확인하세요. 참고인 자격이라고 해서 무조건 안심해도 된다는 뜻이 아닙니다. 언제든지 피의자로 신분이 바뀔 수 있어요. 방송에서도 참고인으로 조사받다가 피의자가 됐다는 보도를 쉽게 접할 수 있습니다. 만반의 준비를 하고 있어야 해요.

④ 거짓말하지 않기

소환 요구에 거짓으로 응하면 안 됩니다. 수사기관과의 전화 통화는 십중팔구 녹음되고 있다고 보면 됩니다. 이때 불필요한 말이나 허위 사실을 말하면 나중에 불리하게 작용해요. 수사관들은 전화 내용을 전부 보고서로 작성해서 올립니다. 외국에 나가거나 병원 가야 한다고 거짓말을 했다가 수사기관에서 출입국 관리사무소나 국민건강보험공단에 확인해서 밝혀지면 낭패입니다. 고의적으로 소환에 불응했다, 도망갈 우려가 있다, 이렇게 되어버리면 큰일입니다.

⑤ 출석일 지키기

출석을 약속했다면 그 날짜를 반드시 지켜야 합니다. 약속한 날짜에 출석하지 않으면 소환불응, 도주 우려 등의 사유로 법원이 판단해서 체포나 구속 사유가 됩니다. 이것도 수사보고서로 다 만듭니다. 부득이한 사정이 있을 수 있습니다. 예컨대 갑자기 교통사고를 당했다, 그럴 때는 반드시 전화를 해서 사정을 알리고 사유서를 작성, 검찰이나 경찰에 접수해서 그 근거를 마련해

두어야 합니다. 그래야 구속사유에서 벗어날 수 있습니다. 소송에서 말로만 설명하는 것은 한계가 있습니다. 수사기관에서 가장 중시하는 것은 서류입니다. 그러니 반드시 서류로 근거를 만들어서 접수해야 억울한 일을 당하지 않게 됩니다. 이런 일을 대충 처리하는 것은 수시기관한테 "나 잡아가세요." 하는 것이나 다름없습니다.

둘째는 수사기관의 말을 믿지 말라는 것입니다. 정확하게 말하면 **수사기관의 말에 절대로 현혹되어서는 안 된다는 것입니다.**

수사기관은 소환을 요구하면서 이런 표현을 즐겨 씁니다. "별일 아닙니다. 간단히 조사받으면 끝날 일이니 걱정하지 마십시오." 그 말을 믿어서는 안 됩니다. 통상 상대를 안심시키기 위해 그러는 거예요. 이것이 수사기관의 1차적 전략입니다. 상대방이 방심하고 있을 때가 가장 공격하기 쉬울 때라는 것은 다들 알고 계시죠. 노련한 공격수는 상대방의 허를 잘 찌릅니다. 아무리 방어를 잘해도 반드시 허점은 있기 마련이에요. 수사기관에서도 이 사실을 잘 알고 있습니다. 수사기관 입장에서 보면 여러분들은 공략하기 쉬운 수비수라는 사실을 잊어서는 안 됩니다. 그러니 방심은 더더욱 금물이죠.

수사기관은 중대 범죄를 저지른 사람에게도 구속 가능성을 미리 알리지 않습니다. 연쇄살인범 같은 경우라면 예외이겠지만, 이건 극히 일부에 해당하고요. 이유는 역시 상대를 방심하게 만들기 위해서입니다. 구속될 거라는 사실을 알면 누구나 저항을 하겠죠. 그래서 수사기관은 내심 구속하려고 준비하고 있으면서도 당사자한테는 "조사해보니까 별

거 아니네요"라고 시치미를 뗍니다. 어떤 사람들은 수사를 받고 나서 싱글벙글합니다. 수사기관에서 친절하게 대해줬다는 거예요. 사람이 좋아서 그럴 수 있습니다. 하지만 수사기관 입장에서 볼 때 어차피 구속할 사람을 미리부터 자극할 이유가 없는 겁니다. 그래서 반대로 친절하게 대해주는 것입니다. 상황 판단을 잘해야 합니다.

셋째, 수사를 받는 사람에게 헌법이 보장하는 **최상의 방어 수단인 묵비권을 행사하는 것**입니다. 경험상 아무리 묵비권에 대해 알려줘도 이를 따르는 피고인을 거의 보지 못했습니다. 국가보안법 위반 사건 같은 경우는 그래도 당사자가 변호사 말뜻을 이해하고 묵비권을 행사하는 경우가 있었습니다만, 일반 사건에서는 잘 듣지 않아요. 왜 그럴까요? 대부분이 수사기관이 물어보면 반드시 대답을 해야 한다는 의무감, 부담감이 있기 때문입니다. 하지만 그럴 필요가 전혀 없습니다. 우리 법은 대답하지 않을 권리는 보장하고 있어요.

말 안 하고 입 꾹 다물면 누가 답답하죠? 당연히 수사기관입니다. 무엇이 진실인지 알 수 없으니 더 열심히 증거를 수집하겠죠. 이게 정상입니다. 그러라고 국민 세금으로 월급 주는 거예요. 피의자가 조마조마해할 이유가 없습니다. 수사기관이 답답해하니까 내가 속 시원히 해결해주자는 자비심은 버려야 합니다. 그럴 바에야 차라리 길거리에서 구걸하는 사람에게 빵 한 조각을 주는 게 사회발전에 보탬이 됩니다. 진실을 밝힐 의무는 수사기관에 있습니다. 다른 것은 다 잊어도 좋으니 묵비권, 진술거부권 이것만은 절대로 잊지 마시고, 당당히 행사하세요.

넷째, **말을 아껴야 합니다.** 인간의 말과 기억은 불완전합니다. 그럼에도 많은 사람들이 자신의 기억을 과신해요. 여기에 짐작과 추정을 더해서 진술하기까지 합니다. 이 모든 것은 수사기록으로 남습니다. 게다가 수사기관은 피조사자의 진술을 확실한 기억인 것처럼 조서에 남기고 싶어합니다. 나중에 움직일 수 없는 증거로 삼고자 하는 거예요. 그래서 마치 확실한 기억처럼 여기도록 유도합니다. 여기에 넘어가는 순간 덫에 걸리게 됩니다. 모르는 것은 모른다, 기억나지 않는 것, 불확실한 것은 절대 말하지 않아야 합니다. 저쪽에서 그렇지 않으냐고 물으니까 그냥 그런 것 같다고 말하는 것은 스스로 무덤을 파는 행위와 다름없습니다.

불완전한 말, 불완전한 기억은 수사기관이 파고들기 좋은 허점입니다. 나중에는 거짓말, 즉 허위 진술로 평가되어 죄질이 좋지 않다는 평가를 받거나 증거 인멸의 우려가 있다고 판단되어 구속 사유가 될 수 있다는 사실을 알아야 합니다.

심문은 남김없이 모든 것을 속 시원히 말하는 자리가 아닙니다. 말을 최대한 아껴야 해요. 거꾸로 수사기관이 말을 많이 하도록 해야 합니다. 이쪽에서 말을 안 하면 당연히 저쪽이 자꾸 물어보게 되어 있습니다. 그러면 수사기관이 무엇을 알고 있는지, 무엇을 근거로 기소하려고 하는지 알게 됩니다. 지피지기면 백전백승이라고 하지 않습니까. 저쪽이 준비하는 것을 알면 대응하기가 훨씬 쉬워집니다. 내가 말을 많이 할수록 수사기관이 효율적으로 당신을 공격할 수 있게 된다는 사실을 명심하세요.

다섯째, 조서를 철저히 확인하라는 것입니다. 앞에서 말한 '피의자

심문조서 증감 변경청구·이의제기권'을 말하는 거예요. 그럼에도 사람들은 조서를 대충대충 읽습니다. 수사기관이 유도하는 측면도 있죠. "말씀하신 내용대로 다 적었습니다." 이럽니다. 그러면서 바쁜 척을 해요. 느긋하게 조서를 꼼꼼히 읽기가 미안하게끔 상황을 만드는 겁니다. 알아서 잘했으니 대충 보고 넘어가라는 거죠.

다시 한번 강조하지만, 조서는 철저하게 확인해야 합니다. 특히 말과 글은 다르기 때문에 자신이 한 말과 작성된 내용이 일치하는지 꼭 따져봐야 해요. '아' 다르고 '어' 다르다고 하지 않습니까. 형사사건을 변론하다 보면 자신이 한 말과 조서 내용이 다르다고 호소하는 사람이 많습니다. 꼼꼼히 확인을 안 해서 그래요. 그러니 시간이 들더라도 조서에 자신이 말한 내용 그대로 적혀 있는지 봐야 합니다. 절대로 미안한 마음을 가질 필요가 없어요. 그랬다가 나중에 큰 피해를 보게 됩니다.

수사기관에서 조서를 작성할 때 빼먹을 수도 있습니다. 그럴 경우에는 반드시 내용의 수정, 삭제, 증감을 요구해야 합니다. 이것은 법으로 보장된 권리입니다. 조서에 한번 기재되면 기정사실화되기 때문에 이때가 아니면 기회가 없습니다. 기재된 내용이 설령 사실이 아니어도 그렇게 취급된다는 뜻입니다.

여섯째, 증거를 반드시 확보해야 합니다.

흔히들 수사기관이 알아서 나의 억울함을 풀어줄 것으로 기대하는 분들이 있습니다. 하지만 현장에서 그런 순진한 생각은 통하지 않아요. 수사기관은 기본적으로 처벌하기 위하여 존재합니다. 물론 가뭄에 콩 나듯이 억울하다는 호소에 귀 기울이는 수사관이 있을 수 있습니다. 저도 실제로 보았고요. 그렇지만, 대다수는 그렇지 않다는 것입니다. 격무에 시달리다 보면 그러고 싶어도 그럴 수 없는 게 수사관들의 현실이기도 합니다.

기본적으로 그쪽에서 알아주기를 바라기보다 내가 스스로 방어를 잘하는 편이 쉽습니다. 수사관은 기본적으로 당신을 의심하고 있다고 보시면 됩니다. 상황이 이렇다 보니 잘 봐달라는 호소보다 증거 하나가 훨씬 값어치가 있습니다.

수사를 받기 전에 필요한 증거를 확보해야 합니다. 불법적인 방법을 제외한 모든 수단을 동원해서 나에게 유리한 증거를 찾으세요. 서류로 된 것은 물론, 목격자를 찾아 증언을 녹음하거나 확인서를 받아도 좋습니다. 상황에 따라 엉뚱한 말을 할 수도 있으니까요. 상대방과 협잡하여 증언을 번복할 수도 있다는 사실을 명심해야 합니다. 우리 판례도 대화 당사자가 상대방과의 대화 내용을 녹음하는 것은 불법이 아니라고 밝히고 있습니다. 이를 최대한 활용하기 바랍니다. 만약 혼자 힘으로 증거 확보가 어렵다면 수사기관에 요청할 수 있습니다. 수사를 받는 도중이라도 원하는 수사를 명백히 밝히고 이를 조서에도 남겨둡니다. 증거조사 신청서 등을 만들어 접수하는 것도 좋은 방법입니다. 예컨대 압수 수색의 필요성, 통신자료나 이메일 확보 등을 요청할 수 있습니다.

이렇게 확보한 증거를 언제 어떻게 제출할 것이냐에 대한 전략적 판단도 중요합니다. 제 경험상 증거를 한꺼번에 다 내놓는 것은 현명하지 않습니다. 상황에 따라 조절하는 것이 좋습니다.

마지막으로, 반드시 변호인의 도움을 받으세요. 수사기관은 프로 선수들입니다. 그에 비해 조사를 받는 사람들은 이제 막 경기장에 들어선 아마추어 선수로 생각하면 됩니다. 애초에 공정한 게임이 아닌 거죠. 그래서 우리 법은 변호인 제도를 두고 있고요. 돈이 들기는 하지만 그 돈이 곧 당신의 권리를 지키기 위해 필요한 최소한의 비용이라고 생각하세요. 모든 걸 혼자 해결하려고 하지 마십시오. 노련한 경험과 법 이론으로 무장한 수사관들을 얕보면 안 됩니다. 저들은 언제든 당신을 법의 올가미에 묶을 준비가 되어 있습니다. 꼭 변호인의 도움을 구하세요.

자, 그럼 강의는 이것으로 마치고요. 혹시 질문 있으신가요?

법은 정의를 향해 간다

청중: 법이라는 게 원래 강자들의 권리를 보호하려고 태어났다고 하잖아요. 태생적인 한계가 있는 건 아닐까요?

김희수: 법이 지배의 도구였던 것은 확실합니다. 법이라는 게 원래 권력을 효율적으로 행사하기 위해 만들어진 규범이거든요. 고대 노예제 때나 봉건시대 때를 보면 잘 알 수 있지요. 오늘날에도 여전히 힘없는 사람들, 가난한 사람들은 법에서 소외되어 있습니다. 하지만 우리가 역사를 보면 알 수 있듯이 법은 시대에 따라 변화합니다. 전제주의로부터 시민의 권리를 보호하려 했던 근대법이 그렇고요. 현대에는 법을 통해 약자를 보호하려는 노력도 많이 있었습니다. 우리가 법의 제1 목적을 정의라고 했을 때, 이런 점을 살펴야 한다고 생각합니다. 오늘 이 시간에도

법은 느리지만 천천히 정의를 향해 가고 있다고 믿고 있습니다.

청중: 영화에서 보니 다들 국선변호인 하기를 꺼리던데, 요즘도 법조인들 사이에 인기가 없나요?

김희수: 요즘은 그렇지 않습니다. 지금은 국선변호사 제도가 전 세계에서도 굉장히 잘된 국가 중의 하나가 됐습니다. 일본보다 10년 정도 늦긴 했지만 구속 사건은 100퍼센트 나라에서 변호사를 붙여줘요. 예전엔 꺼렸던 국선변호사도 요즘은 경쟁률이 몇십 대 1입니다. 법원에서도 이들에 대해 감시·감독을 하고 자체 평가도 합니다. 국선변호가 질적으로 좋아진 거예요. 물론 여전히 미흡한 부분도 있습니다만, 지금은 원하면 대부분 변호사의 조력을 받을 수 있는 정도까지 됐다고 생각하셔도 큰 무리는 아닙니다.

청중: 잘못된 판결로 억울한 옥살이를 했을 때 배상은 어떻게 해주나요.

김희수: 형사보상법에는 최저임금의 5배 이하로 되어 있습니다. 하루에 19만 원 정도로 계산해서 배상해줘요. 형사보상 이외에 다시 위자료를 청구할 수도 있습니다. 그런데 오래된 사건일수록 이자가 많이 붙습니다. 대법원에서 이걸 깎아버려서 논란이 되기도 했는데요, 위자료 건에 대해서는 법원의 재량이 크다고 보시면 됩니다.

청중: 우리나라는 검사들의 권한이 비정상적으로 크다고 말씀하셨는데요. 이를 바꿀 제도적 방안이 있을까요?

김희수: 검찰이 가진 기소권을 나누거나 그 범위를 줄일 수 있겠죠. 가령 고위공직자들에 대한 수사·기소권을 독립된 기관에 준다든지 하는 방안을 생각해볼 수 있겠고요. 집행정지권 같은 건 삭제하는 게 좋죠. 법무부 같은 데를 검사들이 장악하고 있는데 이걸 바꾸는 것도 중요하겠죠. 검사들이 법무부에 들어가서 과장, 국장합니다. 법무부가 검찰을 통제하고 지휘해야 하는데 거꾸로 된 경우예요. 이 밖에도 사실 방안들은 많아요. 중요한 건 정치적 결단과 법적 제도화라고 저는 생각합니다.

8강

부(富)는
신의 축복인가?

이찬수

이
찬
수

서강대학교 화학과를 졸업하고 같은 대학원 종교학과에서 박사학위를 받았다. 강남대학교 교수를 거쳐 현재 서울대학교 통일평화연구원의 HK연구교수(평화인문학)로 있다. 『종교로 세계 읽기』, 『일본정신』, 『유일신론의 종말, 이제는 범재신론이다』, 『불교와 그리스도교, 깊이에서 만나다』, 『평화인문학이란 무엇인가』(공저), 『녹색평화란 무엇인가』(공저), 『재난과 평화』(공저) 외 다수의 책을 썼고, 『절대 그 이후』, 『화엄철학』 등의 책을 번역했으며, 종교철학에 기반해 평화, 인권 등의 문제와 관련한 글들을 쓰고 있다.

안녕하세요. 이찬수입니다. 저는 오늘날 전 세계를 지배하는 신자유주의와 그 안에서 살아가는 우리 모습을 비판적으로 살펴보고자 합니다. 인간이 인간답게 살 권리를 확보하는 것도 이러한 신자유주의의 물결을 어떻게 극복할 수 있느냐에 달렸다고 생각하기 때문입니다. 종교가 신자유주의의 물결을 극복하는 데 동력이 되어야 하지만, 현실적으로는 신자유주의적 자본주의를 도리어 정당화해주거나 강화시켜주는 역할을 하기도 한다는 사실도 짚어보려 합니다.

단순히 종교 현상 자체를 비판하기 위한 것은 아닙니다. 종교는 인간이 던질 수 있는 깊은 질문에 대한 해답 체계입니다. 그 해답 체계가 신자유주의적 상황에 처한 인간의 모순적 상황을 극복하는 데 도움이 될 수 있으면 좋겠다는 희망을 우회적으로 드러내려는 것입니다. 먼저 오늘 우리는 어떤 상황에 처해 있는지 알아보도록 하겠습니다.

시장 만능주의의 탄생

유럽은 과거 수직적 피라미드 구조의 사회였습니다. 일차 산업에 종사하는 농민이 있었고 그 위에 중간 계급들이 있었고 정점에는 정치적 차원에서는 황제, 종교적 차원에서는 교황과 같은 신분의 사람이 있었습니다. 그리고 그 위에는 절대자, 즉 신이 있었지요. 특히 영주와 농노 사이에는 지배 혹은 종속 관계에 있었습니다. 이것이 이른바 봉건주의 시스템입니다. 한국도 봉건주의 사회였다고 할 수 있는지는 논의의 여지가 있지만, 수직적 신분사회에 기반했던 것은 분명합니다.

시간이 지나면서 봉건시대가 끝나고 새로운 사회체제가 등장합니다. 산업혁명이 일어나고 상품이 대량생산되면서 자본이 쌓입니다. 자본의 힘이 커지면서, '현실 너머'는 무력해지기 시작합니다. 신의 자리를 자본이 대신하게 되지요. 한 사회를 움직이는 힘이 종교적 이념이나 수직적 명령체계가 아니라 아래로부터 형성된 자본이 된 겁니다.

자본을 생산하는 주체들의 힘이 점점 커지면서 이전의 수직적인 체계에 금이 가기 시작합니다. 현실 너머의 세계, 즉 초월에 대한 관심이 없어지거나 약해지고 현실을 중심으로 세상이 돌아가게 되지요. 이런 현상을 '세속화'라고 합니다. 물론 신과 같은 초월적 존재에 대한 관심이 약해졌다고 해서 그에 해당하는 가치까지 사라진 것은 아닙니다. 하늘에 있다고 여겨지던 가치들이 천상에서 지상으로, 외적 제도에서 개인 안에 내면화됩니다.

물론 이것은 유럽을 중심으로 한 서양의 경우입니다만, 그 뒤 유럽식 자본주의에 영향을 받은 나라들에서는 대체로 이런 양상을 띠었다고 보시면 됩니다. 오늘날 종교는 외적 행위가 아닌, 개인의 내적 상태를 중심으로 이해되는 경향이 있습니다. 그래서 내적 믿음을 강조한다든지, 또는 내면을 성숙시키기 위한 명상 같은 행위들이 과거의 외향적 종교 행위를 대체해가는 경향도 있습니다. 진리가 구름 너머 높은 하늘에 있지 않고 지상에, 개인 안에 있다고 생각하기 때문입니다.

16세기 유럽에서는 이른바 종교개혁이 일어나면서 단일한 그리스도교 세계가 분열되었습니다. 기존 주류 전통을 로마 가톨릭이라 한다면, 분리되어 나온 전통을 프로테스탄트, 즉 개신교라 합니다. 당시 개신교가 내세웠던 모토 중 하나가 '오직 신앙'인데요. 이게 단순히 그리스도교에만 해당하는 언어는 아닙니다. 구원이 교회라는 조직 안에서 신부와 같은 사제가 전해주는 것이 아니라, 개인의 내적 세계에서 온다는 믿음을 갖게 되었다는 뜻입니다. 여기에서 인간의 개인성을 존중하는 흐름이 싹트기 시작합니다. 이전에는 신분과 위계질서가 중요했지만 이제는 개인이 중요해집니다. 이런 생각들이 경제적 차원에서는 자본주의의 근간이 됩니다. 내가 생산한 물건을 신이나 영주가 아닌 나 스스로 소유한다는 생각이 발생한 거죠. 소유권 의식이 강해지면서 기존의 수직적 위계질서는 무너지고 수평적인 평등사회의 경향성이 등장합니다. 경제적 차원에서 자본주의가 시작되는 과정이지요.

인간의 욕망을 추동하며 발전을 거듭한 자본주의는 엄청난 생산력으로 세계의 모습을 뒤바꾸어놓습니다. 신과 왕이 사라지고 그 자리에 시장(市場)이 들어섰지요. 자유로운 경제활동으로 시장의 규모가 지속적으로 확대되었습니다. 그러다가 20세기 초 세계가 미국발 경제공황(depression)을 맞습니다. 공장은 문 닫고 사람들은 일자리를 잃었습니다. 이런 상황에서 경제에도 자유방임이 아니라 정부가 개입하는 보완책이 필요하다는 케인스의 이론이 설득력을 얻게 됩니다.

그러다가 1970년대에 세계경제는 또다시 위기를 맞습니다. 중동전쟁 이후 아랍권 국가들이 석유 생산량을 줄여 석유 가격이 치솟자, 값싼 에너지로 호황을 누리던 세계경제가 급속도로 위축됩니다. 그러자 영국의 대처와 미국의 레이건 정부는 시장경제에 대한 국가적 개입을 대폭 완화하면서 시장의 자유경쟁 분위기에 다시 힘을 실어줍니다. 그동안 국가가 관리하던 것을 시장에 맡겨야 한다고 주장하지요. 자유경쟁 시스템을 강화합니다. 그러면서 해외 시장으로 적극 눈을 돌리지요. 강대국의 영향력을 이용해 국가 간 교역에 제한적으로 작용했던 각종 장벽의 철폐를 전 세계를 상대로 실현해나갑니다.

이들 국가의 영향력 속에서 국제 무역기구와 세계 경제기구들이 생겨납니다. 세계 경제기구의 합의를 근거로 각종 규제를 철폐하고 나라별 장벽을 없앱니다. 이것이 이른바 오늘날 전 세계를 사로잡고 있는 '신자유주의'의 동력이 됩니다. 신자유주의는 쉽게 말해서 '시장 만능주의'라고 할 수 있습니다. 더 많은 자본을 확보할 수 있도록 국가는 개입을 최소화해야 한다는 주장입니다.

하이에크의 꿈

이런 주장을 학문적으로 뒷받침한 대표적인 학자가 하이에크(Friedrich August von Hayek)입니다. 그는 사회주의 경제체제 같은 집단주의나 전체주의적 흐름을 경계하고, 유럽의 자유주의적 전통을 옹호했습니다. 존 스튜어트 밀 같은 사람은 이미 19세기의 작품인 『자유론』에서 표현의 자유의 절대적 가치를 주장한 바 있습니다. 표현의 자유가 완전히 허용되어야 사회가 진보할 것이고, 잘못된 견해는 공론의 장에서 걸러질 것이라고 생각했습니다. 하이에크는 경제에서도 이와 같은 자유가 중요한 동력이라고 본 겁니다.

그런데 경제에서 자유는 경쟁의 형태로 나타납니다. 하이에크는 진보주의 내지는 문화적 진화론자이기도 한데, 인간 발전의 동력이 내부에 있다고 봤어요. 밖에 있는 어떤 가치, 말하자면 형이상학적 전제 같은 것을 경제의 이상으로 삼지 않았습니다. 사회 진화의 원인이 안에 있기 때문에 그 사회 상태를 그대로 긍정하는 경향이 있었습니다. 서로 경쟁하면서 조화를 이루는 경제시스템의 구축이야말로 하이에크의 꿈이었습니다. 이러한 생각은 기본적으로 전체주의적 혹은 사회주의적 경향성에 대한 반발이었습니다. 하이에크의 책 중에 『치명적인 자만』(fatal conceit)이라는 게 있는데, 여기서 그는 사회주의야말로 인간 자만의 표현이라고 주장합니다. 대신 철저한 경쟁 시스템을 강조했지요.

하지만 하이에크의 생각이 한편에서는 타당할 수 있지만, 현실에서는 수많은 문제를 불러왔습니다. 제일 큰 문제는 불평등과 양극화예요. 자유경쟁을 하면 개인적으로 성과를 높일 수 있고 국가적인 생산량도 높아지지만, 문제는 그건 승자들의 입장이라는 겁니다. 경쟁에서 탈락하거나 경쟁 자체가 불평등하게 이루어졌을 때를 생각해야 합니다. 애당초 모든 사람이 똑같은 상태에서 출발한 게 아니잖아요. 현실에선 그럴 수가 없죠. 누구나 어떤 조건들을 가지고 시작합니다. 따라서 하이에크식의 자유경쟁은 불평등을 더욱 심화시키게 되지요. 이기는 사람은 계속 이기고 지는 사람은 나락으로 떨어집니다.

하이에크가 품었던 이념은 어쩌면 미신에 가깝다고 할 수 있습니다. 한 번도 현실에서 실현된 적이 없는 '자유'경쟁을 말하고 있으니까요. 어떤 사람들은 '낙수효과' 운운하며 하이에크에 대한 반론에 재반론을 제기합니다. 쉽게 말하면, 이긴 사람이 남긴 것을 진 사람이 먹을 수 있지 않으냐는 거예요. 하지만 자본주의가 잘 발달한 나라일수록, 규제가 없는 나라일수록 소득 불평등이 심화된다는 사실은 하이에크식 입장이 틀렸다는 점을 말해줍니다. 자유를 말하면서 사실을 자유롭지 않은 사람들을 양산한 것이 지금까지의 신자유주의입니다. 불평등과 양극화의 심화가 현대 자본주의의 문제점이라는 비판의 목소리가 높아지고 있지 않습니까.

그리고 여기에 더해 또 하나 귀 기울여야 할 주장은 바로 현대 자본주의의 '풍요' 자체가 가져오는 위험성에 대한 경고입니다. 얼마 전 타계한 독일의 사회학자 울리히 벡이 1986년도에 『위험사회』라는 책을 썼습니다. 제가 주변에 많이 권하는 책이기도 한데요. 그는 여기서 인류가 만들어낸 초유의 풍요가 오히려 재앙의 근원이 되어버렸다고 말합니다. 이 사회가 더 진보하고 성장할수록 위험의 정도도 커진다는 거예요.

과거에는 위험이라는 게 부를 얻기 위해 감수해야 할 난관이었다면, 20세기 후반부터는 위험 자체가 체계적으로 생산되기 시작했다고 진단합니다. 울리히 벡에 의하면, 산업사회 때는 재화를 분배했지만 지금의 자본주의는 위험, 해악을 분배하고 있다고 합니다. 지구온난화 같은 것도 그에 해당한다고 할 수 있습니다. 전 지구적으로 진행되는 이런 위험은 경계도 없고, 따라서 딱히 누군가에게 책임을 묻기도 어렵습니다. 서로 얽혀 있기 때문입니다. 중국에서 황사가 우리나라로 날아오고, 일본의 원전사고는 멀리 미국 알래스카까지 영향을 미칩니다. 먹거리 문제는 또 어떤가요? 이제 세계인의 식탁은 하나가 되어 갑니다. 중국산 농산물, 호주산 쇠고기, 미국산 밀가루, 인도산 향신료…. 국경은 이제 의미가 없습니다. 그만큼 위험도 나누어 갖게 되는 거지요. 자본주의의 세계화는 이처럼 위험의 세계화이기도 합니다.

세계화 시대와 전도된 가치

2008년도에 미국 월가에서 시작한 금융위기가 전 세계를 강타했습니다. 우리나라도 직격탄을 맞았지요. 그 여파는 계속되고 있지만 근본적인 문제는 해결되지 못한 채 그대로입니다.

금융위기의 근본 원인은 실물경제에서 분리된 금융자본이었습니다. 금융자본주의에서는 노동 없이 자본 스스로 증식합니다. 돈이 돈을 버는 것이지요. 온갖 종류의 파생상품들이 풀 수 없을 정도로 복잡한 실타래처럼 되면서 금융자본의 규모가 어마어마해졌고, 이것이 실물경제를 압도하는 지경에 이른 거예요. 이때 금융자본주의라는 것이 무엇이던가요. 데이비드 코튼의 책『기업이 세계를 지배할 때』에 나오는 예를 우리 식으로 각색해 말씀드려보면 다음과 같습니다.[64]

가령 농부 갑이 농사를 지어서 1만 원어치의 쌀을 생산했다고 가정해보죠. 노동을 통해 1만 원을 번 것입니다. 그런데 농부가 그 돈을 A라는 은행에 맡겼어요. 은행은 10퍼센트만 보유하고 나머지 90퍼센트는 대출해줄 수가 있습니다. 그래서 9000원을 을에게 대출해줘요. 그런데 을

---

64 데이비드 C. 코튼 지음, 차혜원 옮김, 『기업이 세계를 지배할 때』(세종서적, 1997) 267~279쪽의 내용을 각색한 것이다.

이 이 돈을 고스란히 다시 B은행에 맡겼다고 합시다. B은행은 90퍼센트인 8100원을 또다시 병에게 대출해줄 수 있겠지요. 그 돈을 받은 병이 또 다른 C은행에 맡기고…, 이런 식으로 반복된다고 가정해보면, 노동을 통해 자연에서 생산한 금액은 1만 원뿐인데, 장부상에는 거의 9배에 이르는 금융자산이 잡힙니다. 이런 추상적 자산 가치로 실물을 소비하는 구조가 전 세계 경제의 기본적인 구조가 되어 가고 있는 거예요. 문제는 최초의 농부 갑이 돈을 회수할 때 생깁니다. 은행 A로서는 을한테 빌려준 돈을 받아와야겠죠. 그럼 을은 은행 B로 가서 돈을 찾고, 그럼 또 B는 병에게 받아오고…. 이 과정에서 한 사람이라도 돈을 못 갚으면 어떻게 됩니까. 가장 약한 연결고리에서부터 무너지는 거예요.

누구 한 사람이 큰 몫을 은행에서 빼가기만 하면 전 세계 금융이 무너질 가능성이 큰, 아주 기이한 체제로 지금의 금융자본주의가 유지되고 있는 겁니다. 이런 시스템을 활용해서 세계 경제를 쥐락펴락하는 투기 은행들이야말로 울리히 벡이 얘기한 위험사회를 강화시키고 있는 주역들이라고 할 수 있겠습니다.

은행들은 이자 수익을 위해 우리에게 돈을 빌리라고 유혹하고 있어요. 문제는 이것이 '빚쟁이'들을 양산한다는 것입니다. 그러다 보면 국민경제에서 생산량보다 부채가 더 많은 비중을 차지하게 되지요. 우리나라 2012년도 통계에 의하면 국내총생산(GDP)보다 부채가 2.3배 많습니다. 정부 발표가 그래요. 계산법에 따라서 총부채가 거의 여섯 배에 이른다는 주장도 있습니다. 가계부채만 해도 2013년 1000조 원이 넘어요. 한국인으로 태어났다는 이유만으로 1인당 2000만 원씩의 빚을 지는 셈이에요. 부채가 이렇게 늘어나는 이유는 간단합니다. 생산한 것보다 더 많이 쓰기 때문이지요. 우리나라 가계 부채의 상당 부분이 부동산 담보대출 같은 거 아닙니까.

2013년도에 한국의 경제성장률이 3.1퍼센트라고 합니다. 그런데 내용을 자세히 들여다보면 비관적이에요. 기업이나 가계의 부채로 인한 효과를 제외하면 0.1~0.2퍼센트밖에 안 된다고 해요. 생산도 하고 소비도 했지만 빌린 돈으로 했기 때문에 실질적인 성장이 아니라는 얘기지요.

리처드 하인버그라는 경제학자에 의하면 지난 50년 동안 딱 한 해를 제외하고 전 세계적으로 부채가 늘어났다고 합니다. 게다가 이미 갚을 수 있는 범위를 넘어섰다고 해요. 우리나라뿐만 아니라 세계 경제가 빚더미 위에서 유지되고 있다는 겁니다.

이와 관련해서 이탈리아의 사회학자인 라자라토의 『부채인간』[65]도 읽어볼 만합니다. 그는 신자유주의시대에 급격하게 부채가 증가하고 있다고 경고합니다. 금융자본계의 큰손들이 이런 현상을 부채질하고 있다고 지적하고 있지요. 울리히 벡이 얘기했던 위험사회의 양상이 갈수록 심각해지고 있는 겁니다.

실제로 오늘날은 빚 없이 살기가 어렵죠. 학생 때는 학자금 대출, 결혼하면 전세금 대출을 받아요. 신용카드도 일종의 단기부채죠. 라자라토는 부채를 갚기 위해 허덕대는 삶을 비판적으로 분석합니다. 그리고

---

65 마우리치오 라자라토 지음, 허경·양진성 옮김, 『부채인간』(메디치미디어, 2012)

는 니체가 했던 분석에 힘입어, 물질적 빚이나 각종 부채가 개인에게 내면화되면서 도덕적 죄의식으로 바뀌었다고 주장합니다. 채무자들은 빚의 사회성을 읽지 못하고 '빚 갚아야 하는데….' 하며 자신의 책임으로 돌리려 하지요. 그런데 오늘날 자본주의의 경제구조상 부채는 갚을 수가 없어요. 생산하는 것 이상으로 소비하는 구조이기 때문입니다.

사람을 위해 있는 것이다

"사람이 안식일을 위해 있는 것이 아니라 안식일이 사람을 위해 있는 것이다."(마가복음 2장 27절) 성경에 나오는 예수의 말입니다. 율법 사회였던 고대 이스라엘에서 안식일 법은 매우 중요했습니다. 안식일은 오늘날 기준으로 하면 금요일 해 진 다음부터 토요일 해 질 때까지입니다. 이때는 아무 일도 하지 말고 쉬어야 했습니다. 법으로 그렇게 정했지요. 4킬로미터 이상 걸으면 이것도 일 혹은 노동으로 칩니다. 빵도 미리 만들어놓고 안식일 당일에는 먹기만 해야 해요. 글씨(히브리어)를 쓸 때도 두 글자 이상 쓰면 노동으로 친다는 규정도 있었어요. 한마디로 죽은 듯이 있으라는 얘기입니다. 그런데 이게 현실에서 가능한가요? 어떤 사람이 갑자기 아파서 쓰러졌다고 해보세요. 가만히 놔두면 죽게 생겼어요. 그럼 의사한테 데려가야 하잖아요. 그런데 의사가 4킬로미터보다 먼 곳에 있으면 업고 가야죠. 그런데 율법에 의하면 이런 행위 자체가 노동이거든요. 게다가 의사도 안식일이니까 진료를 안 할 거란 말이죠. 그러면 그 환자는 어떻게 될까요? '영원한 안식'에 들겠지요. 율법을 어기지 않고 이 사람을 살리기란 현실적으로 불가능합니다.

앞서 마가복음에 나오는 예수의 말은 그런 모순을 지적한 거라고 할 수 있습니다. 예수는 '안식'의 진정한 의미를 중시했습니다. 가령 배고픈 사람들에게 안식은 밥을 먹는 거겠지요. 안 보이는 사람들에게 안식은 눈을 뜨는 것이고, 감옥에 있는 사람에게 안식은 해방일 것입니다. 병자에게 안식은 치유겠고요. 이것이 예수의 생각이었습니다. 사람을 배제한 율법은 의미가 없다는 거예요. 상식적으로 옳은 이야기입니다. 그런데도 당대에는 그렇지 않았어요. 율법을 따르던 자들로부터 심한 비판을 받습니다. 그러다 결국 당시의 지도자들, 그 법의 혜택을 누리던 기득권자들한테 사형을 당하지요. 신성한 율법을 어겼다는 이유에서였지요.

제가 이 말씀을 드리는 이유는, 이것이 오늘날 시장과 사람의 관계를 설명하는 데 유효하기 때문입니다. 요즘은 시장이 사람 위에 군림하고 있잖아요. 사람이 시장에 맞추지 않으면 살 수가 없습니다. 마찬가지로 인간이 만들어낸 문명도 그렇습니다. 오늘날 인간이 만들어낸 온갖 발명품들, 전기, 자동차, 전화기, 컴퓨터, 인터넷, 스마트폰…. 편리하기도 하지만 거꾸로 우리 삶을 구속하기도 합니다. 인간은 문명의 주체가 결코 아닙니다. 대다수는 이미 문명에 종속되어 있습니다. 오늘날 자동차, 인터넷과 스마트폰 없이 살 수 있나요? 일부 개인은 그럴 수 있을지 몰라도 이윤을 추구하는 기업은 불가능합니다. 국가도 마찬가지예요. 성장과 효율성이라는 패러다임에서 빠져나오지 않는 한 어렵습니다.

신자유주의는 세계의 자원을 고갈시키고 있으며, 돈을 빌려서라도 끊임없이 소비하라고 우리를 부추깁니다. 근검절약 같은 것이 더는 미덕이 될 수 없는 사회가 되어버렸습니다.

부(富)는 신의 축복인가?

독일에서 활동하는 한국인 철학자 한병철의 책 『피로사회』는 이런 현실에 대한 날카로운 통찰을 보여줍니다. 이 책에 의하면, 예전에 금지나 명령, 율법이 차지했던 자리를 오늘날 프로젝트, 이니셔티브, 모티베이션 등이 대신합니다. "더 벌어야 해", "잘할 수 있을 거야." 하면서 사람을 계속 몰아가는 거예요. 구성원들은 이런 분위기 속에서 자유롭지 못해요. 요구에 맞는 성과를 내고자 노력합니다. 그래야 인정을 받으니까요. 형식은 '자율'이지만 내용상으로는 '강제'라고 할 수 있습니다.

예전엔 해서는 안 될 것투성이였잖아요. 단체행동 하지 마라, 임금인상은 어렵다, 노동조합은 안 된다…. 주는 대로 받으면서 일이나 하라는 거죠. 그런데 오늘날과 같은 '자유경쟁' 사회에선 이게 안 맞는 거예요. 사람들이 더 이상 그런 강제를 받아들이지 않으니까요. 대신 자발적인 헌신을 유도합니다. 연봉을 차별화하고 승진을 미끼로 내세웁니다. 끊임없이 타인과 비교시키면서 소비를 부추기죠. 여기에서 '낙오'하지 않으려면 남보다 더 오래, 더 많이 일해야 하고, 더 좋은 성과를 내야만 합니다. 누가 시키지 않아도 스스로 몸이 부서져라 일하게 돼요. 개인의 삶이 그런 식으로 소진되는 겁니다. 이것이 '피로사회'의 핵심이에요.

그 결과 모든 게 개인의 책임으로 귀책이 됩니다. 빚이 많아도 나의 잘못이고 실패해도 나의 능력 탓입니다. 이걸 유도하는 사회는 모든 책임에서 쏙 빠져버리지요.

발터 벤야민이라는 철학자는 1920년도에 쓴 글에서 자본주의는 극단적 형태의 제의종교라는 말을 합니다. 매일 돈 버는 행위가 마치 성스러운 행위라도 되는 양 사회적으로 이를 축복해준다는 겁니다. 자본주의는 잠시 멈출 새도 없이, 마치 신은 드러나지 않고 제의만이 반복되는 것처럼, 자본의 축적을 쉼 없이 요청한다는 것입니다. 내일이면 나아지겠지, 내일이면 좋은 아파트로 이사 갈 수 있겠지, 세상 사람들이 나를 부러워하겠지⋯. 그런 식으로 종말까지 견디도록 요구하는 종교가 바로 자본주의라는 것입니다.

신자유주의가 강조하는 '자유'에는 이처럼 '강제성'이 숨어 있습니다. 가령 새 정부가 들어설 때마다 규제철폐를 강조하지 않습니까? 그래서 무슨 위원회도 만들고 언론에서도 이를 대서특필합니다. 기업들이 자유롭게 활동할 수 있게 하자는 얘깁니다. 얼핏 틀린 얘기는 아니에요. 규제를 철폐한다는 말은 자율성을 부여한다는 뜻이잖아요. 그런데 속내를 들여다보면 사실상 사회적 약자에 대한 강제에 가깝습니다. 대기업에 대한 규제가 사라지면 중소기업의 입지가 좁아집니다. 대기업의 부당행위를 규제하는 법을 없애면 소위 '갑질'이 심해지겠지요. 이걸 '자유'라고 할 수 있을까요? 그럼에도 자꾸 '자유' 혹은 '자율'을 강조하니까 사람들이 착각을 해요. 정말 모든 걸 내가 결정한다고 생각합니다. 나를 끝없이 피곤하게 만들고 나를 끝없이 착취하는 구조에 시달리면서도,

모든 게 내 책임이라고 생각해요. 비인간적인 구조입니다. 여기서 벗어
나야 합니다.

폭력은 있는데 원인은 없다

신자유시대의 폭력은 구조적으로 자행됩니다. 간혹 주먹, 칼, 총을 쓰는
물리적 폭력이 벌어지기도 하지만, 구조적 폭력에 비하면 '새 발의 피'와
같습니다. 당하는 사람 입장에서는 물리적 폭력보다 구조적 폭력이 훨
씬 치명적입니다. 누가 때렸는지, 어떻게 대처해야 할지 감을 잡을 수가
없으니까요. 폭력의 원인과 주체를 특정할 수가 없기 때문입니다. 구조
전체가 폭력으로 작동하고 있는 거예요. 거부할 수도 없고 책임자를 가
려낼 수도 없는 그런 구조 안에 있습니다. 피해자는 있는데 가해자는 감
춰져 있고, 심할 경우 피해자는 폭력을 당하고 있다는 사실을 인식하지
도 못해요. 그런 의미에서 저는 오늘날의 폭력은 '폭력을 벗어난 폭력'
즉, '탈폭력적 폭력'이라고 규정하고자 합니다. 폭력은 있지만 딱히 원
인은 찾을 수 없을뿐더러, 자유의 이름으로 개인이 감내하고 있는 폭력
입니다. 이것이 현실입니다.

　신자유주의 시대의 폭력은 그렇게 지속됩니다. 지친 사람들은 결국
우울증에 빠지지요. 이는 좌절의 병리학적 발현이에요. 그래서 우울증
을 '21세기형 질병'이라고 합니다. 한병철 선생은 끝없이 성과를 요청하
는 사회에서 탈진한 영혼의 표현이라고 말합니다. 끝없이 자기와 전쟁
을 벌이다가 지친 거예요. '힐링'이라는 말이 유행하는 것도 이와 연관이

있습니다. 경쟁하다 지친 사람들이 위로받고 싶은 거예요. 사람들이 종교시설을 찾는 중요한 이유 중 하나입니다. 경쟁이 과열될수록, 자책이 심해질수록 더 그렇습니다. 지친 사람들이 종교시설에 가서 위로를 받습니다. 종교인들은 사람들에게 열심히 일해서 돈을 벌었으니 신의 축복으로 여기고 감사하라고 하죠. 여기서 힘을 얻은 사람들이 또다시 '전쟁터'로 향합니다. 지치면 힐링하고 또 열심히 전쟁터로 향하고 또 힐링하고…, 이런 일이 반복되면서 종교들은 자기도 모르는 사이에 신자유주의의 구조를 정당화하는 역할을 하게 됩니다. 이것을 진정한 위로라고 할 수 있을까요?

『창세기』에 의하면 노동은 인간에게 '형벌'이었습니다. 죄의 대가였어요. 그런데 니체가 비평했듯이, 근대에 들어서면서 노동은 '축복'이 되지요. 프로테스탄티즘은 이런 원리를 적절히 활용하고 있습니다. 가령 막스 베버가 쓴 『프로테스탄트 윤리와 자본주의 정신』은 탁월한 고전입니다. 나온 지 100년이 지난 지금도 설득력이 있어요. 베버가 당시 자본주의가 발달한 지역을 보니 프로테스탄트(개신교)가 흥하던 지역이었어요. 프로테스탄트는 내적 신앙에서 진리의 기준을 찾고 구원은 교회 제도가 아니라 신의 은총으로 이루어진다고 보았던 종교입니다.

대표적인 사상가인 칼뱅은 예정설을 주창했습니다. 신께서 이미 인간이 태어나기 이전에 구원을 예정하셨다는 논리입니다. 구원도 내가 어떻게 해서 얻을 수 있는 게 아니라 애초에 정해진 거라는 논리죠. 이런 얘길 들으면 지금 열심히 교회 나가는 것도 좀 불안해집니다. 구원이 예정되어 있다면 교회 나가 봐야 아무 소용이 없을 테니까요. 의심이 생길 수밖에 없습니다. 여기에 대해 칼뱅은 열심히 일해 재물을 모으면서도 청빈하게 살 수 있다면 그것이 구원이 예정되었다는 증거라는 식으로 해석했습니다. 당시 로마 가톨릭은 자본의 축적 행위를 불신앙적인 것으로 이해하고 있었는 데 반해, 칼뱅은 청빈한 재물의 축적을 구원의 증거로 해석했습니다. 덕분에 칼뱅의 영향력하에 있던 개신교도들은 죄책감 없이 열심히 재물을 모을 수 있게 된 거죠.

이렇게 해서 프로테스탄트가 흥했던 지역에서 자본주의가 발전했다는 게 베버의 주장입니다. 이런 논리는 자본주의의 흐름에 따르는 곳이라면 그것이 교회든 절이든 비슷하게 적용됩니다. 가령 한국의 주요 종교들은 부자 되는 걸 반대하지 않아요. 오히려 합리화해주지요. 자신의 행위에 대한 정당성을 확보한 사람들이 더 열심히 일해서 돈을 모으게 됩니다. 종교가 경쟁사회의 일익을 담당하는 셈입니다. 그러면서 종교가 신자유주의 시대의 구조적 폭력을 더 강화시켜줍니다. '탈폭력적 폭력'이 더 구조화되는 겁니다.

희생이 성스러울 수 있을까?

종교는 다른 각도로 폭력을 정당화해오기도 했습니다. 가령 『폭력과 성스러움』[66]의 저자 르네 지라르에 의하면, 어떤 대상을 제물로 희생시키는 행위는 그 제물에게 폭력이지만, 그럼으로써 폭력의 사회화를 예방

---

66 르네 지라르 지음, 박무호·김진식 옮김, 『폭력과 성스러움』(민음사, 2000)

하는 '성스러운' 기능을 한다고 봅니다. 예전 목축 사회에서는 제사를 지낼 때 양 한 마리를 잡아 그 피를 제단에 뿌리고 사제들이 고기를 나눠 먹었습니다. 원초적인 희생제의 양식이지요. 우리는 굿을 하고 그 과정에 돼지를 제물로 삼았지요. 신께 음식을 바치고 그걸 먹음으로써 신과 동화되고 제사에 참여한 이들의 공동체성을 확보하는 의식이 인류의 원초적 종교의식입니다. 이러한 과정을 살펴본 지라르는 구조적인 폭력을 성스러움으로 정당화하는 것이 지배자들의 논리였다는 결론을 내립니다. 이것은 오늘날의 자본주의사회에도 적용된다고 할 수 있습니다.

가령 후쿠시마에서 원전사고가 나지 않았습니까? 많은 사람들이 피해를 봤고 지금도 지속되고 있습니다. 가장 큰 피해자는 누가 뭐래도 후쿠시마 지역 주민이고요. 그런데 이 지역에 원전이 들어선 이유가 무엇입니까? 바로 일본 주요 대도시에 전기를 제공하기 위해서잖아요. 결과적으로 다수를 위해 특정 지역의 소수자가 희생하게 된 겁니다. 해군기지가 들어서는 강정, 신고리원전의 전기를 실어 나를 송전탑이 지어지는 밀양 지역도 마찬가지입니다.

지금까지 드린 말씀은 특정 종교를 비판하기 위한 것이 아닙니다. 중요한 것은 종교라는 것이 어떤 형식으로든지 사회·정치·경제 구조와 관련되어 있다는 거예요. 홀로 독립적으로 존재하는 게 아니라 그 사회와 떼려야 뗄 수 없는 관계에 있습니다. 그렇기에 종교인의 책무랄까 종교 본연의 정신을 되새겨야 한다는 것입니다.

머뭇거리며 성찰하기

무한 경쟁 사회, 피로사회, 탈폭력의 폭력 시대에서 벗어나려면 어떻게 해야 할까요? 여러 가지 방법을 생각해볼 수 있겠지요. 제도적 대안도 만들어볼 수 있고요. 우선 성찰 혹은 사색에 대해서 말씀을 드리고 싶습니다. 일단 '머뭇거리며 성찰하기'로 정리해보죠.

머뭇거린다는 것은 진행을 멈추고 생각한다는 거예요. '사색'입니다. 한나 아렌트라는 정치학자의 말을 인용하겠습니다. 그는 『예루살렘의 아이히만』[67]이라는 책에서 유대인 대량학살이라는 부조리가 가능했던 이유에 대해 질문합니다. 그리고 2차대전 당시 학살을 주도한 아이히만의 재판 과정을 지켜보면서 깜짝 놀라지요. 법정에 오른 아이히만을 보니 죄의식이 없는 거예요. 태연하게 남이 시켜서 했을 뿐이라고 말합니다. 집단적이고 체계적으로 이루어진 대학살을 한 사람의 잘못으로 돌릴 수는 없겠지요. 그래도 인간적으로 최소한 뉘우치는 기색은 있었어야 하잖아요. 한나 아렌트는 아이히만의 태도를 보고, 그가 대량학살의 주범이 될 수 있었던 것은 성찰하는 능력이 부족했기 때문이라고 결론을 내립니다. "생각하는 데 무능력함"이 수많은 사람들에 대한 학살을 가능하게 했다는 겁니다.

부당한 지시를 따르지 않으려면 '생각'을 해야 합니다. 생각을 하려면 멈춰서야 하고요. 만약 아이히만이 그랬다면 아무런 죄의식 없이 학살

---

67 한나 아렌트 지음, 김선욱 옮김, 『예루살렘의 아이히만』(한길사, 2006)

을 계획하고 실행하지는 않았을 겁니다. 머뭇거림과 사색이 중요하다는 겁니다. 이를 오늘날 우리 사회에 적용해보면, 나는 왜 이런 경쟁을 하고 있나, 나는 왜 이렇게 피로한 사회에서 지쳐가고 있는가 하는 고민이 필요하다는 것이지요. 머뭇거린달까, 멈춘달까 하는 것만으로 자유라는 이름으로 포장된 강요를 완전히 막을 수 없을지도 모릅니다. 하지만 최소한 속도를 늦추거나 방향을 되돌릴 수 있을 겁니다. 이런 사색이야말로 새로운 대안을 도출시키는 출발점이기 때문입니다.

제러미 리프킨은 『공감의 시대』[68]라는 책에서 나름대로 희망적인 결론을 제시한 바 있습니다. 난국 속에서도 인간은 '공감'할 줄 아는 존재라는 사실이 희망이 된다는 거예요. 다른 사람과 공감할 수 있다니, 다행스러운 일이지요. 그는 유럽연합(EU)의 등장을 20세기 최고의 사건으로 꼽습니다. 인류가 민족과 국가로 나뉘어 대립하던 시절을 극복하고 유럽연합을 만들 수 있었던 것은 공감의 힘이었다는 거예요. 물론 자본의 결속을 통해 미국에 대항하자는 유럽 국가들의 정치 · 경제적 의도가 있습니다만, 단순히 이것만으로는 설명할 수 없다는 게 리프킨의 생각이에요.

저 역시 공감을 통한 연대가 늘어날수록 신자유주의를 극복할 수 있는 기초가 다져질 수 있으리라 생각합니다. 이를 위해 기업의 횡포에 맞선 노동자의 연대도 가능하고 필요하듯이, 소비자의 연대도 중요합니다. 울리히 벡에 의하면, 소비자의 연대가 효과적이라 합니다. 기업이

---

68 제러미 리프킨, 이경남 옮김, 『공감의 시대』(민음사, 2010)

노동자를 탄압할 수 있지만 소비자는 탄압할 수 없기 때문입니다. 소비자의 주체적 연대를 통해서 거대한 자본의 흐름을 바꿀 수 있도록 노력해야 한다는 것이 백의 주장입니다. 그 핵심에는 어쨌든 공감에 기반한 소통이 놓여 있고요.

'공감'은 인류의 정신적 지도자들이 보여준 한결같은 가치입니다. 짧은 인생을 살았던 예수가 인류의 위대한 스승으로 자리매김하게 된 것도 타자의 아픔에 대한 공감에서 비롯되었다고 할 수 있습니다. 가령 고대 유대인들의 성서인 히브리성서(기독교인들에게는 구약성서)에서는 "하느님이 거룩하시니 너희들도 거룩하라"고 말합니다. 이때 '거룩하다'는 것은 더러운 것과 구별되는 어떤 가치입니다. '거룩'은 거룩하지 않은 것들과 결별함으로써 이루어집니다. 더러운 것에 오염되지 않는 방식으로 순수성이 보장된다는 것이지요. 그런 점에서 거룩은 '분리'입니다. 그런데 예수는 유대인이었으면서도 '거룩'이라는 말을 하지 않았습니다. 그보다는 "아버지(하느님)께서 자비하시니 여러분도 자비로우시오"라며, '자비'를 강조했지요. '자비'나 '거룩'이나 얼핏 들으면 그게 그거고 다 좋은 말 같지만, 실제로는 정반대의 양상으로 나타납니다. 거룩은 더럽고 비천한 것들과 분리되지만, 자비는 도리어 비천함을 끌어안고 포용함으로써 실현되기 때문입니다.

예수는 병든 자의 고통을 끌어안고 가난한 자와 함께했습니다. 자비는 히브리어로 '라하밈'이라고 하는데, 어원적 의미는 어머니의 '자궁'입니다. 자궁이라는 것이 기본적으로 생명을 잉태하고, 양육하는 장소잖아요. 자비를 영어로는 'compassion'이라고 하죠. '함께'를 의미하는 접두어 'com'과 '고난'을 뜻하는 'passion'이 결합된 말입니다. '고난을 함께함' 정도로 해석할 수 있어요.

우리말의 '자비'는 불교용어이기도 합니다. '자'(慈)가 사랑이라면, '비'(悲)는 슬픔입니다. 좀 더 풀어 말하면, 기쁜 일은 함께해 두 배로 키우고, 슬픈 일은 함께해 절반으로 줄이는 행위입니다. 슬픔까지 사랑하는 것이 자비입니다. 서양이든 동양이든 모든 종교에서 강조하는 것이 자비이고, 이것은 공감에 기반하는 행위이자 자세입니다.

인권도 마찬가지입니다. 결국은 인간을 인간답지 못하게 하는 구조 속에서 희생당하는 타인에 대한 공감에서 시작하는 것이지요. 인간에 대한 공감 없이, 특히 아픈 이들에 대한 공감 없이 인권은 성립되지 않습니다. 신자유주의도 극복될 수 없습니다. 공감을 통한 연대, 특히 자본의 거대한 물결 속에 소외되는 이들에 대한 공감적 연대가 인간을 인간답게 만듭니다.

이러한 공감에 기반한 인권을 저는 타인의 권리, 즉 '타권'(他權)이라고 부릅니다. 반면 자신의 권리를 자권(自權)이라 할 수 있겠죠. 문제는 저마다 자신의 권리만 내세울 때 생깁니다. 이걸 막고자 법률적으로 제한을 두고 있고요. 인권을 보장하려면 법률적, 제도적 기반이 중요합니다. 그러나 법 때문에 억지로 자신의 행위를 제한하기보다는, 그전에 타자를 위해 스스로 비우는 사람들이 있습니다. 자권보다는 타권의 실천을 통해 인권을 실천하는 것이지요. 저는 이러한 삶에 주목하고 싶어요.

인류의 위대한 정신적 지도자들이 그랬습니다. 타자를 위해 자신의 권리를 내려놓는 삶을 살았습니다. "한 알의 밀이 땅에 떨어져 죽지 않으면 한 알 그대로 있지만, 죽으면 많은 열매를 맺는다"는 예수의 말은 타권적인 삶, 타자를 위한 자기희생의 의미에 대해 알려줍니다. 저는 인권이라는 것이 서로의 권리를 존중하면서 얻게 되는 결과물이라고 생각합니다. 성찰, 연대, 조화, 협동 등의 가치가 중요한 이유이고요. 다른 사람의 고통을 이해하고 공감하는 사람들, 자기의 권리를 내려놓고 그들을 위해 헌신하는 사람들이 늘어날수록 세상은 살 만해질 것입니다. 그리고 우리를 불행으로 내모는 비인간적인 체제도 약해지거나 언젠가는 끝날 때가 올 겁니다. 오늘의 강의가 그런 밑그림을 그리는 데 도움이 되었으면 좋겠습니다.

청중: 선생님께서는 평화학을 공부하신 것으로 아는데요, 평화학은 어떤 학문인가요?

이찬수: 단순하게 말하면 평화에 대한 연구지요. 요한 갈퉁이라는 평화학자가 평화를 '소극적 평화'와 '적극적 평화'로 구분하면서, 소극적 평화가 전쟁과 같은 물리적 폭력이 없는 상태라면, 적극적 평화는 물리적 폭력은 물론, 구조적이고 문화적인 폭력마저 없는 상태라고 규정한 적이 있습니다. 평화학은 어떻게 하면 이 적극적 평화를 구현할 수 있을지 다양한 각도에서 연구하는 학문이라고 할 수 있습니다. 저는 인문학적 시각에서, 특히 종교철학적 관점에서 접근하고 있어요.

청중: 오늘날 과거에는 이단으로 불렸던 종교들이 지금은 당당히 인정

받고 있는데요, 종교에서 이단을 판단하는 기준은 무엇입니까?

이찬수: '이단'의 절대적인 기준이 있는 것은 아닙니다. 한자로 보면 다를 '이'(異)와 끝 '단'(端) 자예요. 시작은 비슷한데 끝이 다르다는 뜻이지요. 이걸 풀어서 쓰면 사이비(似而非)가 됩니다. 겉은 비슷한데[似] 속은 아니라[非]는 얘기죠. 예수도 당시에는 이단이었습니다. 가령 초기 기독교 최대의 전도자인 바울을 가리켜 당시 유대교 지도자들이 "나사렛 이단(헤레시스)의 괴수"(사도행전 24, 5)라고 부른 적이 있어요. 예수의 추종자들을 유대교 입장에서는 이단이라고 생각했다는 뜻입니다. 그런데 예수가 죽고 나서 사정이 180도 바뀌죠. 기독교가 로마제국의 주류 종교가 되면서, 가장 권력에 가까운 정통의 가르침으로 자리매김하게 됩니다. 종교의 역사에서 이런 경우는 너무 많아요.

요즘은 기독교 안에서 생긴 비정통적인 흐름을 주류 쪽에서 이단이라 규정하는 경우가 많은데, 종교학적으로 보면 이단을 판단하는 절대적인 기준은 없습니다. 다만 사회적 양식에 비추어서 종교의 이름으로 크게 어긋나는 행동을 할 때, 이단이라는 규정을 임의적으로 인정하는 정도입니다. 반사회적이거나 부도덕하거나 반윤리적 행동을 정통적 가르침이라고 할 수는 없으니까요. 특정 종교에서 자체적으로 이단을 판단할 수는 있어도 종교학적으로는 어렵다는 뜻입니다. 객관적이고 보편적인 기준이 없기 때문입니다. 간혹 개신교 일부에서 특정 단체를 이단으로 지목하는 경우가 있는데, 이때 종교학자로서 어느 한 쪽 편을 들기 어려울 때가 많습니다. 자꾸 차이점을 지적하면서 이단이라고 비판하는 것보다는 가능한 그 긍정적 기능을 존중하면서 공감하고 포용하는 게 낫다고 생각합니다. 교리가 엄격하고 배타적일수록 그 틈새에서 이른바 이단이 성장하는 거거든요.

청중: 종교의 긍정적 의미를 어떻게 정리할 수 있을까요?

이찬수: 종교의 한자 상 의미는 '최상의[宗] 가르침[敎]'이라는 뜻입니다. 이러한 가르침의 역사는 아주 깊습니다. 종교는 인류가 낳은 모든 지혜와 학문의 원천이라고 할 수 있고요. 종교적 가르침에서 근대적 학문이 갈라져 나온 거거든요. 서양에서는 신학이 곧 철학이자 수학이었죠. 예컨대 수학은 우주적 진리를 수와 기호로 표현하는 학문이었습니다. 그러다가 인간의 이성적 능력이 부각되면서 여기에 기반한 철학이 신앙에 기반한 신학에서 분리됩니다. 동양에서는 불교학, 유학이 최고의 학문이었죠. 불교와 유교 없는 동양적 정신세계라는 것은 상상 불가능합니다. 제도화된 종교가 많은 문제를 불러일으키기도 하지만, 종교가 인류의 위대한 유산이라는 점은 명백합니다. 객관적인 안목으로 종교적 세계의 깊은 부분에 대해 생각해보면 아주 배울 게 많아요.

청중: 기독교는 배타적인 성향을 보이는데, 그것은 유일신 전통 때문인가요?

이찬수: 말씀하신 대로 기독교는 유일신 종교전통, 그러니까 '신이 하나'

라고 믿는 종교입니다. 유일신론을 영어로는 모노테이즘(monotheism)이라고 하죠. 여기서 '하나'라는 것의 의미가 중요해요. 신에게 '하나'라는 말을 붙일 때는 수(數)적인 의미만 있는 게 아닙니다. 하나라는 말에는 '근원', '전체'라는 뜻이 들어 있어요. 신이 하나라는 말은 신이 근원이자 전체라는 뜻입니다. 풀어 말하면 모든 것이 신 안에 있다는 뜻입니다. 무소부재(無所不在)라고 하지요. 신은 있지 않은 곳이 없습니다. 모든 곳에 있고 모든 것을 포용하고 살아가게 하는 어떤 힘과도 같습니다. 자연법칙과 같다고 이해해도 무난할 것 같습니다. 그런 식으로 신을 이해하면, 배타성이 나올 리 만무하지요. "도(道)라고 말해질 수 있는 도는 영원한 도가 아니"라는 노자의 말처럼, 신은 특정 언어나 개념에 갇히지 않습니다. 기독교가 배타적인 이유는 신을 자신의 틀에 가두어 두는 사람이 많기 때문입니다. 신은 언제나 내가 생각한 것 이상이라고 보아야 합니다.

청중: 신은 사람이 만들었다고도 하지 않습니까? 인간에게 종교는 어떤 의미일까요?

이찬수: 말씀드렸듯이 종교는 인간이 던지는 가장 깊은 질문에 대한 해답 체계입니다. 인간은 나는 누구인가, 어디에서 와서 어디로 가는가, 죽음 또는 삶이란 무엇인가 등 깊은 질문을 던지며 삽니다. 그에 대한 대답을 추구하며 종교가 형성됩니다. 그 깊은 질문의 대상을 신이라고 부르죠. 인간은 종교라는 대답 속에서 삶의 궁금증을 해소하고 새로운 힘

을 얻습니다. 그런 의미에서 보자면 인간이 만들었다는 말도 틀린 건 아
닙니다. 하지만 이를 단순히 창작물 정도로 이해해서는 안 됩니다. 인간
은 동서고금을 막론하고 생명과 세계의 근원을 끊임없이 상상해왔습니
다. 인간에게 그런 능력이 있는 한 종교도 지속될 겁니다. 인간 안에서
생겨난 종교가 다시 인간에게 긍정적인 영향을 주기도 하니, 그 긍정적
인 영향의 정점에서 사람들은 계속 신을 보고 또 찾을 것입니다.

9강

인권을 기준으로
바꾸는 세상

오창익

오
창
익

'인권연대' 사무국장으로 일하고 있는 인권운동가. 평소 듣고 말하고, 읽고 쓰는 활동을 중요하게 생각한다. 특별히 형사사법 과정에서 가난한 사람들이 당하는 차별에 관심이 많다. 『십중팔구 한국에만 있는!』, 『사람답게 산다는 것』을 썼고, 함께 쓴 책으로는 『10대와 통하는 청소년 인권 학교』, 『검찰공화국, 대한민국』, 기획한 책으로는 『리영희 프리즘』과 『기억하라 연대하라! 강우일 주교에게 듣는다』가 있다.

안녕하세요. 오창익입니다. 인권이라는 말은 20세기 중반만 해도 영어권에선 'rights of man'이라고 썼습니다. 'man'이란 단어는 '사람'이란 뜻도 있지만, '남자'라는 뜻이 강해서, 인권이란 게 남성들만의 전유물이란 오해를 받곤 했습니다. 단순한 오해에서 그치는 게 아니라, 실제로 프랑스나 스위스를 비롯한 여러 나라들은 20세기 중반까지도 기본적인 권리인 참정권마저 남성들에게만 허용하고, 여성들은 배제했습니다. 'rights of man'이란 말이 인권의 의미를 제대로 알려주는 데 적당하지 못하다는 비판이 줄곧 제기되었습니다. 제2차 세계대전 직후 설립된 유엔에서 인류가 지향해야 할 보편적 인권의 기준을 정하는 '세계인권선언' 기초 작업을 진행하면서, 그동안의 문제 제기를 수용해 인권이란 단어를 'rights of man' 대신 'human rights'로 바꿔서 쓰기 시작했습니다.

영어 표현에서만 아니라, 우리가 지금 쓰는 '인권'이란 단어도 여러 차례 변화를 겪었습니다. 인권이란 단어는 일본 사람들이 번역했는데, 인권학자 조효제 교수의 연구에 따르면 'right'에 해당하는 번역어를 처음에는 '염직'(廉直)이라 했답니다. 'right'란 단어에서 '곧다', '바르다'는 뜻에 주목한 것입니다. 그 다음, 상당기간 '조리'(條理)라고도 번역했습니다. 염직(廉直)이나 조리(條理) 모두 낯선 말입니다. 염직이란 말보다는 조리란 말은 좀 더 쓰임이 있지만, 우리나라에선 조리란 말보다 '부조리'란 말이 더 자주 쓰입니다. 아픈 현실이지만, 조리보다는 부조리한 일이 더 많기 때문입니다. 조리가 무슨 뜻인지 알려면, 거꾸로 부조리의 반대말로 이해하시는 게 더 빠르겠네요.

'right'를 단지 권리(權利)라고만 번역한 것은 썩 좋은 번역은 아닌 것 같습니다. 약간의 오해도 불러일으키기도 하죠. 우리가 현실에서 만나는 '권'(權)은 권력이나 권세처럼 배타적이고, 뭔가 폭력적인 어감을 갖고 있으니까요. 원래 한자어의 권(權) 자는 권세만이 아니라, 저울추를 의미하기도 합니다. 법원 앞에는 보통 정의의 여신 디케(Dike) 상이 세워져 있는데, 디케는 한 손에는 칼(법원에서는 주로 법전을 들고 있습니다), 그리고 다른 한 손엔 저울을 들고 있습니다. 원래 권(權)이란 저울처럼 누구에게나 공평한 것을 의미합니다. 권(權)이란 것이 제대로 된 것이라면, 마치 쇠고기 한 근은 누구에게나 600그램이어야지, 힘센 사람에게는 800그램, 힘없는 사람에게는 400그램이어선 안 된다는 뜻입니다.

인권은 말 그대로 '사람의 권리'이지만, 지금 우리가 '권리'라고 부르는 그 단어를 예전에 일본 사람들이 '염직'(廉直)이나 '조리'(條理)라고 번역했던 뜻도 함께 포함하고 있답니다. 그러니까, 인권은 그냥 '사람의 권리'라기보다는, '사람이 당연히 누리는 권리', '사람이 권리를 누리는 게 옳다, 당연하다, 마땅하다' 쯤으로 새기는 것이 더 정확할 겁니다. 그렇다고 인권이란 말을 이제 와서 다른 말로 바꾸는 것은 쉽지 않을 겁니다. 이미 일본은 물론, 한국과 북한, 중국과 타이완과 베트남까지 동아시아의 나라들이 인권이란 단어를 쓰고 있으니까요. 다만, 인권이란 말이 그냥 단순한 권리가 아니라, 영어 단어 'right'가 의미하는 것처럼, '옳다, 당연하다, 맞다, 마땅하다, 정의롭다' 등의 뜻도 함께 담고 있다는 것을 기억해주시기 바랍니다.

사람을 위한 권리

인권은 에이브러햄 링컨의 유명한 말을 빌리면, '사람의, 사람을 위한, 그리고 사람에 의한' 권리입니다. 오로지 사람만 갖는 권리, 다른 어떤 전제나 요구 조건이 필요하지 않고, 그저 사람이면 누릴 수 있는 권리입니다. 물론, 그 권리는 사람을 위한 것입니다. 사람이 무의미하고도 불필요한 고통을 겪지 않도록, 보다 행복하게 살 수 있도록 돕는 권리입니다. 인권은 또한 사람 사이의 문제, 이를테면 국가와 개인과의 관계 등과 관련되어 있기에, 사람에 의한 권리이기도 합니다.

평생을 살면서 어쩔 수 없이 겪어야 하는 고통들이 있습니다. 사랑하는 사람과의 사별 같은 것이 대표적이죠. 흔히 인생을 생로병사(生老病死)로 표현하는 것처럼, 누구나 늙고 병들고, 또 죽어갑니다. 서글픈 일이지만, 어찌 보면 당연한 일이기도 합니다. 생로병사와 관련된 고통은 견뎌내기 어려운 것이긴 하지만, 생로병사 자체가 자연의 일환인 만큼, 마음먹기에 따라선 받아들일 수도 있는 일입니다. 우리에게 남은 수명이 20~30년 또는 30~40년밖에 되지 않는다고, 그 엄연한 사실 때문에 매일 몸부림칠 정도로 고통을 겪지는 않으니까요.

진짜 심각한 고통은 이렇게 신이나 자연이 주는 고통이 아니라, 사람이 사람에게 주는 고통인 것 같습니다. 이를테면 누군가에게 모욕을 당하거나, 잔혹한 환경에 놓이거나, 무시를 당할 때 받는 고통 같은 경우도 사람이 사람에게 주는 고통입니다. 70억 명의 인류 중에서 10억 명 정도가 굶주리는 고통을 일상적으로 겪고 있지만, 실제로 인류가 생산하는 식량만으로도 이 굶주림을 없앨 수 있답니다. 남아도는 식량을 버리는 나라도 있고, 사람이 아니라 가축들을 키우는 데 쓰기도 하기 때문에 식량이 부족한 것이니 굶주리는 고통은 전형적인 사람이 사람에게 주는 고통일 겁니다. 집 없는 고통도 마찬가지죠. 우리나라 주택보급률은 이미 100퍼센트를 넘어섰습니다. 가구마다 한 채씩 집을 나눠줘도 남는다는 겁니다. 헐벗은 고통도 마찬가지로, 사람이 사람에게 주는 고통입니다. 이런 고통은 사람에게 심각한 아픔을 주지만, 사람들이 지혜와 힘을 모은다면 얼마든지 극복할 수 있는 고통이기도 합니다. 인권은 바로 이런 고통을 줄여보자는 차원에서 만들어진 발명품입니다. 인류의 성찰과 지혜와 용기, 새로운 세상에 대한 희망까지를 담은 근사한 발명품이죠.

저는 인권운동을 하고 있고, 제가 일하는 단체는 "인권을 기준으로 세상을 바꾸자!"라는 모토를 갖고 있지만, 제가 생각하는 인권운동은 '고통과의 연대'입니다. 너무 소극적인가요? 사람이 최대한 행복하게 사는 것도 중요하지만, 꼭 그렇게 살지 못하더라도 최소한 무의미하고도 불필요한 고통, 특히 사람이 조금만 노력하면 얼마든지 극복할 수 있는 고통은 겪지 않고 살 수 있어야 합니다. 인권의 가장 큰 쓸모가 바로 이것입니다.

한마디로 정의할 수 없는 인권

사람을 위한 권리로서의 인권은 사람을 사람답게 살 수 있도록 돕는 역할을 합니다. 우리가 일생 동안 사람답게 살기 위해 또는 행복하게 살기 위해 필요한 것이나 누려야 할 것들이 뭐가 있을까 생각해보면, 인권이 어떤 것인지 좀 더 정확하게 알 수 있겠죠. 당장 떠오르는 건, '의식주'겠죠. 의식주를 강조하는 까닭은 아주 단순합니다. 중요하기 때문이죠. 얼마나 중요한지는 거꾸로 생각해보면 금세 알 수 있습니다. 헐벗거나, 굶주린다면? 또는 집이 없어서 제 몸 하나 누일 곳이 없다면 결코 사람답거나 행복하다고 할 수 없을 테니까요.

그뿐이 아니죠. 학교에 다니거나 일을 하는 것도 꼭 필요합니다. 문화생활을 할 수 있다거나, 정보통신기술을 사용하고, 자신의 의사를 자유롭게 표현하고, 가고 싶은 곳에 맘대로 다녀올 수 있는 것도 모두 중요하죠. 누군가 내 집 앞에 높은 건물을 세워 햇볕을 가린다면, 요즘엔 흔히들 '일조권'(日照權)을 침해받았다고 합니다. 같은 이유로 전망이 나빠지면, '조망권'(眺望權)을 침해받았다고 하죠. 사실 햇볕이나 주변 경관 따위를 권리로 인식한 것은 그리 오래되지 않았습니다. 그동안 생각이 미치지 못했던 분야까지 요즘엔 인권이란 개념을 적용하고 있습니다. 인권이란 개념이 폭넓게 쓰이고 있는 것입니다. 어떤 분야나 쟁점에다 권리를 뜻하는 '권(權)'자를 붙여서 '○○권'이라 부르는 경우가 많습니다. 먹고사는 문제라면 '식량권', 집에 대한 것이라면 '주거권', 학교 다니는 일과 관련되었다면 '교육권', 일과 관련해서는 '노동권'이란 말을 쓰고 있습니다. 이걸 앞서 확인한 인권이란 정의와 연관해 풀어서 이야기한다면, 사람이라면 누구나 단 한 사람의 예외도 없이 당연히, 그리고 언제나 밥을 먹고, 집도 있어야 하고, 적절한 교육도 받아야 하며 일

자리도 있어야 한다는 것입니다. 밥, 집, 교육, 일 등은 모두 권리이기에 언제나 예외 없이 당연히 누구에게나 있어야 하고, 그렇게 누구나 누릴 수 있어야 옳고, 정의롭다는 것입니다.

예전에는 인권을 법학, 그중에서도 형사법과 관련된 좁은 개념으로만 여기는 경향이 많았습니다. 함부로 체포되지 않아야 한다거나, 재판을 받을 때는 변호사의 도움을 받아야 한다는 등의 신체의 자유, 그중에서도 형사사법과 관련된 쟁점들이 강조되었어요. 물론 국가가 개인에게 휘두르는 가장 강력한 무기인 국가형벌권과 관련된 것이니 중요한 쟁점임이 틀림없습니다. 국가와 개인과의 관계에서 가장 기본에 속하는 문제인데, 제대로 지켜지지 않고 있으니 새삼 강조해도 지나치지 않을 것입니다. 그렇지만, 인권이 형사법과 관련된 좁은 의미로만 여겨진 것은 인권을 폭넓게 해석하고 인권의 개념을 재구성하지 못한 탓이기도 했습니다. 인권은 우리들의 삶, 전반과 관련된 넓은 개념인데, 당장 급한 문제에만 골몰하느라 더 넓게 그리고 더 깊게 들여다보지 못한 측면이 있었어요.

그런 의미에서 "인권은 바다처럼 넓고 깊다"고 설명할 수도 있겠네요. 하지만 이것도 따지고 보면 문제가 있을 수 있어요. 넓고 깊다는 것을 강조하는 건 좋지만, 바다가 아무리 넓고 깊어도 바다만큼만 넓고 깊을 뿐이잖아요. 바다가 끝나는 곳에 뭍이 있듯, 어쨌든 한계가 있다는 거잖아요. 제아무리 넓게 인권의 범위를 설정한다고 해도, 누군가는 그 이상을 필요로 할 수도 있을 거예요.

예컨대, 요즘은 가장 주차하기 편한 곳을 장애인 주차구역으로 정해

두고 있어요. 이걸 어기면 과태료를 물게 되죠. 주차장을 만들 때, 엘리베이터 근처 등 주차하기 좋은 곳에 전체의 2~4퍼센트에 해당하는 공간에 장애인 주차구역을 만들도록 법률로 강제해두었습니다. 그렇지만, 이런 편리한 제도도 20~30년 전엔 생각조차 못했습니다. 예전에도 장애인들이 비장애인이나 마찬가지로 자유롭게 이동할 수 있어야 했고, 그러기 위해서는 당연히 장애인들을 위한 별도의 주차구역이 편한 곳에 마련되었어야 했죠. 그렇지만 장애인들조차 별로 문제 제기를 하지 않았고, 비장애인들은 아예 이해가 없었습니다. 지금보다 인권의식이 훨씬 낮은 상황에서는 누구도 장애인 주차구역을 상상하지 않았던 거죠. 자, 이렇게 인권은 내용은 물론 그 깊이와 넓이도 시대에 따라 변하는 속성을 갖고 있습니다. 당연한 일이겠죠. 사람도 변하고 세상도 늘 변하기 마련이니까요.

그런 때문인지, 인권과 관련하여 가장 활발한 활동을 하고 있고, 인권의 기준을 정하는 역할을 하는 유엔도 인권을 한마디로 정의하지는 않습니다. 대신, 자유권, 사회권, 평화권 등으로 범주를 말할 뿐입니다. "인권은 ○○이다"라는 식으로 정의를 하면, 자칫, 그 범주 안으로만 제한될 우려가 있기 때문이에요. 인권은 이렇게 열려 있는 개념입니다.

인권을 바라보는 최대주의적 관점

지금도 그렇지만, 예전부터 인권은 끊임없이 여러 가지 비난에 시달려야 했습니다. 인권 때문에 정의를 바로 잡을 수 없다든지, 인권의 역할이 매우 제한적이라든지 하는 비난은 지금도 계속되고 있습니다. 인권은 주로 국가와 개인과의 관계에서 생기는 문제에 대한 답을 찾는 과정에서 만들어진 개념입니다. 국가가 개인의 인권을 적극적으로 보장해야 한다는 생각은 20세기 이후에나 갖게 된 것이고, 처음에는 국가가 개인을 부당하게 괴롭히면 안 된다는 소극적인 차원에서 접근했던 것입니다.

최초의 인권 문헌이라는 1215년 '마그나카르타'(대헌장)도 왕의 부당한 권력에 대응하기 위한 귀족들의 자기 방어 차원에서 마련된 것이었습니다. 왕이든 국가든 권력을 행사하려면 최소한의 절차는 밟아야 하고, 함부로 해서는 안 된다는 것입니다. 그러니까 인권의 시작은 '최소한의 권리'였습니다. 부디 국가가 개인의 인권을 침해하는 일은 없었으면 한다는 것이었습니다. 지금도 인권이란 말을 들으면 곧바로 '최소한의 권리'란 말이 떠오르는 것도 이 같은 까닭 때문입니다. 그런데 이런 태도는 최소한 이 정도 권리는 보장되어야 한다는 식으로, 일종의 마지노선을 제시해주지만 동시에 인권의 범주를 제한하기도 합니다. 제2차 세계대전 이후 인류는 끔찍한 자기파괴 행위를 성찰하면서, 인권을 '최소한의 무엇'이 아니라 가능한 최대한으로 보장해야 할 것으로 바꿔 생각하기 시작합니다. 복지국가 등 긍정적인 의미에서의 국가의 역할이 강조되는 것도 이 무렵부터였습니다. 인류가 제2차 세계대전과 반인륜 범죄를 되풀이하지 않기 위해서는 인권의 개념을 보다 풍부하게 다시 설정해야 한다고 생각한 것입니다. 인권을 최소한의 무엇, 곧 최소주의적 관점으로만 보지 말고, 최대주의적 관점에서 봐야 한다는 것입니다.

인권을 최소한의 권리라 보는 데 익숙해진 우리에게 '최대한의 무엇',

곧 최대주의적 관점은 낯선 것이 사실입니다. 1987년 6월항쟁은 제6공화국을 가능하게 한 시민항쟁이었습니다. 3·1운동, 4월혁명의 뒤를 잇는 대한민국의 헌법 가치와 헌법이념의 토대가 된 엄청난 역사적 사건이었습니다. 6월항쟁 당시 민주화를 위한 국민적 열망은 뜨거웠습니다. 뜨거운 열망은 '대통령 직선제 쟁취!'라는 단일한 구호로 모아졌습니다. 6월항쟁의 결과, 대통령 직선제가 부활했고, 한국은 민주화의 대장정을 시작하게 되었습니다. 그렇지만 대통령 직선제는 민주화의 중요한 쟁점이었고, 필요한 조건 중의 하나였지, 대통령 직선제가 곧 민주화를 의미하는 건 아니었습니다. 6월항쟁에 참여한 시민들의 요구도 그랬습니다.

'민주화'는 대통령 직선제를 포함하는, 보다 포괄적인 개념으로 광범위한 뜻을 갖고 있었습니다. 단지 대통령 선출 방식의 차원이 아니라 우리 사회를 좀 더 민주적으로 변화시키기 위한 일체의 제도적 변화, 인식의 변화를 포함하는 개념이었습니다. 6월항쟁 과정에서 지방자치제의 전면 실시 같은 구호를 외친 적은 없지만, 민주화는 지방자치제 실시를 포함하는 개념이었습니다. 나아가 평화와 통일, 좀 더 평화롭고 안전한 사회에 대한 염원은 물론, 가난한 사람들이 경제적 능력이 부족하다는 이유만으로 모욕당하지 않고, 모든 사람들이 인간으로서의 존엄과 가치를 지키고 살 수 있는, 그야말로 사람이 살 만한 세상을 만드는 것을 '민주화'라고 불렀습니다. 한마디로 민주화의 개념을 '최대주의적' 또는 '최대정의(定義)적' 관점으로 보았던 것입니다. 지금에 와서는 '민주화 이후의 민주주의'라며 특정한 제도로서의 민주화 이외의 과제를 강조하기도 합니다만, 6월항쟁 당시에도 민주화란 말이 갖는 의미는 민주화를 염원하는 사람들 숫자만큼이나 다양했고, 컸습니다. 인권을 이해하는 데도 이런 시각이 필요합니다. 인권을 그저 국가 공권력의 부당한 개입이나 간섭, 또는 침해를 받지 않는 수준에서 멈추는 게 아니라, 그렇게 수동적, 소극적, 최소주의적 관점으로 볼 게 아니라, 보다 능동적이고 적극적으로, 곧 최대주의적 관점으로 봐야 한다는 것입니다.

대한민국 헌법은 이미 1963년의 제3공화국 헌법[69]에서 명문 규정으로 인권에 대한 최대한 보장 원칙을 밝힌 바 있습니다(박정희의 군부통치가 막 시작되던 때라 좀 어색하긴 합니다).

인권을 좀 더 적극적으로 해석해야 한다는 새로운 시각은 제2차 세계대전 이후에 전 세계적으로 확산되었습니다. 그 결과 인권 자체에 대한 이해도 많이 달라졌고, 다양한 사회적 쟁점들이 인권이란 이름으로 새롭게 해석되기 시작했습니다. 과거엔 인권이 매우 제한된 의미의 자유만을 뜻한다며 진보파들에게 공격을 받기도 했지만, 인권의 개념이 확대되면서 진보파의 비난을 받던 그런 궁색한 모습에서도 벗어날 수 있게 되었습니다. 인권이 사람들의 삶 전반으로, 그 영역을 확장하기 시작한 것입니다.

---

69 제8조 모든 국민은 인간으로서의 존엄과 가치를 가지며, 이를 위하여 국가는 국민의 기본적 인권을 최대한으로 보장할 의무를 진다.

인권의 중요한 원칙

자, 인권은 최소주의가 아니라 최대주의적으로 봐야 한다는 점을 다시 확인하면서, 인권에 대한 공부를 좀 더 해보겠습니다. 먼저 누구도 부인할 수 없는 중요한 원칙부터 확인해봐야겠네요. 바로 '대한민국 헌법'입니다. 법 중의 법, 법 위의 법, 가장 중요한 법이죠. 최고의 규범입니다. 대한민국 헌법은 우리나라에서 인권을 보장하는 데 가장 중요한 보루입니다. 매우 단호한 어조로, 분명하게 인권의 원칙을 제시하고 있죠. 그 중에서도 가장 중요한 조문입니다. 함께 읽어보시죠.

> "모든 국민은 인간으로서의 존엄과 가치를 가지며 행복을 추구할 권리를 가진다. 국가는 개인이 가지는 불가침의 기본적 인권을 확인하고 이를 보장할 의무를 진다." ―대한민국 헌법 제10조

헌법 제10조는 건조하고도 짧은 두 개의 문장으로 구성되어 있지만, 대한민국의 가장 중요한 원칙을 담고 있습니다.

국가는 가장 강력한 힘을 지닌 기구입니다. 국가와 싸워서 이길 수 있는 존재는 다른 국가를 제외하고는 없습니다. 군대와 경찰을 갖고 있고, 세금을 거둬들이고, 법을 만들고 죄를 물어 교도소에 보내는 일도 국가만이 할 수 있는 일입니다. 엄청난 힘을 갖고 있는 만큼 국가를 운영, 유지하는 데도 엄청난 비용이 듭니다. 마치 돈 먹는 하마를 보는 기분이 들 때도 있습니다. 이렇게 엄청난 권력을 주고, 많은 비용을 들이면서까지

국가를 유지해야 하는 이유가 무엇일까요? 이에 대한 가장 명확한 답이 바로 헌법 제10조에 있습니다. 바로 국민의 인권을 보장하는 의무를 지게 하기 위해서입니다.

우선, 몇 가지 중요한 원칙을 살펴보겠습니다. 첫 번째 원칙은 누구나 인권을 갖고 있다는 '보편성의 원칙'입니다. 인권이란 모든 사람이 갖고 있다는 원칙입니다. 인권을 규정하는 헌법 조문의 첫 마디는 "모든 국민은"으로 시작합니다. 인권은 누구나 누려야 한다는 가장 중요한 원칙을 제일 먼저 제시하고 있는 겁니다. 예전에 나온 보험상품 광고 문구를 빌려 오면 "묻지도 따지지도 않는다"는 것입니다. 사실 우리는 끊임없이 묻거나 따지는 현실 속에서 살고 있습니다. 외모가 어떤지, 키는 얼마나 되는지부터 시작해서, 학교는 어디를 나왔고, 고향은 어디이고, 하는 일은 무엇이며, 돈이나 재산은 얼마나 있는지, 종교, 이념, 사상 등 그 사람의 개인정보를 끊임없이 묻고 따지며, 그에 따라 서로 다른 대접을 하는 일이 비일비재합니다. 비록 현실은 그렇지만, 적어도 대한민국의 가장 중요한 원칙은 전혀 그렇지 않습니다. 인권이란 것은 서울특별시 시민만, 남성만, 또는 소득이나 재산이 많은 사람만, 많이 배우거나, 권력이 있는 사람이나 장애가 없는 사람만 갖는 게 아니라는 겁니다. 국민 중 특정한 '어떤' 사람들만 갖는 게 아니라, '모든' 국민이 갖는다는 것입니다. 헌법 조문이 인권을 가지는 주체를 '국민'이라고 했다고 해서, 국민이 아니면 인권이 없다는 것도 물론 아닙니다. 조문은 비록 '국민'이란 표현을 쓰고 있지만, 이는 포괄적으로 해석하여 외국인이나 미등록 체류자들에게도 국민과 마찬가지로 인권이 보장되어야 한다는 뜻으로 이해되어야 합니다.

인권인가, 아니면 특권인가를 가르는 가장 중요한 기준도 바로 그 권리가 모든 사람들의 것인가, 아니면 어떤 사람들만 갖는 것인가에 달려 있습니다. 대한민국이 정한 인권의 원칙은 모든 사람이 갖는 권리라는 것입니다.

두 번째 중요한 원칙은 '인권의 쓸모'에 대한 것입니다. 우리 헌법은 사람은 존엄하고 가치 있다고 규정하고 있습니다. 그에 걸맞은 대접이 바로 '행복하게 사는 것'입니다(헌법은 "행복을 추구한다"고 표현하고 있습니다). 누구나 예외 없이 행복하게 살 권리가 있다는 점을 대한민국의 최고 규범으로 확인하고 있는 것입니다.

세 번째 중요한 원칙은 국가의 의무를 천명한 것입니다. 권리는 의무와 떼려야 뗄 수 없는 짝꿍 같은 관계입니다. 마치 동전의 양면과도 같습니다. 이건 의무를 먼저 이행해야만 권리를 누릴 수 있다는 뜻이 결코 아닙니다. 그건 권리와 의무와의 관계에 대한 의도적인 왜곡입니다. 권리와 의무가 짝꿍이라는 건, 상대적인 개념이라는 겁니다. 마치 부모가 되려면 반드시 자식이란 존재가 필요하고, 선생은 학생의 상대적 개념인 것처럼 말입니다. 이쪽에 권리가 있으면, 반드시 저쪽에는 의무가 있다는 것입니다. 채권과 채무의 관계를 생각하면 쉽겠네요. 한쪽은 돈을 빌려주는 사람이니 채권자가 되고, 돈을 빌리는 사람은 채무자가 되죠. '권'과 '무'가 서로 상대하게 되죠. 돈을 빌리려는 사람은 있는데, 빌려주는 사람이 없다면, 채권-채무 관계는 성립하지 않죠. 이렇게 권리는 반드시 의무와 짝을 이뤄야만 합니다.

모든 국민에게 권리가 있다면, 그 권리가 무의미하고도 공허한 입바른 소리에 그치지 않으려면, 반드시 그 권리를 보장하는 의무주체가 있어야 합니다. 대한민국 헌법은 이 의무주체를 국가라고 규정하고 있습니다.

대한민국 헌법 제10조를 간단히 풀어본다면, "모든 국민은 권리를 가진다. 국가는 의무를 진다"고 정리할 수 있습니다. 의무는 해주면 고맙고, 안 해주면 서운한, 이를테면 '시혜' 같은 게 아닙니다. 해도 그만, 안 해도 그만인 '선택'도 아닙니다. 의무는 언제나 반드시, 꼭 해야만 하는 일입니다. 국민이라면 누구나 세금을 내야 하는 의무를 지니고 있습니다. 세금이라는 게 내고 싶으면 내고, 내기 싫으면 안 내도 그만인 선택 사항이 아닌 것처럼, 국가가 국민의 인권을 보장해야 하는 의무도 반드시 해야만 하는 국가의 가장 기본적인 책무입니다.

물론, 현실 속의 국가는 능력의 한계가 있기 마련이니, 국민의 모든 인권을 전부 보장할 수는 없을 것입니다. 그렇다고 해도 앞서 살펴본 것처럼, 능력이 닿는 한 최대한 보장해야 합니다.

네 번째로 짚고 싶은 원칙은 대한민국 헌법이 인권을 가진 주체로 '개인'을 꼽고 있다는 것입니다. 인권에서 개인이란 매우 중요한 개념입니다. 앞서 인권이란 사람들이 당하는 고통을 최대한 줄여보고자 고안해 낸 인류의 발명품이라는 말씀을 드렸습니다. 여러분도 모두 고통을 겪어보셨죠? 누군가에게 맞아본 경험이 있나요? 이 자리에 지금까지 단 한 번도 단 한 대도 맞아보지 않은 분 계신가요? 아무도 없을 겁니다. 맞아보니 어떻습니까? 고통을 느끼죠. 그 고통의 속성은 직접적이며 구체적이고, 물질적이며, 특히 개별적입니다. 개인은 고통을 느끼는 주체이며, 또한 행복을 느끼는 주체이기도 합니다. 인권에서 개인이 특히 중요시되는 까닭이 여기 있습니다. 그런데 참으로 이상하게도 누구든지 개인이 중요하다는 것을 알고 있으면서도, 우리 사회에서는 개인을 강조하면 곧바로 이기적이란 비난이 쏟아집니다. 개인을 강조하는 태도는 이기적이라기보다는 오히려 기본적이라고 봐야 하지 않을까요? 개인에 대해 강조하면, 이기주의 운운하며 비난하는 그 까닭은 이른바 '지도자'라는 사람들이 개인보다 전체의 이익을 강조하며, 국가운영의 원칙을 왜곡한 탓입니다. '나'보다 '우리'를 앞세우는 거예요. 선공후사(先公後私), 심지어 멸사봉공(滅私奉公)이란 말까지 있을 정도입니다. 개인이 무슨 세균도 아니고, 왜 없애거나 제거한다는 '멸'(滅)의 대상이 되어야 하는지 모르겠습니다. 실상은 그런 말을 강조하는 사람들일수록 제 잇속을 먼저 차리는 경우가 많답니다. 자기 이익을 전체의 이익인양 호도하는 경우도 많죠. 독립운동가 우당 이회영 선생과 여섯 형제처럼 노블레스 오블리주(noblesse oblige)를 몸소 실천한 사람들이라면 또 모르지만, 부동산 투기에다 병역기피 등 공동체 구성원으로서의 기본적인 책무마저 외면하는 사람들이 '우리를 위한 희생'을 강조할 자격이 있을까요? 하지만 안타깝게도 이런 사람들이 대통령이나 국무총리 등 '지도자'에 가까이 갈 수 있는 게 우리의 현실이기도 합니다.

자, 지금까지 헌법 제10조를 놓고, 몇 가지 원칙을 살펴보았습니다. 대한민국 헌법이 최고위 규범으로서, 대한민국의 이념과 가치, 질서를 확인하는 가장 중요한 원칙으로서 자리를 제대로 잡으려면, 의무를 진 국가만이 아니라, 권리를 가진 국민도 더 많은 노력을 해야 합니다. 그런데 의무를 진 쪽은 자꾸 이를 잊고 싶어 하는 경향이 있습니다. 그러니 기억은 언제나 권리를 가진 쪽의 몫입니다. 국민들이 헌법을 제대로 기억하고, 헌법이 규정한 권리를 요구하고, 국가의 적극적인 역할을 끌어내지 않는다면, 지금껏 살펴본 이 좋은 원칙도 그저 무의미한 공염불에 지나지 않게 될 것입니다.

개인 그리고 당사자

인권의 원리를 몇 가지 더 살펴보겠습니다. 방금 개인에 대해 이야기했으니, 거기서부터 이야기를 이어가겠습니다. 인권에서 개인이 중요한 또 하나의 까닭은 개인이야말로 인권 문제의 당사자이기 때문입니다. 인권에서 이러한 '당사자의 원리'는 매우 중요합니다.

집회와 시위는 대한민국 헌법의 규정에 따라 국민 누구나 자유롭게, 그게 국가이든 누구든 간에 누군가의 허가나 관여 없이 하고 싶을 때 할 수 있는 기본적인 권리입니다. 그렇지만, 노동자나 서민들이 집회를 열면 수구언론이나 정부에서는 집회 자체에 딴죽을 걸기 위해 혈안이 되곤 합니다. 소음 문제를 제기하기도 하죠. 집회나 시위가 시끄럽다는 겁니다. 민주주의의 기본 원칙을 외면하며, 시끄러우니 문제라는 이야기만 반복합니다.

물론 시끄러운 소리, 소음을 좋아하는 사람은 없습니다. 저도 그렇습니다. 아무리 소문난 음식점이라도 너무 시끄러우면 가지 않게 되더라고요. 그런데 혹시 여러분 중에서 소음의 기준을 아는 분이 계시나요?

몇 데시벨 이상을 소음이라고 할까요? 70, 80, 90데시벨? 소리는 그 크기를 객관적으로 측정할 수 있지만, 몇 데시벨 이상이어야 소음으로 느끼는지는 사람마다 다릅니다. 주관적일 수밖에 없어요. 내가 좋아하는 음악이라면 아무리 큰 소리여도 소음이라고 느끼지 않지만, 다른 사람의 이어폰에서 흘러나오는 소리는 작아도 귀에 거슬리곤 합니다. 내가 듣고 싶은 소리가 아니니까요. 제가 이런 말씀을 드리는 이유는 '소음' 같은 주관적인 기준만으로 헌법이 보장한 집회와 시위의 권리를 제한할 수 있느냐 하는 거예요. 물론 그럴 수 없습니다. 중요한 건 '집회와 시위의 자유'라는 객관적인 원칙이니까요. 그런데 반대로 인권에서 누가 뭐라 하든 '나'의 주관적 판단이 중요할 때가 있습니다. 예컨대 성적 자기 결정권을 침해하는 성추행 여부를 판단할 때가 그렇습니다.

누군가 내 어깨를 두드리는 것도 때론 연대와 공감 또는 격려의 의미가 될 수도 있지만, 다른 경우에는 불편하거나 불쾌한, 또는 수치심을 느끼는 행위가 될 수도 있습니다. 이럴 때는 어깨를 두드린 사람의 의도도 중요하지만, 내가 어떻게 느끼는지가 중요합니다. 성희롱이나 성추행을 판단할 때는 당사자가 성적 수치심을 느꼈는지가 중요합니다. 성폭력 사건 등이 발생했을 때 중요한 원칙으로 제시되는 '피해자 중심주의'도 같은 맥락입니다.

정보인권도 그렇습니다. 정보에 대해 당사자인 내가 통제할 수 있느냐 여부를 따집니다. 이를 '자기 결정권' 또는 '자기 통제권'이라고 합니다. 나와 관련된 개인 정보는 내가 통제할 수 있어야 하고, 그 정보가 어디에 어떻게 쓰일지는 내가 결정할 수 있어야 한다는 것입니다. 누군가 내 정보를 이용하려면, 반드시 나의 동의를 받아 반드시 꼭 필요한 경우에만 써야 합니다. 국가나 기업이 개인정보를 함부로 수집하거나, 당사자의 동의 없이 경제적인 이익을 위해 쓰는 것은 당연히 인권침해이며, 또한 불법행위가 됩니다.

인권, 기본권, 이권의 차이

지금까지 인권의 개념과 원리에 대해 말씀드렸습니다. 이제는 인권과 엇비슷해 보이지만, 경우에 따라서는 그 쓰임이 전혀 다른 몇 가지 개념에 대해 말씀드리겠습니다.

첫째, 인권과 기본권입니다. 보통 인권과 기본권을 같은 의미로 쓰는 경우가 많습니다. 그렇지만, 기본권은 법률을 통해 인정받은, 그러니까 국가가 인정한 권리를 뜻합니다. 인권은 법률적 근거나 국가의 승인과 무관하게 인간이라면 당연히 갖는 권리입니다. 헌법과 법률에는 다양한 인권이 규정되어 있습니다. 언론, 출판, 집회, 결사의 자유나 교육권, 노동권 같은 권리들은 헌법에 명시적으로 보장되어 있고, 하위 법률에도 규정되어 있는 권리입니다. 그렇지만, 법률의 보호를 받지 못하는 인권도 여럿 있습니다. 이런 것은 인권이 안고 있는 일종의 숙제이기도 한데, 이를테면 양심에 따른 병역거부나 동성 간의 결혼이 대표적입니다. 종교적 이유나 평화에 대한 신념 때문에 총을 들지 못하겠다는 사람들이 꽤 있습니다. 현행 법률 체계에서는 군대기피로 '병역법'에 따라 형사처벌을 받습니다. 보통은 1년 6개월의 실형이 선고됩니다. 그렇지만,

미국이나 유럽의 모든 나라, 그리고 중국과의 양안문제로 안보 분야에서 엄청난 스트레스를 받는다는 타이완마저도 양심에 따른 병역거부를 인정하고 기본권을 받아들이고 있습니다. 양심에 따른 병역거부는 '양심의 자유'를 실현하기 위한 인권이라고 볼 수 있습니다. 그렇지만, 한국에서는 아직 기본권의 지위를 얻지 못하고 있습니다. 하지만 언젠가는 기본권으로 인정받을 수 있을 겁니다. 인권의 역사가 이를 확인시켜 주고 있습니다. 우리가 지금 누리고 있는 여러 기본권들은 대체로 처음에는 인권으로 선포되고 주장되다가, 법률의 제정 등으로 통해 국가가 승인하면서 기본권의 지위를 갖게 된 것들입니다.

예컨대 '고문을 받지 않을 권리'를 비롯한 형사사법 과정에서의 여러 권리들도 모두 이런 절차를 거쳤습니다. 근대적 사법체계가 마련되지 않았던 왕조시대에는 형사재판을 이른바 '원님 재판'으로 진행했습니다. 고을 원님이 수사를 맡아 진행하다가, 범인이라는 의심이 들면 재판에 붙이고(기소), 재판까지 직접 했습니다. 수사와 기소, 재판에 대한 권한이 모두 한 사람에게 집중되어 있었던 것입니다. 이렇게 되면, 범죄자로 의심받는 사람, 곧 피의자의 권리를 제대로 지킬 수 없게 됩니다. 원님은 자신이 범인으로 지목해 잡아들인 사람이니, 당연히 유죄를 전제로 재판을 합니다. 자기 생각으로는 범인이 분명한데도, 피의자가 자신의 잘못을 뉘우치고, 스스로 범행을 자백하지 않으면 가혹한 고문을 일삼기도 했습니다. 고을 원님이 냉철한 판단력과 방대한 지식과 깊은 지혜에다 직접 목격하지 않은 일도 꿰뚫어 보는 예지력을 갖추고 있다면 모르지만, 원님도 사람인 이상 이런 식의 재판은 억울한 희생자를 숱하게 만들어낼 수밖에 없습니다.

이런 문제를 극복하고 해결하기 위해 몇 가지 인권 원칙이 도입되었습니다. 수사, 기소, 재판기관을 엄격하게 분리하여 서로 견제와 균형을 갖추게 하기, 피의자나 피고인의 방어권을 보장하기 위해 변호사의 도움을 받을 수 있도록 하기, 재판이 끝나기 전까지는 무죄로 추정하기, 어떤 일이 있어도 절대 고문하지 않기 등의 원칙들입니다. 이런 인권의 원칙들이 처음부터 기본권으로 보장된 건 아니었지만, 많은 사람의 노력으로 오늘날 기본권의 지위를 갖게 되었습니다. 많은 사람들의 투쟁과 노력으로 인권의 개념과 범위가 넓어지면서 기본권으로 보장되기 시작한 것입니다.

그다음으로, 인권과 흔히 견주는 말 중엔 '이권'(利權)이란 것이 있습니다. 인권을 둘러싼 오랜 논쟁 중의 하나가 재산권 같은 권리를 인권으로 인정할 수 있느냐는 것이었습니다. 결론부터 말씀드리면, 재산권은 어떨 때는 인권이기도 하지만, 때론 단순한 이권이 되기도 합니다. 이를테면 재산권을 함부로 행사하면 매점매석 같은 일이 생깁니다. 돈 많은 소수가 생활필수품을 독점하면서 많은 사람들에게 고통을 주고, 심지어 목숨을 빼앗아 갈 수도 있습니다. 이럴 때는 공공의 이익을 위해 일정한 범위 내에서 제한할 수 있어야 합니다. 재산권은 고문 받지 않을 권리처럼, 어떠한 경우에도 무조건 보장해야만 하는 것은 아닙니다. 가족의 생계를 위해, 또는 일정한 수준의 주거나 교육, 건강을 위해 필요한 재산권이라면 당연히 보호받아야겠지만, 다른 사람을 희생시켜 이득을 보려는 재산권 행사, 부당한 이권은 얼마든지 제한할 수 있습니다. 대한민국 헌법에도 기본 원리로 정해두고 있습니다.

인권과 이권은 현실에서 혼동되는 경우가 많습니다. 이를테면 보호관찰소 이전 문제로 몸살을 앓았던 경기도 성남시의 사례가 그렇습니다. 보호관찰소는 형사처벌 대신 보호처분을 받은 사람들을 교육하거나 관리하는 법무부 소속 기관입니다. 이상한 일은 보호처분보다 훨씬 무거운 형사처벌을 받는 사람들이 오가는 검찰청이나 법원은 기피시설이기보다는 오히려 선호시설로 여겨지는데, 법원이나 검찰청보다 훨씬 얌전한 사람들이 오가는 보호관찰소는 기피시설로 낙인찍힌다는 것입니다. 다른 어떤 시설보다 상대적으로 안전한 보호관찰소가 표적이 된 것은 오해에서 비롯된 선입견 때문입니다.

아무튼 수정구에 있던 성남보호관찰소를 분당구로 이전하려 하자 분당 주민들은 크게 반발했습니다. 더군다나 법무부가 주민들과의 마찰을 피하려고 새벽에 기습적으로 이전을 하자 사태는 더욱 악화됩니다. 분당 지역 학부모들을 중심으로 수천 명의 시민들이 항의집회를 열기도 했습니다. 기피시설이 아니라, 지역에 꼭 필요한 시설이라고 해도, 지역 주민들의 동의 없이, 군사작전이라도 하듯 새벽에 기습적으로 시설을 옮기는 것은 주민들의 인권을 침해한 것입니다. 주민들은 자기 지역의 주거나 교육환경에 대한 '자기 결정권'을 갖고 있습니다. 꼭 필요한 시설이라도 시간을 갖고 차분하게 대화를 나누며 설득하고 오해를 푸는 과정이 필요하지만, 법무부는 그러지 않았기에 절차적 정당성을 어긴 것입니다.

자, 이런 상황에서 성남시 분당구 주민들의 문제 제기는 인권으로 봐야 할까요? 아니면 이권으로 봐야 할까요? 좀 어렵습니다. 국가적으로 꼭 필요한 시설이고, 어차피 보호관찰소는 성남시에 있어야 하는 시설인데, 분당 주민들이 분당구가 아닌 다른 곳으로 옮겨가라고만 주장했다면, 그건 지역이기주의, 곧 이권이라고 볼 수 있습니다. 그렇지만, 법무부가 절차를 무시하고, 주민과의 대화나 설득 과정도 없이 보호관찰소를 기습 이전한 것에 대한 저항은 당연히 인권에 해당합니다. 이렇게 하나의 사안에도 인권과 이권이 섞여 있는 경우가 많습니다.

밀양 송전탑 문제는 어떨까요? 여기에도 인권이라고 볼 수도 있고, 한편으로는 이권이라고 볼 수도 있는 양상이 모두 포함되어 있습니다. 지역 주민들의 재산권(토지 소유권)과 이에 대한 보상 문제, 국책사업과 이를 반대하는 지역 주민의 생존권 문제, 국가의 에너지 정책 같은 여러 문제가 고루 섞여 있습니다. 여기에다 국가라는 강자와 소외 지역 주민이라는 약자 간의 갈등이라는 성격도 있습니다. 대도시에 막대한 양의 전력을 공급하기 위해 왜 애꿎은 농촌이나 산촌지역처럼 인구가 적은 지역이 희생되어야 하느냐는 문제 제기도 있습니다. 밀양 송전탑 문제는 일부 보상 문제가 포함되어 있기는 하지만, 강자와 약자의 갈등이라는 측면, 특히 국가권력으로부터 지역 주민들이 일방적인 희생을 강요받는다는 측면에서 볼 때, 이 문제는 인권의 차원으로 접근하는 게 맞습니다.

이권과 인권을 가르는 기준이 늘 명쾌하지는 않습니다. 그래서 이권인 게 뻔한 경영권 같은 경우도 인권이라고 주장하는 왜곡이 나타나기도 합니다. 장애인시설이 지역에 들어오는 것을 반대하거나, 임대 아파트 주민들의 통행권을 가로막으면서도 인권 운운하는 님비현상이 자주 나타나는 것도 사실입니다. 이권과 인권이 명확하게 갈리는 것은 아니지만, 공동체적 가치를 어느 정도 충족하고 있는가, 약자나 소수자를 소외시키는 일은 없는가, 그저 재산권을 지키는 수준에만 머물고 있는 것인가, 아니면 다른 인권문제도 포함하고 있는가, 절실하고도 본질적인 차원의 문제인가, 그렇지 않은가 등의 여러 기준이 이권인지 또는 인권인지를 가를 수 있는 잣대가 될 것입니다.

인권은 무제한 누릴 수 있나

인권을 무제한 누리는 것은 불가능합니다. 권리를 보장받으려면, 누군가(주로 국가겠죠)가 그 권리에 대한 의무를 지고 있어야 합니다. 그렇지만 가장 힘이 센 국가라도 현실적인 제한 속에 존재하기 때문에, 국민들의 인권을 모두 보장하는 것은 원천적으로 불가능합니다.

세상에는 자원도 제한되어 있고, 나 혼자 사는 세상도 아니기에 다른 사람도 함께 살아가야 합니다. 그러니 나의 인권이 다른 사람의 인권과 충돌하게 되면, 내가 원하든 그렇지 않든 나의 인권을 제한당하는 경우도 있습니다. 더군다나 다른 사람을 괴롭히거나 해칠 자유나 권리 같은 것은 인정받을 수 없습니다. 미국은 연방대법원을 통해 인권이 획기적인 발전을 하는 경우가 많았는데, 특히 홈스[70]라는 유명한 연방대법관

---

70 Oliver Wendell Holmes, Jr.(1841년~1935년). 미국의 연방대법관으로 언론의 자유를 제약하는 유일한 근거로 '명백하고 현존하는 위험'(clear and present danger)이라는 개념을 제시했다.

이 있었습니다. 이분의 판결이 지금 미국이 누리는 자유의 절반쯤은 지탱하고 있다는 찬사를 받을 정도입니다. 이분 말씀 중에 재미있는 표현이 있습니다. "주먹질은 마음대로 하라. 단, 상대방의 코끝 앞에서 멈춰야 한다"는 겁니다. 주먹이야 맘껏 휘두를 수 있되, 그 주먹으로 상대방을 때릴 수는 없다는 겁니다. 멈춰야 할 경우가 있다는 거죠.

'인권의 제한'을 설명할 때 자주 드는 비유입니다. 사실 우리나라에서는 인권의 제한이란 개념을 애써 강조할 필요는 없습니다. 국가주의적 분위기가 유독 강했던 역사적 배경 속에서 귀에 못이 박히도록 들어왔기 때문입니다. 어쩌면 그럴수록 '인권의 제한'이라는 개념을 정확히 알아두는 게 좋습니다. 우리 사회에는 공동체를 위한다며 개인의 인권을 함부로 제한하는 경우가 많기 때문입니다. 인권을 제한하더라도 원칙이 있어야 합니다. 우리 헌법 제37조 ②항에는 이러한 원칙이 분명하게 제시되어 있습니다.

"국민의 모든 자유와 권리는 국가안전 보장·질서유지 또는 공공복리를 위하여 필요한 경우에 한하여 법률로써 제한할 수 있으며, 제한하는 경우에도 자유와 권리의 본질적인 내용을 침해할 수 없다." -대한민국 헌법 제37조 ②

인권은 국가안전 보장, 질서유지, 공공복리 등 꼭 필요한 경우가 있을 때만, 그것도 반드시 법률로써만 제한할 수 있고, 이런 요건을 갖추고 제한하더라도 그 본질적인 내용은 침해할 수 없다는 겁니다. 이를 각각 필요성의 원리, 합리성의 원리, 최소성의 원리, 비례성의 원리라고도 부릅니다. 불필요한 제한이 있다거나, 국가안전 보장 등의 합리적인 이유가 없다거나, 꼭 필요한 만큼만 제한하는 게 아니라 너무 많이 제한한다거나, 또는 제한을 당하는 사람의 피해가 너무 크다거나 하면, 인권을 제한할 수 없다는 원칙입니다. 이런 원칙을 앞서 익혔던 표현처럼 '조리'라고도 부르고, '사회상규'(社會常規)라고도 부릅니다. 그러나 둘 다 일상생활에서는 자주 쓰지 않는 말이니, 그냥 '상식'(常識, common sense)이라고 불러도 좋겠습니다. 상식이 곧 인권이라고 생각하셔도 좋겠네요.

하지만 '상식'이라는 조건이 갖춰졌다고, 인권을 제한할 수 있는 건 아닙니다. 반드시 법률이 있어야만 가능합니다. 이때 유의할 것은 '법령'이 아니라, 반드시 '법률'이어야 한다는 것입니다. 시행령, 규칙, 조례, 훈령이나 명령 같은 것이 인권을 제한하는 근거가 될 수는 없습니다. 하물며 사규, 회칙, 학칙, 내규 같은 것이나 관행은 말할 것도 없겠죠. 법률이 없으면, 인권을 제한할 수 없습니다. 이게 헌법의 원칙입니다.

자, 인권을 제한하려면, 벌써 두 개의 요건을 충족해야 한다는 것을 이제 아셨죠. 그런데 이게 끝이 아닙니다. 하나의 요건이 더 필요합니다. 상식과 법률이라는 요건을 모두 충족했다고 해도, 인권의 본질적인 내용은 침해할 수 없다는 것입니다. 뭐가 본질적인 권리인지에 대해서는 여러 의견이 있을 수 있습니다. 일단, 쉽게 생각해볼까요? 의식주 같은 게 대표적일 겁니다. 당장 먹는 일만 하더라도, 하루에 몇 끼를 먹을지, 어떤 음식을 먹을지, 집 밥을 먹을지 배달음식을 먹을지, 아니면 외식을 할지 등은 모두 국가나 다른 누군가가 개입할 수 없는 '나만의 영역'입니다. 그러니 어떤 이유로든 제한할 수 없습니다. 설마 나라에서 먹는 걸 제한하겠어 싶겠지만, 역사적으로는 금주령(禁酒令) 같은 사례가 꽤 있답니다.

누구를 좋아할지, 무슨 책을 읽을지, 어떤 음악을 들을지도 본질적인 권리에 해당합니다. 전적으로 내 맘대로 할 수 있어야 합니다. 어떤 직업을 선택할지, 종교를 믿을지 말지, 믿는다면 어떤 종교를 선택할지, 어떤 사상이나 이념을 신봉할지도 역시 전적으로 나만의 영역, 곧 본질적인 권리에 속하는 것입니다. 물론, 어디까지가 본질적인 자유와 권리인지, 상식, 법률에도 불구하고 국가가 절대 개입할 수 없는 영역은 어디까지인지는 시대 상황이나 그 나라의 문화 등에 따라, 특히 그 나라의 인권수준에 따라 달라지기도 합니다.

인권이 보장되는 세상

모든 사람이 인권을 가지고 있는데도, 인권이 제대로 보장되지 않는 가장 큰 까닭은 인권을 누려야 할 사람들, 인권을 가지고 있는 사람들이, 인권을 보장받아야 한다는 사실을 제대로 인식하지 못하고 있기 때문입니다. 그래서 유엔은 인권교육을 받는 것, 인권에 대해서 아는 것 자체가 중요한 인권이라고 강조하기도 합니다.

그래서 저는 대한민국 헌법이나 세계인권선언처럼, 인권이 무엇인지 알려주는 중요한 문헌들을 길거리의 잘 보이는 곳이나, 학교나 공공기관마다 써 붙여 놓았으면 합니다. 자라나는 어린이 · 청소년은 물론, 시민들도 언제나 볼 수 있고, 그 내용을 새길 수 있었으면 합니다.

국가가 시민들에게 말을 건네는 경우가 있지만, 주로 질서나 통제를 위한 경우가 많습니다. 우리가 권리를 가진 주권자라면, 그에 맞는 대접을 일상적으로 받을 수 있어야 합니다. '우측통행', '무단횡단 금지', '줄을 서시오' 같은 권위적인 말들만 아니라, 시민들이 얼마나 소중한 존재인지 알려주는 말들, 사람이기에 존엄하고 가치 있다는 말들을 거리 곳곳에서 만나고 싶습니다.

우리 헌법은 구체적인 권리들을 열거하지 않고 있다는 점에서 부족함이 있습니다. 이를테면 성소수자의 권리 같은 것은 언급조차 없습니다. 외국인이나 이주민에 대해서도 마찬가지입니다. 당사자 입장에서는 서운하기 짝이 없는 일입니다. 그렇지만, 우리 헌법은 헌법 조문에서 구체적으로 언급하지 않고 있는 인권문제에 대해서도 답을 마련해두고 있습니다. 헌법의 인권 관련 조문은 제10조부터 제37조 사이에 집중적으로 열거되어 있는데, 맨 앞에 나오는 제10조에서는 '행복을 추구할 권리'라는 조문을 통해 보장받아야 할 인권의 폭을 넓혀두고 있습니다. '행복'이라는 해석 가능성이 무궁무진한 개념을 통해 앞문을 활짝 열어 두고 있는 겁니다. 그리고는 제11조부터는 구체적인 권리들을 나열하고 있습니다. 맨 마지막 조문인 제37조에서는 제①항에 "국민의 자유와 권리는 헌법에 열거되지 아니한 이유로 경시되지 아니한다"고 규정하고 있습니다. 뒷문마저 시원하게 열어놓은 셈입니다. 앞문과 뒷문을 활짝 열어놓으니 바람이 시원하게 잘 통하는 구조인 것이죠. 따라서 대한민국 헌법은 우리가 얼마나 적극적으로 기억하고, 지키고, 해석하느냐에 따라, 그 제대로 된 가치를 드러낼 수 있을 겁니다. 해석하기에 따라선 얼마든지 우리가 겪는 다양한 인권문제를 풀 답을 헌법에서 찾을 수 있을 겁니다.

대한민국 헌법, 실제로 법을 만드는 과정은 매우 신속했습니다. 어수선한 건국 과정에서 국민적 논의도 제대로 거치지 못했습니다. 한번 그때로 돌아가 볼까요. 1948년 5월 10일에 제헌의회 국회의원 선거를 했습니다. 선거가 끝난 다음 제헌국회가 구성된 것은 5월 31일의 일입니다. 바로 그 다음 날인 6월 1일 헌법기초위원회가 구성되었습니다. 그런데 이 기초위원회의 활동 기간은 3주에 불과했습니다. 6월 23일, 헌법기초위원회가 만든 헌법 초안이 국회 본회의에 상정되었습니다. 국회 본회의에서 헌법이 통과된 것은 7월 12일이었고, 우리가 아는 제헌절(7월 17일)은 헌법이 공포된 날입니다. 한 나라의 이념과 가치, 운영 원리 등의 기초를 정하는 최고의 규범을 만드는 데 겨우 3주 남짓 짧은 시간밖에 걸리지 않았습니다.

비록 기간은 짧았지만, 그래서 심도 있는 논의와 대중적 논의 같은 것을 거치지는 못했지만, 그래도 대한민국 헌법의 내용만은 속이 꽉 차 있었습니다. 해방 직후부터 유진오 등이 헌법 초안을 만들기 위한 준비 작업을 착실히 진행하고 있었고, 그 이전에 1919년 대한민국 임시정부 때부터 독립운동 세력은 헌법을 만들어 시행해본 경험을 갖고 있었습니다. 독립운동 세력의 헌법에 대한 이해는 30년 가까운 세월이 축적되어 있었던 겁니다.

헌법에서는 잘 짜인 구성이나 매끄러운 조문 같은 것도 중요하지만, 신생 독립국을 민주적으로 운영해나갈 역량이나 도덕적 명분 같은 것이 더욱 중요합니다. 우리 선조들은 1910년 나라가 망해버린 경술국치 이후, 꾸준하게 그리고 끝까지 독립운동을 전개했습니다. 나라 잃은 설움이 컸던 식민지 초기만이 아니라, 해방 직전까지 광복군을 비롯해 국내외에서 수많은 독립운동이 진행되었습니다.

지금의 제6공화국 헌법은 1987년 6월항쟁의 산물입니다. 6월항쟁은 대학생 박종철과 이한열의 희생이 밑거름이었습니다. 부산 출신 박종철은 악명 높은 남영동 대공분실에서 물고문 끝에 목숨을 빼앗겼고, 광주 출신 이한열은 최루탄에 맞아 죽임을 당했습니다. 서해성 작가는 이를 두고 "대한민국 헌법은 물에 젖어 있고, 최루탄 냄새가 배어 있다"고 했습니다. 그렇습니다. 대한민국 헌법은 갑자기 하늘에서 떨어지거나, 땅에서 문득 솟아난 게 아닙니다. 120년 넘게 치열하게 싸우면서 나라를 만들어온 선조들의 피땀이 어린 결과입니다. 1894년의 갑오농민군부터, 의병들과 독립운동가들, 민주화운동가들, 그리고 이젠 그 누구하나 이름조차 기억하지 않는 수많은 시민들의 노력과 희생으로 쟁취한 것입니다. 우리에겐 프랑스의 혁명이나, 미국의 독립전쟁처럼 강렬한 헌법 제정의 역사가 없지만, 근근이 이어져 오는 끈질긴 노력과 투쟁의 역사가 있었습니다.

우리 헌법이 아무리 좋은 뜻을 담고 있고, 잘 만들어졌다 해도, 이를 제대로 적용하고 활용하지 않으면 의미가 없을 겁니다. 그래서 헌법은 무엇보다 시민들의 가슴 속에서 살아 있어야 합니다.

인권은 "현존하는 최고의 가치"라는 찬사를 받기도 하지만, 만병통치약은 아닙니다. 인권이 쓸모 있는 것이 되려면, 무엇보다 인권이 필요한 사람, 인권이 보장되어야 할 사람들이 명심해야 할 것이 있습니다. 가장 중요한 것은 자신이 인권을 누릴 자격이 있다는 것은 인식하고 늘 기억하는 것입니다. 독일의 법 철학자 예링(Rudolf Von Jhering, 1818~1892)이란 분이 아주 멋진 말을 남겼습니다. "권리 위에 잠자는 자의 권리는 누구도 보호하지 못한다"는 말입니다. 자기 권리는 스스로 지켜야 합니다.

어떤 식당에 가면, 곳곳에 물이나 반찬은 '셀프'(self)라는 안내가 붙어 있는 경우가 있습니다. 물이나 반찬은 자기가 알아서 하라는 겁니다. 여기서 중요한 '셀프' 몇 가지를 소개하고자 합니다. 첫 번째가 '셀프-헬프'(self-help)입니다. 자조(自助), 자립(自立)으로도 번역할 수 있는데, 쉽게 말하면, 스스로 돕는 겁니다. "하늘도 스스로 돕는 자를 돕는다"고 했습니다. 누군가를 도와야 한다면, 가장 먼저 자신을 도와야 합니다. 나 자신을 돕기 위해서도 인권이 꼭 필요합니다.

두 번째는 '셀프 리스펙트'(self-respect)입니다. 자존심(自尊心), 자존감(自尊感), 자기존중(自己尊重) 쯤으로 번역할 수 있겠네요. 보통 사람들에게 존경하는 사람이 누구냐고 물으면, 잘 알지도 못하는 위인들의 이름을 대거나, 그게 아니면 부모라고 답하는 경우가 많습니다. 이런 태도가 꼭 잘못된 것은 아니지만, 자기 자신도 존중과 존경의 대상이 될 수 있어야 합니다. 자기 자신을 존중하면서 누구도 함부로 여기지 않도록 자신을 지키고, 만약 인권이 무시되는 상황이 있다면, 자기가 자기 자신을 도와야 합니다.

한국사회의 여건이 여러 가지로 좋지 않습니다. 정치권력이 우리의 자유와 인권을 뒷걸음질 치게 만드는 상황도 고약하고, 돈이 없으면 사람 취급조차 하지 않는 현실은 악랄하기까지 합니다. 경쟁은 너무 치열하고, 한 번 실수하거나 실패하면, 다음 기회는 좀체 주어지지 않습니다. 자유, 인권, 민주주의, 복지 같은 말들은 정치인들의 말로만 존재할 뿐, 보통 사람들과는 무관한 것처럼 보일 만큼 세상이 엉망진창입니다. 이럴수록, 인권에 대해 조금씩이라도 알기 시작하는 사람들이 늘어나야 합니다. 예전에 프랑스 대통령을 했던 드골이 그런 말을 했습니다. 대통령을 하면서 가장 힘든 게 바로 '똑똑한 프랑스 국민들'이었다는 겁니다. 가장 무거운 책임과 의무를 지닌 대통령이 힘들면, 그건 바로 국민들 입장에서는 살 만하다는 뜻이 됩니다. 대통령이 우리가 떠받들고 모셔야 하는 상전이 아니라, 우리의 머슴, 그것도 언젠가 교종 요한 23세가 자기 자신을 '종의 종'이라고 일컬었던 것처럼, 머슴 중의 상머슴이 바로 대통령입니다. 이런 상식을 확인하는 것, 그래서 민주주의를 반석 위에 올려놓고, 그 위에서 우리의 삶이 평안하도록 하는 것, 더 이상 상처받지 않고, 더 이상 모욕적인 상황에만 머물지 않도록 우리 스스로를 존중하고, 우리 스스로를 도우며 살았으면 좋겠습니다. 인권은 그런 의미에서 우리에게 중요한 원칙과 실질적인 답변을 제시해줄 것입니다.

오랜 시간 경청해주셔서 감사합니다.

청중: 선생님이 보시기에 지금 우리나라의 인권상황이 어떻다고 보십니까?

오창익: 많은 분들이 한국의 인권상황이 어느 정도인지 궁금해 하십니다. 구체적으로 세계에서 몇 등쯤 하냐고 묻는 분들도 있습니다. 우리는 우리나라가 제2차 세계대전 이후 독립한 신생 독립국 중에서는 산업화와 민주화에 동시에 성공했다는 자부심을 갖고 있습니다. 그렇지만, 냉정하게 따져보면, 결코 좋은 점수를 줄 수 없다는 것을 알게 됩니다.

인권 중에서 가장 기본이 되는 것이 바로 생명권인데, 이것만 확인해봐도 그렇습니다. 우리나라 자살률이 세계에서 가장 높습니다. 심각한 위기 상황인데도 막상 우리나라 사람들은 심각성을 깨닫지 못하고 있는 것 같습니다. 사회보장이 형편없다는 미국보다도 평균적으로 4배쯤 자살을 많이 합니다. 청소년, 청년, 중년, 장년, 노년 등 모든 세대의 자살이 심각합니다. 모든 세대의 자살률이 부동의 세계 1위입니다. 삶의 연륜이 쌓여 어지간한 어려움을 넘어설 법한 어르신들의 자살도 큰 문제입니다. 한국의 노인 자살률은 세계에서 두 번째로 자살률이 높은 헝가리보다 2.5배가량 높습니다. 출산율은 제일 낮습니다. 이것만으로도 한국은 세계에서 가장 위험한 나라, 세계에서 가장 희망이 없는 나라라는 것을 확인할 수 있습니다.

국가정보원이 정권만의 안보나 자기 조직만의 안위를 위해 멀쩡한 사람을 간첩으로 조작하기도 합니다. 간첩조작 사건 하나만으로도 우리는 우리가 살고 있는 나라가 형편없는 인권후진국이라는 것을 확인할 수 있습니다.

겉으로 보면, 예전과 달리 나아진 것처럼 보이기도 합니다. 이를테면 길거리에서 마구잡이식으로 진행되던 불심검문이 많이 사라졌습니다.

하지만, 불심검문에 해당하는 경찰의 조회 활동은 엄청나게 증가했습니다. 방식이 바뀐 것입니다. 예전에는 길거리에서 지나는 사람을 불러세워서 불심검문을 했지만, 지금은 CC-TV와 컴퓨터 등을 이용해서 훨씬 더 광범위하게 무차별적으로 진행합니다. 연간 조회 건수가 조 단위에 이릅니다. 십만, 백만, 천만, 또는 억이 아니라 조입니다. 인구 5000만 명인 나라에서 범죄를 염두에 둔 조회 활동이 조 단위라는 게 믿어지십니까. 그렇지만 엄연한 현실입니다. 물론 고문도 완전히 없어진 것은 아닙니다. 예전과 달리 상당히 정교하게 그리고 은밀하게 일상적으로 인권침해가 진행되고 있습니다. 일종의 저강도 전략이겠지요.

제가 이렇게 말씀드리는 것은 저 스스로 제 기반을 허무는 것이기도 합니다. 저도 나름대로 인권의 진전을 위해 노력을 해왔는데, 그동안 나아진 것은 거의 없고, 어떤 면에서는 엄청난 수준에서 퇴보만 반복했다는 것을 확인하는, 고통스러운 일입니다. 하지만 엄연한 사실입니다.

청중: 그 나라의 인권 수준을 평가할 척도나 평가 도구 같은 게 있나요?

오창익: 있기도 하고, 또 없기도 합니다. 유엔이나 국가인권위원회 같은 곳에서 여러 인권 쟁점에 대한 평가 방식을 표준화하는 작업을 지속적으로 진행하고 있습니다. 예컨대 여성 인권 분야를 보면, 국회의원이나 장관, 정부 공직자 중에서 여성이 차지하는 비율 같은, 딱 맞아떨어지는 답을 찾을 수 있습니다. 이런 자료를 바탕으로 여러 나라들의 순위를 매길 수도 있습니다. 그렇지만, 계량화의 위험성도 있습니다. 여성의 사회

참여는 어느 정도 허용하고 있지만, 가난한 여성, 저학력 여성은 사회진출의 기회가 완벽하게 봉쇄되어 있다면, 단순하게 여성 참여 비율만으로 여성의 사회진출이 얼마나 활발한지를 가려낼 수는 없습니다.

형사피의자를 체포할 때는 반드시 '미란다 원칙'을 알려주도록 되어 있습니다. 묵비권을 행사할 수 있고, 변호사의 도움을 받을 수 있다는 등의 원리를 알려주어, 피의자의 방어권을 보장하자는 취지입니다. 그렇지만, 만약 경찰관이 미란다 원칙을 말해주면서 욕설을 하거나, 매우 위협적인 말투를 쓰면 어떻게 하죠? 인권에서는 형식이나 통계도 중요하지만, 형식이나 통계를 넘어서는 실질이 훨씬 더 중요한 경우가 많습니다.

청중: 유엔 등 국제기구에서 각국의 인권상황을 우려하면서 여러 가지 권고를 하는 걸로 알고 있습니다. 어떤 게 있을까요?

오창익: 유엔이 1993년 오스트리아 빈에서 열린 세계인권대회에서부터 줄기차게 강조한 게 각국에 국가인권기구를 설립하라는 것입니다. 우리나라도 그 영향을 받았고, 2001년 김대중 정부 때 국가인권위원회가 설립되었습니다. 국가인권기구들의 업무를 조정하는 유엔 산하 기구로 '국가인권기구 국제조정위원회'(ICC)가 있는데, 여기서는 여러 나라의 국가인권기구들에 등급을 매깁니다. 한국의 국가인권위원회는 처음부터 A등급이었습니다. 독립성과 활동성을 높이 평가한 것입니다. 그뿐만 아니라, 이 기구의 부의장국을 지냈고, 의장국을 맡을 기회도 있었습

니다. 그런데 이명박 정권 이후 모든 게 변했습니다. 5년마다 한 번씩 등급을 조정하는데, 한국은 A등급에서 B등급으로 강등당할지도 모를 상황에 있습니다. 특히 박근혜 정권 들어서는 우리나라 인권 문제가 외국 언론에 보도되는 일이 자주 있는데, 그 내용을 보면 아주 창피한 지경입니다. 졸지에 인권후진국 취급을 받고 있으니까요.

우리나라가 가장 많은 지적을 받는 건, 표현의 자유와 관련된 인권 문제, 그리고 국가보안법 문제, 그리고 사형제도 같은 것들입니다. 이건 수십 년째 반복되고 있는데, 이제는 훌훌 털고 앞으로 나아갔으면 합니다.